Kiel
Rostock
Schwerin
Hambourg
Brême
POLOGNE
Berlin
Varsovie
Hanovre
Magdebourg
Potsdam
PAYS-BAS
ALLEMAGNE
Dortmund
Dusseldorf
Leipzig
BELGIQUE
Cologne
Erfurt
Dresde
Wiesbaden
Francfort
Mayence
Prague
LUXEMBOURG
Champagne
REPUBLIQUE TCHEQUE
Sarrebruck
Metz
Seine
Lorraine
Stuttgart
SLOVAQUIE
Strasbourg
Vienne
Bratislava
LES VOSGES
le Rhin
Munich
Alsace
Budapest
Dijon
Bâle
AUTRICHE
Zurich
la Saône
HONGRIE
LIECHTENSTEIN
Berne
LE JURA
SUISSE
Lausanne
Genève
SLOVENIE
Mont-Blanc
Ljubljana
Lyon
Zagreb
Milan
CROATIE
Eva
LES ALPES
BOSNIE-HERZEGOVINE
le Rhône
Gard
la Mer Adriatique
Sarajevo
Provence
Nice
Marseille
MONACO
ITALIE
la Mer Méditerranée
Ajaccio
Corse
Rome
0
100
200
300 km

Découvertes
Série jaune
Band 2

Zusatzmaterialien für Schülerinnen und Schüler zu diesem Band

Cahier d'activités mit MP3-CD, Video-CD und Übungssoftware, *Klett-Nr. 622025*
Cahier d'activités mit MP3-CD und Video-CD, *Klett-Nr. 622026*
Die dem Cahier d'activités beiliegende MP3-CD wird alternativ für CD-Player auch als Audio-CD angeboten, *Klett-Nr. 622167*
Grammatisches Beiheft, *Klett-Nr. 622028*
Fit für Tests und Klassenarbeiten, *Klett-Nr. 622020*
Das Trainingsbuch, *Klett-Nr. 622221*
99 Wortschatzübungen zu Band 1 und 2, *Klett-Nr. 622061*
99 grammatische Übungen zu Band 1 und 2, *Klett-Nr. 622019*
Vokabellernheft, *Klett-Nr. 622067*
Verbenlernheft, *Klett-Nr. 622070*
Übungssoftware (Einzellizenz), *Klett-Nr. 622156*

Am Ende von ***Découvertes 2*** erreichen die Schülerinnen und Schüler das Niveau ***A2*** des Gemeinsamen europäischen Referenzrahmens. Die Kenntnis der im Inhaltsverzeichnis grün unterlegten fakultativen Inhalte wird in den anschließenden Einheiten nicht vorausgesetzt. Das Lehrbuch versteht sich als Gesamtangebot. Die Schwerpunkte des schulinternen Curriculums legen fest, welche Texte und Aufgaben in ***Découvertes 2*** verpflichtend sind.

1. Auflage 1 8 7 6 5 4 | 20 19 18 17 16

Alle Drucke dieser Auflage sind unverändert und können im Unterricht nebeneinander verwendet werden.
Die letzte Zahl bezeichnet das Jahr des Druckes.

Autorinnen und Autoren: Birgit Bruckmayer, München; Laurent Jouvet, Desaignes; Ulrike C. Lange, Bochum; Andreas Nieweler, Horn-Bad Meinberg; Sabine Prudent, Berlin; Marceline Putnai, Maulévrier Sainte-Gertrude
Beratung: Dr. Peter Bettinger, Rehlingen-Siersburg; Prof. Dr. Christoph Bürgel, Osnabrück; Michette Eyser, Leonberg; Andrea Floure, Schorndorf; Prof. Dr. Andreas Grünewald, Bremen; Silke Herr, Ludwigshafen; Hanns-Christoph Lenz, Leipzig; Ute Miesterfeld, Barleben; Christopher Mischke, Waiblingen; Ulrike Molter-Bocquillon, Mazaugues; Annette de la Motte, Kiel; Inge Rein-Sparenberg, Marburg; Julitte Ring, Saarbrücken; Jutta Rösner, Erlangen; Dr. Angelika Schenk, Wittenberg; Dr. Achim Schröder, Oberursel; Wolfgang Spengler, Solingen; Hermann Voss, Münster

Redaktion: Thomas Eilrich, Marguerite Pélissier, Stefan Zörlein
Herstellung: Oliver W. Steinhäuser

Layout: Petra Michel, Bamberg
Illustrationen: François Davot, Troyes; Christian Dekelver, Weinstadt; Katja Rau, Fellbach
Satz: media office GmbH, Kornwestheim
Reproduktion: Meyle + Müller, Medien-Management, Pforzheim
Druck: Himmer GmbH Druckerei, Augsburg

Printed in Germany
ISBN 978-3-12-622021-7

9 783126 220217

2

Découvertes

Série jaune

für den schulischen
Französischunterricht

von
Birgit Bruckmayer
Laurent Jouvet
Ulrike C. Lange
Andreas Nieweler
Sabine Prudent
Marceline Putnai

Ernst Klett Verlag
Stuttgart • Leipzig

Inhalt

fakultative Inhalte

■ fakultative Inhalte

■ fakultative Inhalte

So lernt ihr mit Découvertes

Découvertes

Einführung

Découvertes bedeutet „Entdeckungen“.
Diese Seite führt euch in das neue Thema ein.

Atelier (A)- B

Neuer Lernstoff

Atelier bedeutet „Werkstatt“. Hier findet ihr Geschichten, neuen Lernstoff und Übungen.

Pratique

Anwendung

Pratique: Das neu Gelernte wird in Aufgaben praktisch angewendet.

Bilan

Überprüfen

Bilan: Hier könnt ihr selber prüfen, ob ihr den Lernstoff schon könnt.

Grammaire

Grammatik

Grammaire: Hier seht ihr die Grammatik des Kapitels auf einen Blick.

Vertiefen, wiederholen

Plateau: Zum Lesen und Wiederholen und zur Vorbereitung auf die internationale DELF-Prüfung

Plateau 1

Gezieltes Üben

En Plus: Zusätzliche Übungen, auch zur Differenzierung

En plus – différenciation

Vokabular

Vocabulaire: Die neuen Vokabeln zum Lernen

Vocabulaire

Nachschlagen

Liste des mots: Die alphabetische Wortliste zum Nachschlagen

Liste des mots

En classe: Erklärung der wichtigsten Übungsanweisungen

En classe

Hier lernt ihr, Frankreich mit eurem Land zu vergleichen.

PORTFOLIO

Das Ergebnis dieser Aufgabe kannst du in deinem Portfolio-Ordner sammeln. Informationen zum Portfolio findest du auf Seite 134.

32 CD[1] mit Hörtexten

Schriftliche Übung

Partnerarbeit

Gruppenarbeit

Übungen, die auf die DELF-Prüfung hinführen.

5, 1 Dazu findet ihr eine Übung im Cahier d'activités Seite 5, Übung 1.

Selbsteinschätzung

→ **En plus 116, 1**

Verweis auf Seite 116, Übung 1 im „En plus“-Teil dieses Buchs

△ einfachere Zusatzübung

△ schwierigere Zusatzübung

(G 1) Die Nummern nach den Übungstiteln verweisen auf die Grammatik im Buch und auf das Grammatische Beiheft.

[1] Dieses Symbol kennzeichnet die Tracknummer auf der MP3-CD, die dem Cahier d'activités beiliegt.

Mehr dazu j7627p

Auf einigen Seiten im Buch findet ihr Découvertes-Codes. Diese führen euch zu weiteren Informationen, Materialien oder Übungen im Internet. Gebt den Code einfach in das Suchfeld auf www.klett.de ein.

Le match de la rentrée

Mehr dazu j7627p

Spielanleitung

Teilt die Klasse in zwei Mannschaften ein. Eure Lehrerin / euer Lehrer ist der Schiedsrichter. Bei Spielbeginn liegt der Ball (z. B. eine Münze) in der Mitte. Der Schiedsrichter zieht eine Frage. Der erste, der sich gemeldet hat, darf antworten.
Ist die Antwort richtig, rückt der Ball in Richtung auf das gegnerische Tor zwei Felder vor. Ist die Antwort falsch, darf ein Spieler der anderen Mannschaft antworten. Die Mannschaft mit den meisten Toren hat gewonnen.

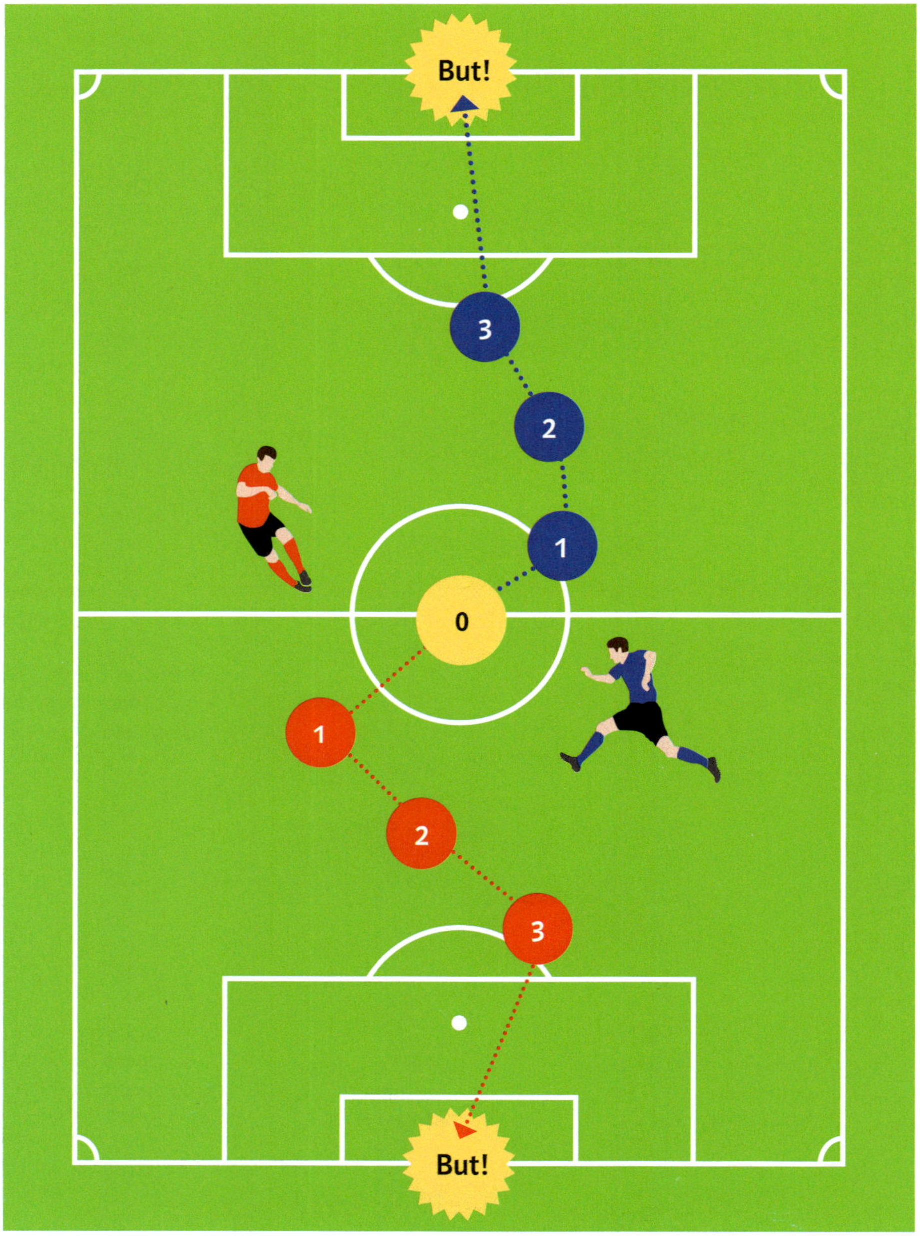

Plateau Rentrée

Die Karten werden heruntergeladen, ausgedruckt und ausgeschnitten.

1.
On visite Paris.
Donne le nom de trois monuments.

2.
Lis: «Elle a 11 ans, 6 amies et beaucoup d'idées.»

3.
Donne le titre d'une chanson d'anniversaire.

4.
Du sagst, dass du mit deinem Freund zum Collège gehst.

5.
Du sprichst einen Herrn an und fragst, wo der Eiffelturm ist.

6.
Du sagst, dass du einen Orangensaft möchtest.

7.
Réponds:
– Vous avez faim?
– Non, nous ? faim.

8.
Qu'est-ce qu'il y a toujours dans une chambre?

9.
Quelle est la couleur?
«La porte est ? .»

10.
Du sprichst eine Dame an und fragst, wie viel Uhr es ist.

11.
Donne le nom de trois sports.

12.
En Allemagne, il y a le «ICE», en France, il y a le «?».

13.
Qu'est-ce qu'on trouve dans une maison de la presse? (trois choses).

14.
Combien d'années de collège est-ce qu'il y a en France?

15.
Les trois derniers mois de l'année sont : ?.

16.
Du sagst, dass du gestern mit deinen Freunden diskutiert hast.

17.

Les couleurs de la France sont le ?, le ? et le ?.

18.
Donne le nom de trois moyens de transport.

19.
Du schlägst deiner Freundin vor, in den Park zu gehen.

20.
Donne le contraire de: «J'aime bien la techno.»

21.
Nachts schlägt es zwölf. Du fragst, ob es schon Mitternacht ist.

22.
Du sagst, dass du nicht einverstanden bist.

23.
Le frère de mon père, c'est mon ? .

24.
Dis en français:
„Da sind Gabriel und seine Schwester."

25.
Donne le contraire de: «Il fait mauvais et il fait froid.»

26.
Dis en français:
„Da sind Marie und ihr Bruder."

27.
Du sagst, wie spät es ist: «Il est … »

28.
La fête nationale française, c'est le …

29.
Du sagst, dass ein Diabolo menthe 2,70 € kostet.

30.
Donne le nom d'un musée à Paris.

31.
Donne le nom de trois vêtements (avec l'article indéfini).

32.
Après mardi, il y a ? et encore après, il y a ?.

33.
Imagine un appartement. Donne le nom de trois pièces.

34.
Réponds:
– Tu as un chien?
– Non, je ? chien.

35.
Du sagst, dass der Comic 12,80 € kostet.

36.
Du sagst, dass ihr gestern eure Hausaufgaben gemacht habt.

Vis-à-vis | Sich verständigen | Wortschatz und Grammatik

Unité 1
C'est la rentrée!

Après les grandes vacances, les élèves rentrent au collège. Ils cherchent leur nom et leur classe sur les listes.

Vis-à-vis

La rentrée: Nach langen Sommerferien beginnt in Frankreich Anfang September das neue Schuljahr – *l'année scolaire*.
Im *Collège* werden die Klassen jedes Jahr neu zusammengesetzt. Wie ist das bei euch?
Ihr könnt auch das Video im Internet ansehen.

Mehr dazu qx3f4n

A ***Avant l'écoute:*** *Choisissez deux personnages et faites un mini-dialogue.*

1-3 **B** *Ecoutez les scènes. De quoi est-ce que les élèves parlent?*

1. Les filles parlent des …
2. Mme Ducharme est peut-être …
3. Anne-Sophie a envie de …

PORTFOLIO

Am Ende dieser Unité kannst du Personen vorstellen und Stimmungen und Gefühle ausdrücken.

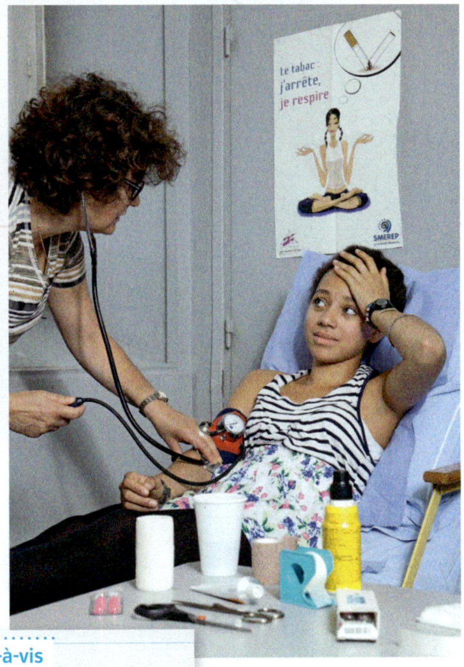

Maintenant, Léo et ses amis sont **en 5e**. Et vous?

âge (environ[1])	le collège en France
11 ans	la 6e: la sixième
12 ans	la 5e: la cinquième
13 ans	la 4e: la quatrième
14 ans	la 3e: la troisième

Vis-à-vis

Was wisst ihr noch über das französische *Collège?* Was gibt es dort?

→ En plus 116, 1

1 environ ungefähr

Atelier A

1 On est dans quelle classe?

Avant la lecture: *Regardez les images et devinez. Quel est le problème de Léo?*

4-6

1. Au collège, le jour de la rentrée.

Mehdi: Tu es dans quelle classe, Léo?

Léo: Je ne sais pas. Je regarde la liste … Je suis en 5^eA, et toi?

Mehdi: Moi, je suis en 5^eB. C'est trop bête! On n'est plus ensemble!

Léo: C'est une blague? Ce n'est pas vrai … Ils ne savent pas faire les listes ou quoi?

Alex: Alors les garçons, ça va? Mais qu'est-ce qu'il y a, Léo? Tu as l'air triste!

Léo: Je ne suis pas triste, je suis en colère!

Mehdi: Il y a un problème: Léo est en 5^eA et moi, je suis en 5^eB.

Marie: C'est bête, ça! Mais il y a des gens sympas dans la 5^eA, Alex, par exemple! Tu sais, pour Alex et moi, c'est la même chose: Moi je suis en 5^eB et Alex en 5^eA.

5, 1

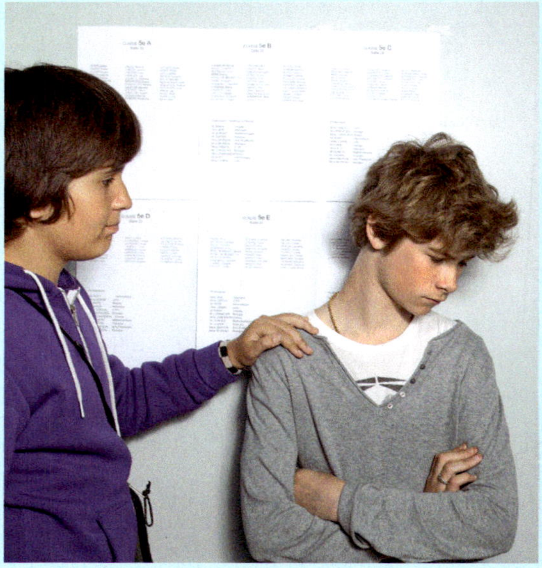

2. *Alex:* Regardez, vous connaissez le garçon, là-bas?

Mehdi: Quel garçon?

Alex: Le garçon à côté de l'entrée.

Léo: C'est un nouveau? Il a l'air un peu triste.

Alex: Je connais sa tête, mais je ne sais plus d'où … Bon, on va dans quelle salle?

Léo: Salle 18.

Mehdi: Nous, c'est la salle 25. Tiens, Marie, on a Mme Ducharme. Elle est bien. Quels autres profs est-ce qu'on va avoir?

Marie: Surprise! Allez, on y va! Mais … regardez! Le nouveau a un problème …

Léo: Moi aussi, j'ai un problème!

3. *Alex:* Bonjour! Tu cherches ta salle?

Le nouveau: Oui, la salle 18.

Alex: Tu es aussi en 5^eA? Alors, viens avec nous!

Léo: Bof, moi, je n'ai pas envie d'aller en 5^eA. Allez en cours sans moi!

Alex: Oh là là, Léo, tu n'es pas drôle, tu sais?

Léo: D'accord, d'accord! Je voudrais être dans la classe de Mehdi, c'est tout. Tu comprends? Bon alors, le nouveau, on y va?

Le nouveau: Tu sais, j'ai un nom. Je m'appelle Julien, Julien Aldon.

Lire

2 A propos du texte

A *Corrigez les phrases.*

1. C'est les grandes vacances.
2. Léo et Mehdi regardent le journal pour savoir dans quelle classe ils sont.
3. Léo est content: ils sont dans la même classe.
4. A côté de l'infirmerie, il y a un nouveau.
5. Il cherche la cantine.
6. Alex n'a pas envie d'aider le nouveau.
7. Mais Léo est sympa avec Julien.
8. A la fin, Léo reste dans la cour.

B *Marie et Alex parlent de leur classe et du nouveau. Imaginez et jouez le dialogue.*

eu de mots

3 Savoir ou connaître?

5, 2

Complétez les questions et répondez.

Qui **sait**
Qui **connaît** …

… Mme Ducharme?
… le nouveau?
… où est la salle 18?

… faire du judo?
… le garçon en colère?
… faire de l'athlétisme?

En forme

4 Mme Vitevite sait tout. (G 1, 2)

→ En plus 116, 2 △

6, 3

Connaître ou savoir? Trouvez le bon verbe et la forme correcte.

1. *Marie:* Tu ? Mme Vitevite? On a cours avec elle, maintenant.
2. *Mehdi:* Tout le monde ? Mme Vitevite! C'est Mme Ducharme. Oh, elle arrive!
3. *Mme Ducharme:* Bonjour, bonjour! Vous ? dans quelle salle on est, aujourd'hui?
4. *Marie:* Moi, je ?! On est dans la salle 25.
5. *Mme Ducharme:* Merci, alors vite, vite, on y va!
6. *Marie:* Mais vous ?, madame, on a encore cinq minutes!
7. *Mme Ducharme:* Marie, tu aimes bien rester avec tes copains et parler! Nous ? bien tout ça.
8. *Marie:* Vous ? bien vos élèves, madame!
9. *Mme Ducharme:* Oui Marie, et je ? aussi Mme Vitevite! Allez, on y va!
10. *Marie:* Mais comment elle ? ça?
11. *Mehdi:* Zut, les profs ? toujours tout!
12. *Mme Ducharme:* Non, Mehdi, mais ils ? bien leurs élèves.

eu de sons

5 Vous savez écouter?

→ En plus 116, 3

7
6, 4

A *Préparez trois cartes: une avec le verbe* ***avoir,*** *une avec le verbe* ***savoir,*** *une avec le verbe* ***être.*** *Ecoutez. Pour chaque phrase, montrez la carte du verbe correspondant*[1].

B *Lisez.*

1. Nous avons chanté.
2. Nous savons chanter.
3. Vous avez écouté.
4. Vous savez écouter.
5. Ils ont des amis.
6. Ce sont des amis.

1 **le verbe correspondant** das entsprechende Verb

	m.	f.
Sg.	*quel*	*quelle*
Pl.	*quels*	*quelles*

Ecrire
Parler

6 Léo et le nouveau (G 3)

→ En plus 116, 4 △

7, 5

A *Ecrivez les questions de Léo.*

Exemple: **1.** *Léo:* Tu es de quelle ville?

Léo	**Le nouveau**
1. ville?	Je suis de Strasbourg.
2. âge?	J'ai 12 ans.
3. activités?	Je fais de la natation.
4. chanteurs?	J'aime le chanteur de «Caligola».

B *Du lernst jemanden kennen und möchtest wissen …*

1. … in welcher Straße er oder sie wohnt.
2. … welche Bücher er oder sie liest.
3. … welche Farben er oder sie mag.
4. … welchen Sport er oder sie mag.

Spielt den Dialog. Erfindet weitere Fragen und Antworten.

Parler

7 Ça va? Tu es en forme?

→ En plus 117, 5 △

7, 6

ON DIT

☺ **Ça va!**	☹ **Ça ne va pas!**
Je suis en forme.	Je suis triste / fatigué(e).
Je vais bien!	Je ne vais pas trop bien.
Je suis (très) content / contente!	Je suis en colère!
Pas de problème!	C'est bête / dommage.
C'est bien. / C'est super!	Ce n'est pas possible!
J'aime bien ça. / J'adore ça.	C'est nul! / Ça m'énerve!
Je trouve ça drôle.	Ce n'est pas drôle!

Findet den passenden Tonfall: Sprecht laut, leise, traurig, freudig, wütend …

Ein Schüler stellt eine Stimmung dar. Die anderen fragen ihn, wie es geht, und versuchen, seine Stimmung zu erraten. Der Darsteller erklärt seine Stimmung.

Exemple:
– Ça ne va pas? Tu es en colère?
– Oui, je suis en colère parce que je ne trouve plus mes affaires. Ça m'énerve!

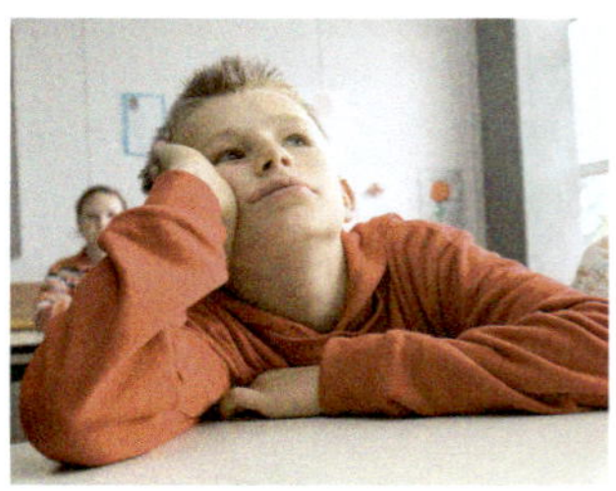

Parler

8 Savoir parler

Du möchtest …

… ein Gespräch beginnen,	
… Zeit gewinnen, weil du nicht weiterweißt,	
… nachfragen,	
… zeigen, dass du verstehst,	
… das Gespräch beenden.	

ON DIT

Das kannst du sagen:

Bonjour. Tu es d'ici? Tu es d'où / de quelle ville?

Tu sais … euh … enfin …
Je veux dire … euh … je ne trouve pas le mot …

Comment? / Pardon? Tu peux répéter, s'il te plaît?
Je n'ai pas compris. Qu'est-ce que c'est, «une blague»?

Ah oui, d'accord. Je comprends maintenant. / C'est ça!
Ah bon? C'est vrai? Tiens, c'est intéressant / bizarre …

Bon, allez … Au revoir! Bonne journée. A bientôt!

Jouez l'une des deux scènes suivantes[1]*:*

A *C'est le premier jour à ton cours de judo. Le professeur n'est pas encore là, alors tu parles à un / une élève.*

B *Tu es à une fête d'anniversaire. Tu parles à un garçon / une fille qui a l'air triste.*

STRATEGIE

Worüber kann man sprechen, wenn man sich noch nicht kennt? Zum Beispiel darüber:

- Woher kommt der oder die andere?
- Wie heißt er / sie?
- Welche Musik, Kleider, Farben, … mag er / sie gerne?

Sammelt weitere Themen.

Atelier B

Approche

1 Un nouveau qui s'appelle Julien (G 4)

8, 7

Julien ne connaît pas le collège.
Julien est un nouveau **qui** ne connaît pas le collège.

Les autres ne connaissent pas Julien.
Julien est un garçon **que** les autres ne connaissent pas et **qu'** Alex trouve sympa.

A *Übersetze diese Sätze. Wann verwendet man* ***qui****, wann* ***que****?*

B *In welchen der folgenden Sätze muss* ***qui*** *stehen, in welchen* ***que****?*

1. Julien est un garçon **?** arrive au collège. qui
2. Julien est un garçon **?** les autres regardent de loin. que
3. Julien est un garçon **?** ne connaît pas encore les professeurs. qui
4. Julien est un garçon **?** Alex trouve sympa. que

Findet selbst weitere Beispiele.

1 **suivant, suivante** folgend

2 Des surprises en 5^e^A

8–11

1. Quand Léo, Alex et Julien arrivent dans la salle 18, le professeur est déjà là. C'est M. Racine. Le cours commence. «D'abord, on regarde votre emploi du temps», dit M. Racine. Mais Léo n'écoute pas. Il pense à Mehdi. Tout à coup, *paf*! Une boulette de papier tombe sur sa table. Léo lit …

Qui a écrit ce papier?

2. Léo regarde le nouveau qui a l'air timide … Lui, un acteur? C'est une blague! Mais *paf*, encore une boulette sur sa table.
«Léo Pirou, qu'est-ce que c'est, ce papier que tu as dans ta main?» demande tout à coup M. Racine.
«Euh … c'est un papier … que … je vais mettre à la poubelle.»

Puis le cours continue.

3. A midi, Alex et Léo vont à la cantine où ils retrouvent Marie et Mehdi.
Alex: «Vous savez qui est dans notre classe? Alors écoutez bien: Le nouveau, Julien Aldon, joue dans un film. C'est cool, non? On dit ça aux autres? On va parler avec Julien?»

4. Après le repas, Alex et Léo n'ont pas cours. Ils vont au CDI et cherchent des informations sur Internet. Alex écrit «acteur» et «Aldon». Et voilà, il y a des résultats.

Alex: Regarde ces photos, Léo. C'est Julien, non?
Léo: Il ressemble vraiment à Julien, mais d'abord, ce garçon s'appelle Tristan, pas Julien. Et puis il est né en 2000.
Alex: En 2000 … Ce n'est pas possible! Alors Julien …
Léo: … n'est pas cette star de cinéma!
Alex: Zut! J'ai l'air bête, maintenant!

Samedi 26 septembre ☆☆☆ 498 276 34

20:40 **48 heures par jour**
Comédie. Fra. 2008. Réal.: Catherine Castel. 1 h 29. Avec: Aure Atika, Antoine de Caunes, Victoria Abril, Tristan Aldon.
Tiraillée entre sa carrière professionnelle et sa famille, Marianne a l'idée d'échanger les rôles avec son mari Bruno. Du rêve à la réalité, un regard amusant porté sur les femmes d'aujourd'hui qui jonglent entre travail, enfants et maison.

8, 8

Lire
Ecouter

3 A propos du texte

A *Trouvez les phrases correctes. Il y a quelquefois plusieurs bonnes réponses.*

1. Au cours de M. Racine, Léo lit …
a un papier de Mehdi. **b** son emploi du temps. **c** un papier d'Alex.

2. Léo pense: Julien …
a n'a pas l'air timide. **b** n'a pas l'air sympa. **c** n'a pas l'air d'un acteur.

3. A la cantine, Alex raconte à ses copains: le nouveau …
a joue dans un parc. **b** joue dans un film. **c** joue au théâtre.

4. Tristan …
a ressemble à Julien. **b** est né en 2000. **c** n'est pas acteur.

12-13 **B** *Ecoutez le dialogue **A**, puis le dialogue **B**. Quel dialogue va avec le texte **Des surprises en 5^eA?** Quel dialogue ne va pas? Pourquoi? Justifiez[1] vos réponses.*

En forme

4 Un garçon sympa (G 4)

A *Trouvez les phrases.*

1. Julien est au CDI	**qui** ressemble à Julien.
2. Il écrit un poème	**où** il cherche une idée.
3. Alex pense: Voilà un garçon	**qu'**il donne à Alex.
4. Puis les deux copains parlent de ce Tristan	**que** je trouve très sympa.

B *Faites des phrases avec les pronoms relatifs qui conviennent.*

9, 9

1. Julien est un garçon	qui	il est né.
2. Il a deux sœurs	que	il y a deux chats et beaucoup de livres.
3. Il habite dans une maison	qu'	Alex aime bien.
4. Il lit des livres	où	écrivent des chansons.
5. Il n'aime pas trop les questions		les autres ne connaissent pas.
6. Il aime bien Strasbourg		les autres posent.

Jeu de mots

5 Trouvez le mot. (G 4)

→ En plus 117, 6

A *Qu'est-ce que c'est?*

1. C'est quelque chose qu'on prend pour écrire ou pour dessiner.
2. C'est un endroit du collège où les élèves vont quand ils ont cours.
3. C'est quelqu'un qui donne des cours à des élèves.
4. C'est un endroit du collège où on va quand on n'est pas en forme.

B *Choisis un mot et écris une définition[2]. Ton voisin / ta voisine devine ce mot.*

une piscine – un gymnase – une cantine – un danseur – un cadeau – un journaliste – une invitation – un train

1 **Justifiez …** Begründet … – 2 **une définition** eine Definition, eine Worterklärung

Jeu de mots

6 Devinettes

A *Travaillez en groupes. Un élève décrit une personne. Les autres écoutent d'abord, puis ils devinent qui c'est. Vous pouvez aussi décrire d'autres personnes.*

Exemple: C'est un garçon qui a les cheveux blonds.
Il n'a pas l'air content.
Il est … et un peu …
→ C'est Léo!

B *Ecrivez un petit texte (40 – 50 mots) où vous présentez une personne que vous connaissez. Commencez comme ça:*

«La personne que je présente s'appelle …»

ON DIT

être	un homme, une femme / une dame, une fille / un garçon, grand(e), petit(e), joli(e)
avoir	les yeux bleus, marron, noirs, verts … les cheveux blonds, bruns, roux …
porter	un t-shirt bleu, une robe verte …
être / avoir l'air	timide, intéressant(e), cool, fatigué(e), bête, bizarre, triste, sympa, drôle …
ressembler à	un garçon de ma classe, un chanteur …

Ecouter

7 Tu connais ce film?

14

Worum geht es im Hörtext? Achte auf die Überschrift.

Lisez d'abord les phrases. Puis écoutez le texte. Complétez les phrases.

1. Hier soir, Arthur a …
2. Léo parle du film …
3. Quand il regarde ce film, Léo …
4. Dans leur collège aussi, …
5. La sœur de Tristan …
6. Tristan n'est pas bête parce que …

En forme

8 Regarde cette photo. (G 5)

→ En plus 117, 7 △

9, 10

*Julien montre une photo de son collège à un copain de Strasbourg. Jouez la scène, puis notez les phrases. Utilisez **ce, cet, cette et ces**.*

	m.	f.
Sg.	ce/cet	cette
Pl.	ces	

Exemple: **1. Ce collège**, c'est le collège Balzac de Paris.

1. collège
2. salle
3. élèves
4. élève
5. garçon
6. fille
7. mains
8. BD
9. ordinateur
10. livres

Lire

9 Qui est Cédric? (Vocabulaire, p. 144)

→ En plus 118, 9 △

Lisez le texte. Complétez le tableau dans votre cahier.

Cédric

Nom:	?
Age:	?
Copains:	?
Caractère:	?
Spécialité:	?

Je m'appelle Cédric et je suis un personnage de BD. Je suis né en 1986, mais j'ai toujours huit ans! J'habite chez mes parents avec mon grand-père que j'aime beaucoup. J'ai beaucoup de copains. D'abord, mon grand copain Christian et puis, il y a Nicolas et Manu. A l'école, on a une prof super sympa, Mademoiselle Nelly. Elle n'est pas toujours contente de moi parce que je ne travaille vraiment pas bien (je n'aime pas trop ça). Il y a aussi Chen que je ne connais pas encore très bien, mais qui est super jolie. J'ai toujours envie d'être avec elle! Elle est dans ma classe. Mon caractère? Je suis vite en colère et je n'aime pas être triste. Mais j'ai une spécialité: j'ai toujours des idées, beaucoup d'idées!

Pratique: tâches

Lire/Ecrire

1 Tu connais ces personnes?

Mehr dazu 59qb52

nom: Aldon
prénom: Tristan
date de naissance: 8 mars 2000
activités / métier: acteur
a joué dans: L'internat (série télévisée) 48 heures par jour (film) etc.

nom: Ribout
prénom: Morgane
date de naissance: 11 janvier 1988
activités / métier: sportive
sport: judo
titre: championne du mondial de judo (2009)

A *Qu'est-ce que c'est en allemand:*

… un prénom, la date de naissance, un métier, une série télévisée?

… une sportive, une championne, le mondial du judo?

B *Présentez une de ces personnes dans un petit texte (30–40 mots). Vous pouvez chercher d'autres informations sur Internet.*

Bei dieser Aufgabe hilft euch, was ihr auf Seite 14 in Übung 7 und auf Seite 15 in Übung 8 gelernt habt.

Parler

2 Sympa ou pas sympa?

Führt zu zweit ein kurzes Gespräch (1–2 Minuten) über eines der drei folgenden Themen. Einigt euch auf ein Thema, verteilt die Rollen und sprecht auf Französisch.

1. Dans ta classe, il y a un nouveau que tu trouves très sympa. Tu discutes avec ton copain / ta copine.

2. Hier, ton copain / ta copine a encore oublié votre rendez-vous[1]. Aujourd'hui, vous discutez de ça.

3. Ton copain / ta copine et toi, vous avez gagné une journée dans un parc d'attractions. Vous discutez de ça.

1 un **rendez-vous** [ʀɑ̃devu] ein Treffen

Médiation **3**

„Französisch für Anfänger"

Dein französischer Austauschschüler sieht bei dir zu Hause diese DVD. Er fragt dich, worum es in dem Film geht. Du erklärst es ihm.

So kannst du beginnen: Le film parle d'un garçon qui …

STRATEGIE

Lies den Text und notiere auf Französisch **Stichworte** zu den Fragen:
- Qui?
- Quoi?
- Où?
- Pourquoi?

Gib den Inhalt dann anhand deiner Stichworte wieder. Es geht nicht darum, alles genau zu übersetzen. Dein Zuhörer soll nur einen Eindruck bekommen, worum es geht.

PORTFOLIO **4**

Je vais bien quand …

Fais une page pour ton journal. Fais des dessins et écris un petit texte. Dis quand tu vas bien et quand tu ne vas pas bien. Dis aussi pourquoi. Pense à tes activités, à ta famille, à tes amis …

Exemple:
Je vais bien quand mes amis sont sympas avec moi. Je suis en colère quand les autres ne comprennent pas mes problèmes.

Mon dico personnel

avoir des bons résultats en classe | comprendre un problème | être en vacances | passer du bon temps avec qn | raconter des histoires drôles / des blagues | être d'accord avec qn | … | avoir un cadeau / faire un cadeau à qn

Überprüfe, was du kannst!

- geht so
- klappt noch nicht
- prima

Vergleiche deine Lösungen mit den Lösungen auf Seite 194.

Bilan

1 Parler

Mehr dazu 37q9m4

Du kannst jetzt schon …	*Und so kannst du den Satz anfangen:*
1. … sagen, dass du jemanden nicht kennst (diesen Jungen).	Je ne …
2. … jemanden fragen, in welcher Klasse er / sie ist.	Tu es …?
3. … sagen, dass du in der 7b bist.	Je suis en …
4. … jemanden fragen, warum er / sie wütend ist.	Pourquoi est-ce que …?
5. … sagen, dass es dir gut geht.	Je vais …
6. … sagen, dass dich etwas ärgert.	Ça …!
7. … sagen, dass du etwas nicht verstanden hast.	Je n'ai …
8. … jemanden um Wiederholung bitten.	Tu …, s'il te plaît?
9. … etwas sagen, wenn du in einem Gespräch nicht weiterweißt (z. B. „Ich will sagen …").	Je …
10. … eine Person beschreiben. (Mädchen, klein, schwarzhaarig, sympathisch, roter Pulli.)	C'est une … Elle …

2 En forme (G 3, 5)

Les élèves rangent la salle de classe. Complète.

Exemple:

1. – Où est-ce qu'on met [ces] affiches? – [Quelles] affiches? – Les affiches de notre collège.

ce | cet | cette | ces

quel | quels | quelle | quelles

1. – Où est-ce qu'on met ? affiches? – ? affiches? – Les affiches de notre collège.
2. – Tiens, tu connais ? casquette? – ? casquette? – La casquette verte, là-bas.
3. – Il est à qui, ? sac? – ? sac? – Le petit sac rouge.
4. – Il est à qui ? anorak? – ? anorak? – L'anorak noir sous la table.
5. – Je ne comprends pas ? élèves. – ? élèves? – Les élèves qui oublient toujours leurs affaires.

3 Ecrire

Ecris 6 phrases qui commencent par ces expressions:

Exemple: Je [suis content(e)] quand [j'ai trouvé une amie.] / Je ne suis pas …

être content(e)
ne pas être content(e)
aller bien
ne pas aller bien
être en forme
être en colère

Je ne sais plus où sont mes affaires.
C'est les vacances!
J'ai trouvé un ami / une amie.
J'ai oublié mes devoirs.
J'ai une bonne idée pour un cadeau.
Je ne sais pas mon vocabulaire pour l'interro.

4 En forme (G 4)

Complète par ***qui, que*** *ou* ***où.***

1. Dans la classe de ma sœur, il y a un nouveau ? s'appelle Antoine.
2. C'est un petit garçon blond ? fait de la guitare.
3. Il joue des mélodies géniales ? je ne connais pas.
4. Le mercredi après-midi, il va dans la rue ? il joue pour tout le monde.
5. Beaucoup de gens aiment bien les chansons ? il joue.
6. Un garçon ? sait jouer comme Antoine, c'est vraiment super.

Grammaire

G 1 je sais, tu sais ...: Das Verb **savoir** (wissen)

Singular		Plural	
je	**sais**	nous	**savons**
tu	**sais**	vous	**savez**
il / elle / on	**sait**	ils / elles	**savent**

G 2 je connais, tu connais ...: Das Verb **connaître** (kennen)

Singular		Plural	
je	**connais**	nous	**connaissons**
tu	**connais**	vous	**connaissez**
il / elle / on	**connaît**	ils / elles	**connaissent**

! Im Infinitiv und bei il / elle / on: accent circonflexe. Im Plural: doppeltes **-s-** !

G3 Quel garçon? Der Fragebegleiter **quel**

Singular	Plural
quel garçon	**quels** garçons
quelle fille	**quelles** filles

der Fragebegleiter – **l'adjectif interrogatif**

G4 une fille qui est jolie: Die Relativpronomen **qui, que, où**

C'est un garçon
qui s'appelle Julien et — der / die / das
que Léo trouve timide. — den / die / das
C'est la salle
où les élèves ont cours. — wo / in dem / in der …

qui	Subjekt des Relativsatzes
que	direktes Objekt des Relativsatzes
où	Ortsbestimmung im Relativsatz

das Relativpronomen – **le pronom relatif**
der Relativsatz – **la proposition relative**

G5 ce garçon, cette fille …: Der Demonstrativbegleiter **ce**

Singular	Plural
ce garçon	**ces** garçons
cet élève	**ces** élèves
cette fille	**ces** filles

! Vor **Vokal** und stummem **h**: ce → cet.

der Demonstrativbegleiter – **l'adjectif démonstratif**

Unité 2
Paris mystérieux

Vis-à-vis

Die Katakomben von Paris sind ehemalige unterirdische Steinbrüche, die als Friedhof genutzt wurden. Hier liegen die Gebeine von 6 Millionen Pariser Bürgern. Ihr könnt auch das Video im Internet ansehen.

Mehr dazu 3nc8iq

Regardez les mots[1] sur cette pierre. Vous avez peur?

Les catacombes de Paris

A Paris, on peut faire des tours sous la ville. Des visites pour les courageux! Il y a d'abord les catacombes où on trouve un escalier et deux kilomètres de souterrains et de couloirs.

On peut aussi visiter les égouts de Paris. Dans ces souterrains, il y a même les noms des rues.

Une fois par mois, on peut prendre le métro et faire un voyage dans les stations oubliées.

A *Quel endroit est-ce que vous trouvez intéressant? Pourquoi?*

21 **B** *Ecoutez la scène. Où est-ce qu'elle se passe?*

C *Ecoutez la scène encore une fois. Comment est-ce que ces gens trouvent cet endroit?*

PORTFOLIO

Am Ende dieser Unité kannst du über Ereignisse und persönliche Erlebnisse berichten.

1 Inschrift: Halte an! Hier ist das Reich des Todes.

Atelier A

1 Des quiches dans les catacombes

Avant la lecture: *Qu'est-ce que vous savez déjà sur Julien?*

22–25

1. Souvent, le soir, Julien chatte avec Marie et Alex. Mais ce mercredi soir, les deux filles ne sont pas encore sur Internet, alors Julien lit une discussion entre trois élèves de la 5e B.

2.
pikachu75: Slt![1] Demain, il y a la visite des catacombes! Cool, non?
psg_benji: Oui. Mais j'ai déjà visité les catacombes avec mes parents!
balzac_allstarz: On voit quelque chose? Tu as eu peur?
psg_benji: Mais non! Pourquoi? Il n'y a pas de vampires dans les catacombes.
pikachu75: A propos de vampires, on fait la visite avec les 5e A, demain. ;-)
balzac_allstarz: C'est des quiches, surtout Julien, le nouveau! Vous voyez qui c'est?
pikachu_75: Oui! Il est tout blanc et il ne parle pas. Il va aimer les catacombes! mdr[2]

Cette fois, Julien est vraiment triste. Depuis des semaines, les élèves de la 5e B écrivent des choses comme ça. Pourquoi? Pourquoi est-ce qu'ils détestent Julien?

3. Jeudi matin, 9 heures. Les classes de 5e ont pris le métro. Les élèves sont maintenant devant l'entrée des catacombes. M. Marignan, le prof d'histoire de la 5e A, parle aux élèves:

- Bon, la visite va commencer dans dix minutes. Il fait sombre dans les catacombes. Alors, faites attention dans l'escalier et ne quittez pas le groupe. D'accord?

Bien sûr, tout le monde dit: «Oui, m'sieur!»

Alex et Léo sont à côté de Julien.

- Tu n'as pas été sur Internet, hier? demande Alex.
- Euh … si, mais j'ai lu quelque chose qui …
- Ah, je vois, dit Léo sans écouter la fin. Tu as encore lu un manga et tu as oublié tes copains et tes copines!
- Non … si … Je veux dire …

16, 1

Mais le guide arrive et la visite commence.

4. Dans les catacombes, il fait sombre et aussi un peu froid. Tout à coup, une fille dit: «Regardez! On entre dans *l'empire de la mort*». Les élèves arrivent dans une salle où ils voient des milliers de crânes. Julien reste derrière le groupe. Il pense à la discussion sur Internet. «Moi, une quiche? Qu'est-ce qu'ils ont contre moi?» Il a des idées noires et surtout, il n'a plus envie de rester avec les autres. Alors il cherche une sortie. Dans un petit couloir, Julien voit une grille, mais elle est fermée. Il reste là une minute: Il pense: «Ils sont vraiment nuls!» A ce moment-là, une main traverse la grille et prend le bras de Julien.

1 Slt! = Salut! **2 mdr** (mort de rire) = Ich lach' mich tot. *(Abkürzungen in französischen Chat-Foren)*

Lire

2 A propos du texte

A *Quelle phrase va avec quelle image?*

1. Julien a des idées noires.
2. Les classes de 5e visitent les catacombes.
3. Sur Internet, des élèves écrivent des choses bêtes sur Julien.
4. Alex et Léo n'écoutent pas Julien.

B *Travaillez à deux. Mettez les images dans l'ordre correct et racontez l'histoire.*

Parler

3 Qu'est-ce que tu en penses?

A *Parlez du texte. Posez des questions à tour de rôle[1] et répondez.*

Exemple:
- Comment est-ce que tu trouves les catacombes?
- Je trouve que c'est un endroit bizarre.
- …?

ON DIT

- Je trouve ça intéressant / mystérieux / bête …
- Je trouve **que** c'est …
- Je pense **que** … parce que …
- Qu'est-ce que tu en penses?

1. Comment – tu – trouver – les catacombes?
2. Comment – tu – trouver – la discussion sur Internet?
3. Pourquoi – Alex et Léo – ne pas écouter – Julien?
4. Pourquoi – Julien – avoir – des idées noires?
5. Quel est – problème – Julien?

B *Imaginez la suite[2] de l'histoire.*

En forme

4 Dans les catacombes (G 6)

16, 2

A *Complétez les phrases avec le verbe* ***voir.***

1. Monsieur Marignan, nous ne ? pas l'escalier!
2. Comment, vous ne ? pas. On ? bien, ici!
3. Alex, tu ? ces crânes? Je prends une photo. Clic!
4. Monsieur Marignan! Est-ce que vos élèves ne ? pas les affiches? Pas de photos ici!
5. Moi, je suis le guide, je ? tout.

B *Jouez.* **Exemple:**

- Je vois une chose que vous ne voyez pas et qui est bleue.
- C'est le crayon bleu sur la table.
- Oui, c'est le crayon bleu. / Non, ce n'est pas le crayon bleu.

---

1 à tour de rôle abwechselnd – **2 la suite** die Fortsetzung

En forme

5 Avant la visite (G7)

→ En plus 118, 1

A *Trouvez et notez les infinitifs et les participes qui vont ensemble.*

infinitif

voir | mettre | prendre | lire | avoir | écrire | comprendre | faire | connaître | savoir | pleuvoir | être

participe

écrit | plu | fait | su | été | mis | connu | eu | pris | vu | lu | compris

17, 3

B *Avant la visite, Marie parle avec son père. Posez des questions et répondez. Utilisez le passé composé.*

Exemple:
- Papa, est-ce que **tu as fait** la visite des catacombes?
- Oui, **j'ai fait** la visite des catacombes.

lire un livre sur les catacombes
mettre une veste
prendre des photos
rencontrer des vampires
être content de la visite
avoir peur

voir des milliers de crânes
écrire un poème sur les catacombes
savoir retrouver la sortie
faire la visite des catacombes
comprendre l'histoire de cet endroit

Lire/Ecouter/ Médiation

6 Ecoutez le guide.

→ En plus 119, 2 △

A *Findet anhand der Zeichnung heraus:*

- *wie weit die Katakomben unter der Erde liegen,*
- *was es in Paris sonst noch unter der Erde gibt.*

26

B *Du besichtigst die Katakomben mit deinen Eltern. Sie verstehen den Fremdenführer nicht. Höre genau zu und erzähle deinen Eltern*

- *wie lange und wie weit ihr laufen werdet,*
- *was mit den Steinen von diesem Ort gemacht wurde,*
- *was man hier nicht machen soll.*

C *Was versteht ihr außerdem?*

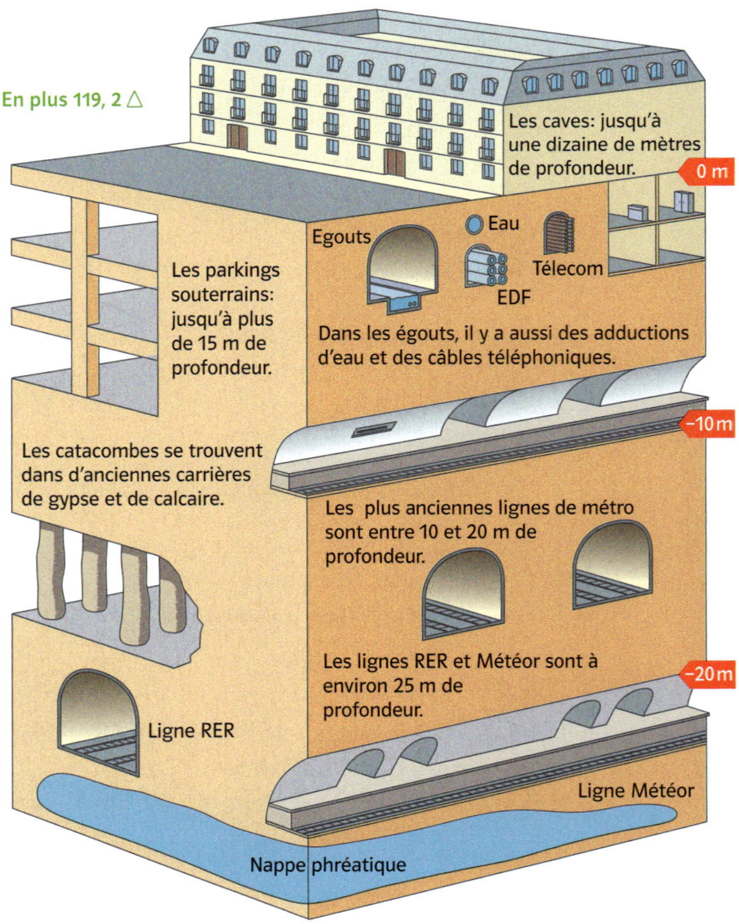

Atelier B

Approche **1**

Comment est-ce qu'ils sont?

→ En plus 119, 3 △

19, 5

A *Regardez les dessins. Trouvez les mots français pour: gefährlich, neugierig, unglücklich, mutig, glücklich.*

		m.	f.
Sg.	courag-	-eux	-euse
Pl.		-eux	-euses

1. Il est malheureux. **2.** Ils sont curieux. **3.** Elle n'est pas courageuse. **4.** C'est dangereux? **5.** Elles sont heureuses.

B *Pourquoi est-ce que Julien est malheureux? Qu'est-ce qu'il va faire?*

2

Manga souterrain

27–31

1. Derrière la grille, un homme aux cheveux longs regarde Julien. Il ouvre la grille. D'abord, Julien a peur, mais l'homme n'a pas l'air dangereux.
- Qu'est-ce que tu fais là? Tu es seul? Tu attends quelqu'un?

Julien reste là sans répondre.

2. – Moi, c'est Vladimir. Et toi?
- Euh … Julien.
- Tu as l'air malheureux. Tu as perdu ton groupe?
- Mon groupe … euh … oui. Mais qu'est-ce que vous faites, ici?
- Je suis dessinateur de BD. Je prépare ici mon premier manga. C'est l'histoire d'une fille mystérieuse qui descend dans les catacombes. Regarde ces dessins, c'est pour les dernières pages.
- C'est génial!

3. – Et toi, Julien? Qu'est-ce que tu as?
- Je n'ai rien. Je ne trouve plus la sortie et puis … j'en ai marre! … J'en ai vraiment marre!

Alors, Julien raconte tout: le collège, les garçons de la 5ᵉB qui écrivent des choses bêtes sur Internet … Vladimir écoute.
- Je comprends, Julien. Ces garçons ne respectent pas les autres. Parle à tes profs et tes copains. Ils vont comprendre, tu vas voir. Tu sais, …

19,6

Julien écoute et enfin, il oublie un peu ses idées noires.

→

4. «Bon, on y va. Je sais où est la sortie. Je connais les catacombes comme ma poche», dit Vladimir. Julien et le dessinateur traversent maintenant un long souterrain très sombre. De très loin, ils entendent les autres qui appellent Julien dans les souterrains et le garçon pense: «Aïe aïe aïe, ça ne va pas être drôle pour moi!»
«Monte ici, c'est ouvert, et tu es presque à la porte de sortie. Ils vont peut-être attendre là-bas. Vite! Qu'est-ce que tu attends? Bonne chance!»

5. Cinq minutes après, Marie et Alex voient Julien qui arrive. Elles sont très heureuses.
– Julien! Tu es là! On a appelé. Tu n'as rien entendu? Qu'est-ce que tu as fait? demandent les deux filles, un peu curieuses aussi.
A ce moment-là, M. Marignan et les autres professeurs arrivent. Ils sont très en colère. Alors, Julien dit: «Monsieur Marignan, je suis vraiment désolé … C'est une longue histoire. Je vais tout expliquer.»

Lire **3**

A propos du texte

A *Quelle phrase va avec qui? Expliquez pourquoi.*

1. … est malheureux parce que …
2. … fait des dessins parce que …
3. … oublie ses idées noires parce que …
4. … sont très heureuses parce que …
5. … est en colère parce que …

Vladimir | Julien | M. Marignan | Marie et Alex

Exemple: **1.** Julien est malheureux parce que les élèves de la 5ᵉ B ont écrit des choses bêtes … *Continuez.*

B *Jouez l'une des deux scènes suivantes. Les expressions de l'exercice 3, p. 27, peuvent vous aider.*

1. Julien a quitté le groupe, alors Alex parle avec Marie.
2. Les trois élèves de la 5ᵉ B discutent aussi.

En forme

4 Où est Julien? (G 8)

→ En plus 120, 4 △

19, 7

A *Qu'est-ce qu'ils disent? Utilisez les verbes* **attendre, entendre, répondre** *et* **perdre.**

Exemple: **1.** On attend devant la grille, d'accord?

1. Ein Schüler schlägt seinen Freunden vor, vor dem Gitter zu warten.
2. Ein Lehrer fragt die Schüler, worauf sie warten.
3. Ein Schüler sagt, dass er nichts hört.
4. Eine Lehrerin ruft nach Julien und fragt, warum er nicht antwortet.
5. M. Marignan informiert seine Kollegen, dass Marie und Alex am Ausgang warten.
6. Ein Schüler sagt dem Lehrer, dass er sein Handy verloren hat.

B *Faites huit phrases au passé composé avec les mots suivants. Utilisez chaque verbe à droite deux fois.*

j'ai attend**u**	j'ai répond**u** à
j'ai entend**u**	j'ai perd**u**

Exemple: J'ai attendu à la sortie.

devant une grille — une question — un professeur — le guide — un bruit bizarre — la sortie — une histoire intéressante — une clé

Jeu de sons

5 Chanson: Les souris des catacombes …

Ecoutez et répétez. Puis faites deux groupes et chantez le rap.

Elles aiment beaucoup les souterrains
Où on ne voit presque rien.
Les catacombes, c'est leur quartier.
La nuit, elles montent les escaliers.
Souvent, elles dansent dans la nuit
Mais elles ne font pas de bruit.
Regarde, elles montent.
Regarde comment …
Elles dansent dans la nuit qui tombe
Les souris des catacombes.

Ecouter

6 Que va faire M. Marignan?

34

A *Ecoutez le texte et trouvez la ou les bonnes réponses.*

M. Marignan va parler avec …
- les parents de Julien?
- les garçons qui ont chatté sur Internet?
- les classes de 5ᵉB et de 5ᵉA?

B *Ecoutez le texte encore une fois. Vrai ou faux? Corrigez si c'est faux.*

1. Julien explique pourquoi il a quitté le groupe.
2. Il a des bons copains qui sont toujours là pour lui.
3. M. Marignan va parler de Julien et de ses problèmes devant la classe.

En forme

7 La surprise de Vladimir (G7)

20, 9

Lisez le texte, puis racontez l'histoire. Commencez comme ça:
Six mois après la visite des catacombes, Julien **a vu** un …

1. Six mois après la visite des catacombes, Julien voit un reportage sur les mangas à la télé, et tout à coup, il pense au manga de Vladimir.
2. Est-ce que Vladimir a vraiment fait un manga? Julien a envie de savoir.
3. Après le collège, il attend ses copains, et ensemble, ils font un tour à la FNAC.
4. Julien ne perd pas une minute. Il cherche, cherche …
5. Tout à coup, sur une table, il voit un livre noir: «Catacombes».
6. Julien prend vite le manga et lit les premières pages.
7. Quand il ouvre le livre à la page 42, il appelle les autres: «Alex, Marie, Léo! Regardez!»
8. D'abord, ses amis ne comprennent pas.
9. Mais quand Julien montre les dessins, ils répondent: «Génial, Julien! Vladimir n'a pas oublié cette histoire dans les catacombes. Et maintenant, tu es dans le livre!»

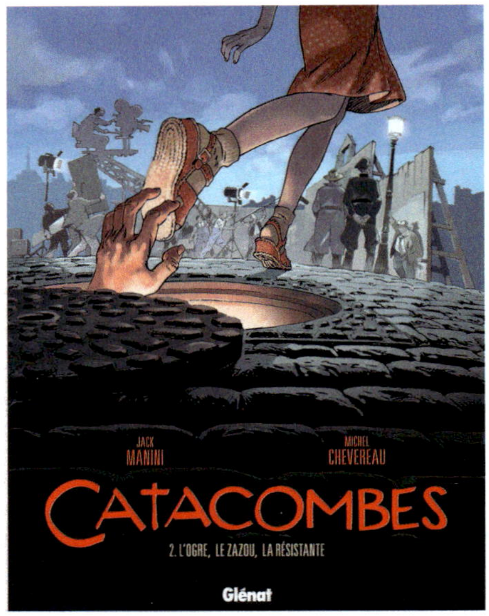

Les catacombes de Paris sont le décor de beaucoup de bandes dessinées.

Parler

8 Un coup de téléphone

35

A *Ecoutez et lisez le dialogue à droite. Puis lisez les questions et notez les réponses dans votre cahier.*

Du rufst an.
- *Wie meldest du dich?*
- *Wie sagst du, wen du sprechen möchtest?*
- *Wie sagst du, dass du später noch einmal anrufst?*
- *Wie beendest du das Gespräch?*

Du wirst angerufen.
- *Wie meldest du dich?*
- *Wie sagst du, dass der gewünschte Gesprächspartner nicht da ist?*

ON DIT

- Allô? …
- Bonjour, madame. Je suis Julien, un ami de Vladimir. J'ai déjà appelé ce matin. Je voudrais parler à Vladimir, s'il vous plaît. Est-ce qu'il est là?
- Non, désolée, il n'est pas là. Tu rappelles dans une heure?
- Bon, alors je rappelle plus tard. Au revoir, madame et merci!
- Au revoir, Julien.

B *Une heure après, Julien rappelle pour dire merci à Vladimir. Sa femme répond. Maintenant le dessinateur est là. Travaillez à trois et jouez le dialogue.*

21, 10

C *Vous téléphonez à une copine pour discuter d'un problème. Son père répond. Jouez le dialogue.*

Regardez aussi l'exercice 8 «Savoir parler» à la page 15.

u de mots

9 Des mots pour raconter une histoire

→ En plus 120, 5 △

21, 11

A *Cherchez trois autres mots pour chaque colonne*[1]*.*
Comparez[2] *vos résultats.*

où	**quand**	**quoi**	**quoi**
derrière	depuis	un escalier	appeler
à côté de	à ce moment-là	une porte	expliquer
…	…	…	…

B *Trouvez dans les textes de l'unité les contraires*[3] *des mots donnés.*

fermer · répondre · descendre · quitter · retrouver · penser à

Exemple: quitter ≠ entrer dans

C *Trouvez 7 choses qu'on peut perdre.*
On peut perdre sa clé, … *Continuez.*

Ecrire

10 Savoir raconter

→ En plus 120, 6 △

A *Schreibt eine Geschichte im Präsens, die sich in den Katakomben ereignen könnte. Die Wörter in Übung 9 und die Stratégie unten können euch helfen.*

STRATEGIE

Beispiele:

1. Überlege zuerst, was du erzählen willst. Sammle Ideen und **notiere** französische **Stichworte.**

Quand? vendredi, à minuit …
Qui? homme, vampire …
Où? souterrains, escalier …
Quoi? visiter, tomber, perdre …

2. **Schreibe** deine Geschichte auf. Was geschah zuerst, was dann? Wie kannst du die Geschichte spannend erzählen?

D'abord, puis, après, …

seul, sombre, bruit, mystérieux, peur, à ce moment-là, tout à coup …

3. **Überprüfe** deinen Text sorgfältig. Entdeckst du Fehler?

Stimmen die Verben mit dem Subjekt überein?
Hast du an die Plural -s oder -x gedacht?
Stimmt der Satzbau?
(⟶ Seite 139)

B *Setzt euch zu viert zusammen und lest euch eure Geschichten gegenseitig vor. Welche Geschichte gefällt euch am besten? Warum?*

---

1 une colonne eine Spalte – **2 comparez …** vergleicht … – **3 le contraire** das Gegenteil

Pratique: tâches

Lire/Ecouter/Parler

1 C'est la classe!

A *Lisez les quatre portraits[1]. Avec qui est-ce que tu as envie de passer l'après-midi? Justifie ta réponse.*

Zoé

J'aime des milliers de choses et j'adore le cinéma et les reportages. Je voudrais bien faire un film sur les Inuits ou bien sur les volcans.

Valentin

D'abord, j'aime mes copains. Pour moi, les bons copains, c'est très important. Et puis j'aime faire des crêpes et bien sûr manger les crêpes, surtout au chocolat.

Justin

Je suis fan des sciences et des découvertes. J'adore les avions et les télescopes. Je suis très curieux et j'aime inventer des machines nouvelles depuis que je suis petit.

Fleur

J'aime beaucoup lire des livres sur les océans. J'aime la nature et les voyages. Un jour, je voudrais aller en Chine.

36 **B** *Ecoutez les quatre textes. Qui peut dire ça: Zoé, Valentin, Justin ou Fleur? Justifiez vos réponses.*

C *Regardez le dessin et choisissez un personnage. Imaginez:*
Comment est-ce qu'il s'appelle? Qu'est-ce qu'il aime et qu'est-ce qu'il n'aime pas?
Mettez-vous maintenant à sa place et présentez-vous. Vos camarades devinent qui vous êtes.

Exemple: *Toi:* Je m'appelle Ron. J'aime le sport et je fais …
Tes camarades: C'est le garçon qui porte un t-shirt vert. Il est à côté d'une fille …

1 un portrait ein Porträt

Ecrire

2 Ensemble, c'est la classe!

Dans ton collège, il y a une élève qui a souvent l'air triste. Tout le monde pense que c'est une «souris grise» et qu'elle est bizarre. Elle ne parle pas beaucoup, ses vêtements ne sont pas très modernes, et très souvent elle est seule dans la cour.
Cette élève écrit une lettre au journal «Okapi» pour expliquer son problème.
L'élève peut aussi être un garçon.

> le 15 novembre 2013
>
> Cher Okapi,
>
> J'ai 12 ans et je …
> …
> Je suis malheureuse et j'attends votre réponse.
>
> Elise

une lettre

A *Travaillez seuls. Ecrivez la lettre de l'élève (30 mots).*

B *Faites des groupes et échangez[1] les lettres entre les groupes. Choisissez une lettre par groupe et écrivez une réponse (30 mots).*

RTFOLIO

3 Quelle histoire!

Voici le début d'une histoire:

«Vendredi soir, ma copine Lara et moi, nous avons fait un tour dans un parc. Derrière le café du parc, nous avons vu l'entrée d'un souterrain. Nous avons ouvert la grille et nous avons avancé dans un couloir sombre et froid. De loin, Lara a entendu …»

Continue et raconte la fin de cette histoire. Tu peux utiliser les verbes: ***voir, avoir peur*** *et d'autres verbes de G 7, p. 38.*
Tu peux aussi faire des dessins pour ton texte.

Mon dico personnel

Lerne den Ausdruck, der zu deiner Geschichte passt.

© Éditions Casterman, Cécile Williame

1 **échanger qc** etwas austauschen

Bilan

1 Parler

Du kannst schon …

Mehr dazu 3r6y78

Überprüfe, was du kannst! Vergleiche deine Lösungen mit den Lösungen auf Seite 194.

1. … fragen, was jemand gegen dich hat.	Qu'est-ce que tu … moi?
2. … sagen, dass jemand düstere Gedanken hat.	Il a des …
3. … jemanden fragen, was er über etwas denkt.	Qu'est-ce que tu en …?
4. … sagen, was du über etwas denkst (es ist gefährlich).	Je …
5. … sagen, wie jemand aussieht (glücklich).	Il a l'air … / Elle a l'air …
6. … sagen, dass man die Nase voll hat.	J'en …
7. … jemandem viel Glück wünschen.	… chance!
8. … sagen, dass du heute schon einmal angerufen hast.	J'ai déjà …
9. … sagen, dass du nichts hörst.	Je n'…
10. … sagen, dass du später noch einmal anrufst.	Je … tard.

2 Parler

Travaillez à deux. Faites des dialogues.

Exemple:

1. Comment est-ce que tu trouves la discussion sur Julien sur Internet?
– Moi, je trouve que la discussion est nulle. Et toi, qu'est-ce que tu en penses?
– Moi, je pense que …

Comment est-ce que tu trouves …
1. … la discussion sur Julien sur Internet?
2. … l'idée de visiter les catacombes?
3. … l'idée de Vladimir de faire un manga là-bas?
4. … cette histoire?

intéressant · courageux · bizarre · (pas) sympa · dangereux · (très) bien · fantastique · bête · super · nul

3 En forme (G 7)

Complète avec les verbes au passé composé.

1. *Alex:* Tu (voir) ça, Léo? «C'est ici l'empire de la mort!»
2. *Léo:* Oui, je (lire) ça! Qui (écrire) ces mots?
3. *Alex:* Je ne sais pas. Tu (prendre) des photos?
Léo: Non, le guide n'est pas d'accord.
4. *Alex:* Et tu (faire) un tour là-bas?
5. *Léo:* Non. Je ne pas (être) là-bas parce qu'on (mettre) une grille.
6. *Alex:* OK, je (comprendre). Tu (avoir peur) de rester seul là-bas!
Léo: Mais non, oh, et puis zut!

4 En forme (G 8)

Mettez les verbes à la forme correcte.

Exemple: Moi, j'attends ici.

1. *Un élève:* Moi, j' ? ici.
2. *Un autre:* Tu ? Julien ici, mais tu ? ton temps, tu ? ?
   Nous avons ? Julien.
3. *Une élève:* Nous ? Julien, tout le monde ? Julien, mais il ne ? pas. Et nous n' ? rien. Est-ce que vous ? quelque chose, vous?
4. *Une autre:* Les élèves là-bas ? les professeurs et le guide, mais c'est tout. Ils ne ? pas.
5. *Un professeur:* ? ! Est-ce qu'on ? quelque chose, là? Ah! Des souris! Ne ? pas la tête. Et ? encore un peu. On ne ? pas quelqu'un comme ça! Allez, j' ? un moment ici.

répondre
attendre
perdre
appeler
entendre

5 Parler

Faites le dialogue en français.

La mère de Julien

1. Allô?
3. Je suis désolée, Léo. Julien n'est pas là.
5. D'accord. Julien rentre dans une heure.
7. Alors au revoir, Léo!

Léo

2. Léo meldet sich und stellt sich vor. Er sagt, er habe an diesem Morgen schon einmal angerufen. Er sagt, er möchte Julien sprechen.
4. Léo sagt, dass er später noch einmal anruft.
6. Léo bedankt sich und verabschiedet sich.

6 Lire et écrire

Mettez les phrases dans l'ordre correct.

1. Puis, il a parlé avec les trois garçons de la 5e B.
2. Enfin, il a parlé encore une fois avec Julien.
3. D'abord, M. Marignan a posé des questions à Julien.
4. Après, il a invité aussi les autres élèves de la 5e B dans sa classe pour discuter.

Grammaire

G 6 je vois, tu vois …: Das Verb **voir** (sehen)

	Singular		Plural
je	**vois**	nous	**voyons**
tu	**vois**	vous	**voyez**
il / elle / on	**voit**	ils / elles	**voient**

Imperativ: Vois … Voyons … Voyez …

Passé composé: j'ai **vu**

G 7 Tu as eu peur? Das **Participe passé** unregelmäßiger Verben

être (sein)	j'ai **été**
avoir (haben)	j'ai **eu**
savoir (wissen / können)	j'ai **su**
voir (sehen)	j'ai **vu**
pleuvoir (regnen)	il a **plu**
lire (lesen)	j'ai **lu**
connaître (kennen)	j'ai **connu**
écrire (schreiben)	j'ai **écrit**
faire (machen)	j'ai **fait**
mettre (stellen / legen)	j'ai **mis**
prendre (nehmen)	j'ai **pris**
comprendre (verstehen)	j'ai **compris**
ouvrir (öffnen)	j'ai **ouvert**

G 8 répondre, attendre …: Die Verben auf **-dre**

	Singular		Plural
je	**réponds**	nous	**répondons**
tu	**réponds**	vous	**répondez**
il / elle / on	**répond**	ils / elles	**répondent**

Imperativ: Réponds. Répondons. Répondez.

Passé composé: j'ai répond**u**

Plaisir d'écouter

Chanson

Deux pieds

On me dit que je suis paresseux
Que je ne fais que ce que je veux
C'est-à-dire, pas grand-chose
On dit que je me repose

Refrain:
Je suis désolé
Je n'ai que deux pieds
Je n'ai que deux pieds
Franchement désolé

La vaisselle envahit l'évier
Et le linge déborde du panier
J'ai les ch'veux sales, je suis barbu
Mais je m'en vais mon café bu

Refrain

Dans la rue il y a des travaux
Et moi j'aime regarder les travaux
On me dit: «du balai
Plus vite que ça s'il vous plaît»

Refrain

Elle me dit que je suis en retard
Que je me coiffe avec un pétard
Elle veut déplacer les meubles
J'suis pas là pour déplacer les meubles!

Refrain

Thomas Fersen

nom: Fersen
prénom: Thomas
date de naissance: 1963
activités / métier: auteur, compositeur, interprète

paresseux, se faul – **je ne fais que ce que je veux** ich mache nur, was ich will – **c'est-à-dire** das heißt – **pas grand-chose** nicht viel – **je me repose** ich ruhe mich aus – **ne ... que** nur – **franchement** aufrichtig – **la vaisselle envahit l'évier** die Spüle quillt von schmutzigem Geschirr über – **le linge déborde du panier** die Wäsche hängt aus dem Wäschekorb – **sale** schmutzig – **barbu** bärtig – **je m'en vais mon café bu** ich gehe weg, sobald ich meinen Kaffee ausgetrunken habe – **le travail** *(pl.* **les travaux***)* die Arbeit – **du balai** *(fam.)* verzieh dich – **se coiffer** sich frisieren – **un pétard** ein Knallkörper – **déplacer qc** etwas verrücken

A *Ecoutez la chanson*. Comment est-ce que vous trouvez la musique, la voix[1] du chanteur?*

B *Comment est-ce que les autres voient le garçon de la chanson? Faites son portrait.*

C *Est-ce que vous trouvez ce garçon sympathique? Justifiez votre réponse.*

* Das Chanson befindet sich nur auf der Audio-CD1 (622167, Track 43). Aus rechtlichen Gründen ist das Chanson auf der dem Cahier d'activités beiliegenden MP3-CD nicht enthalten.

1 la voix die Stimme

Révisions

Lösungen zu den Révisions-Übungen findest du auf Seite 195.

Parler

1 Dans la cour du collège

(⟶ Stratégie page 15, On dit page 27)

Bereitet einen Dialog vor und spielt ihn: Im Schulhof ist ein Junge, der allein mit einem Fußball spielt. Du sprichst ihn an und er reagiert interessiert. Am Ende spielt ihr zusammen.

trouver que – en 7ᵉA – dans – faire du – quel – depuis quand – souvent – jouer

Frage ihn,
- *ob er oft Fußball spielt,*
- *seit wann er im Collège ist,*
- *in welcher Klasse er ist.*

Sage ihm,
- *in welcher Klasse du bist.*
- *du findest, dass er gut spielt,*
- *dass du gerne mit ihm spielen möchtest.*

Médiation

2 Qu'est-ce que c'est, «stinksauer»?

Tu es dans la rue avec Zoé, ta correspondante française. Vous rencontrez un camarade qui raconte quelque chose. Zoé ne comprend pas tout. Explique ***les mots en gras***[1] *à Zoé.*

Ich war eben in der Sporthalle. Da kam der **Hausmeister** in die **Umkleide**. Der war **stinksauer** wegen der Duschen. Da ist eine Wahnsinns-**Überschwemmung**! Jemand hat wohl irgendwas in den **Abfluss** gestopft. Mann, hat der ein Theater gemacht!

Toi:

C'est une personne qui …
C'est un endroit où …
On dit … quand …
C'est quelque chose comme …

mettre ses vêtements de … – colère – les égouts – avoir les clés – trop d'eau – travailler à… – salle de bains

Ecrire

3 Une histoire mystérieuse

Regardez l'image et racontez une petite histoire. Utilisez les mots suivants.

trouver une pièce bizarre – lire un livre mystérieux – entendre des bruits – avoir très peur – ouvrir une porte – voir …

Tout à coup – à ce moment-là – puis – enfin – d'abord – alors – là-bas – à côté de …

Vous pouvez commencer comme ça:
Ma sœur et moi, nous avons passé une semaine dans la maison de nos grands-parents. Un jour, …

Continuez.

---

1 les mots en gras die fett gedruckten Wörter

On prépare le DELF

1 Compréhension de l'oral

43 *Lisez les phrases, puis écoutez le texte deux fois. Trouvez la ou les bonnes solutions.*

1. Fanny veut aller voir	**a** Lilou.	**b** les égouts.	**c** Valérie.
2. Elle a vu un reportage	**a** à la télé.	**b** dans un journal.	**c** sur Internet.
3. Sous la ville, il y a	**a** les numéros des maisons.	**b** le nom des rues.	**c** le nom des stations de métro.
4. Mercredi, Valérie va voir	**a** son grand frère.	**b** sa grand-mère.	**c** Fanny.
5. Une heure après, Fanny	**a** rappelle Valérie.	**b** appelle ses parents.	**c** appelle son frère.

2 Compréhension des écrits

Salon Manga
Le Salon Manga ouvre ses portes pour sa 13e édition les 4 et 5 février 2012 au Parc des Expositions de Paris, Porte de Versailles. Un programme exceptionnel vous attend avec concours de costumes, karaoké, concerts et jeux vidéo. Sur la liste des invités: des auteurs de manga, des dessinateurs, des acteurs et des chanteurs qui viennent spécialement pour le salon. Bref, le programme est large et varié. De quoi amuser tous les publics, petits ou grands.

Vrai ou faux?

1. Le «Salon Manga» est un festival de cinéma.
2. Il y a déjà eu douze «Salons Manga».
3. Le salon est ouvert trois jours.
4. Il n'y a pas de musique.
5. On peut rencontrer des stars.
6. C'est un festival pour tout le monde.

3 Production écrite

L'après-midi, tu as aidé tes parents à la maison. Le soir, tu as ce courriel de ton copain.

Réponds à ce courriel.

Nicolas,
J'ai attendu pendant une demi-heure devant le cinéma. Ce n'est pas très sympa d'oublier ses copains, tu sais?

Sylvain

4 Production orale

Tu parles d'un copain (ou d'une copine) à ton correspondant.

- *Quel est son nom et son âge?*
- *Comment est-ce qu'il est?*
- *Quelles sont ses activités?*
- *Qu'est-ce que vous faites ensemble?*

Unité 3
La vie au collège

Mehr dazu uv4p9y

Vis-à-vis

In Frankreich ist das Schuljahr in drei Abschnitte *(trois trimestres)* eingeteilt. Am Ende jedes *trimestre* bekommen die Eltern das Zeugnis *(le bulletin scolaire)* ihrer Kinder per Post.
Für die Schüler ist es wichtig, im Durchschnitt mindestens 10 von maximal 20 Punkten zu bekommen *(avoir la moyenne)*.
Ihr könnt auch das Video im Internet ansehen.

Après chaque cours, les élèves changent de salle.

PORTFOLIO

Am Ende dieser Unité kannst du den französischen Schulalltag beschreiben und ihn mit deinem Schulalltag vergleichen.

1
Quand les élèves n'ont pas cours,
ils vont en permanence.
Ils apprennent leurs leçons,
font leurs devoirs ou lisent.

2
Dans le carnet de correspondance,
les professeurs écrivent des
messages pour les parents.

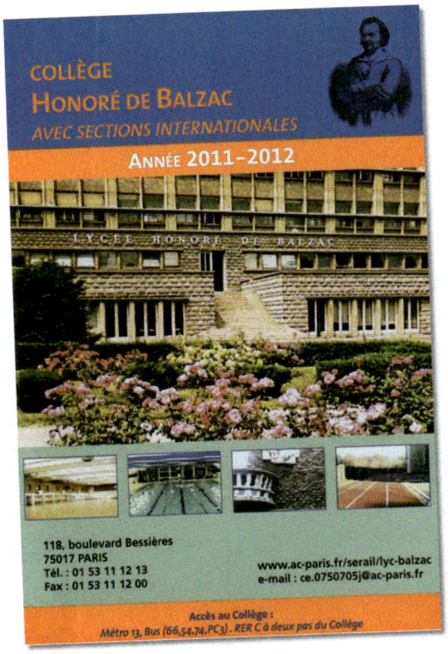

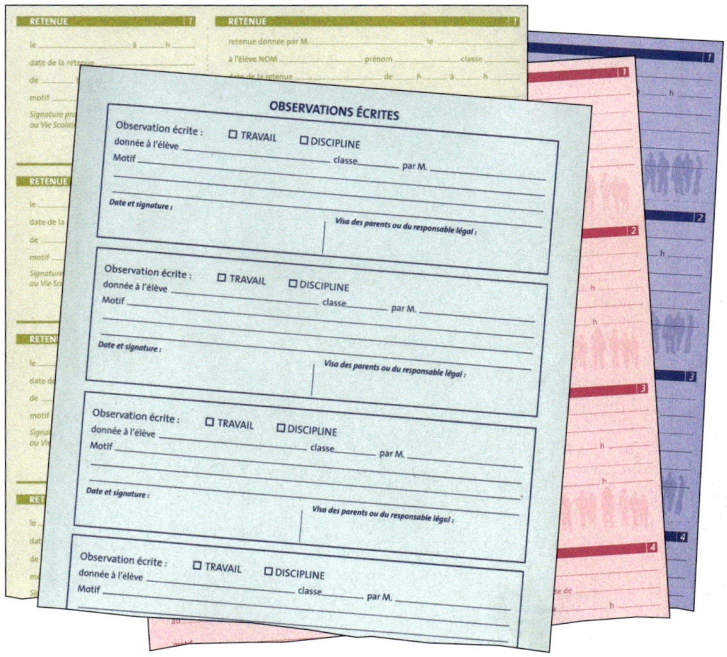

3
Les élèves notent leurs devoirs
dans leur cahier de textes.

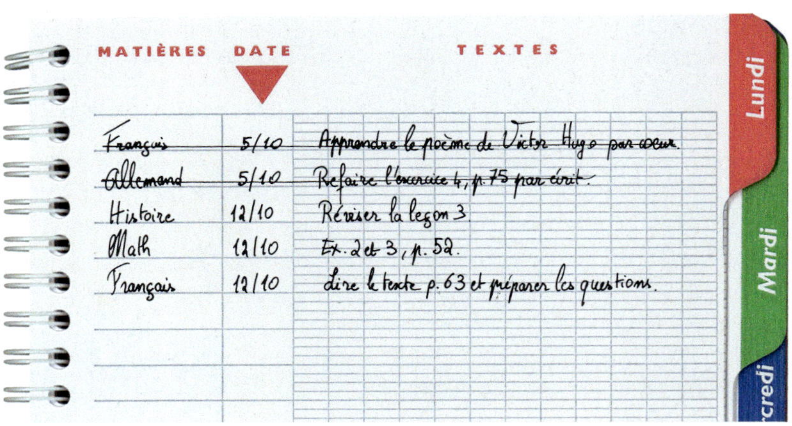

MATIÈRES	DATE	TEXTES
~~Français~~	~~5/10~~	~~Apprendre le poème de Victor Hugo par cœur.~~
~~Allemand~~	~~5/10~~	~~Refaire l'exercice 4, p. 75 par écrit.~~
Histoire	12/10	Réviser la leçon 3
Math	12/10	Ex. 2 et 3, p. 52.
Français	12/10	Lire le texte p. 63 et préparer les questions.

Vis-à-vis

- *Qu'est-ce qu'il y a aussi dans votre école?*
- *Qu'est-ce qu'il n'y a pas?*
- *Comment est-ce que vous trouvez ça?*

Il y a des …
Il n'y a pas **de** …

Atelier A

En forme

1 Chanson

Quand on veut, on peut!

Je veux, tu veux, on veut
chanter et être heureux.
Nous voulons et vous voulez
passer une bonne journée.

Les copains veulent *jouer,*
super, c'est la récré!

Je peux, tu peux, on peut
chanter et être heureux.
Nous pouvons et vous pouvez
passer une bonne journée.

Les copains peuvent *jouer,*
super, c'est la récré!

A *Ecoutez, puis chantez cette chanson.*

B *Changez les mots en italique[1] et inventez une autre chanson.*

un peu | idée | année | à deux | activités | quand il pleut | jeu | curieux …

2 Une idée super

46

Dans la cour du collège.

Sacha: Eh, Mehdi, j'ai un problème: je n'ai pas eu la moyenne dans mon bulletin et maintenant, encore une mauvaise note: sept sur vingt à l'interro de géo!

Mehdi: Et c'est une surprise? Bon, qu'est-ce que tu vas faire, alors?

Sacha: Je ne sais pas. Tu as une idée? Mes parents ne vont pas être très contents! Mais tu sais, mon truc, c'est plutôt le sport, quoi!

Mehdi: Je sais! Mais tu peux aussi travailler un peu, non? Tiens, voilà Marie! Salut, Marie!

Marie: Eh, Mehdi, j'ai une idée pour l'exposé en géo. Les surveillants veulent organiser une course contre la faim, cette année. Alors, je propose de faire un exposé sur un pays pauvre!

Mehdi: Pourquoi pas? D'accord. On se retrouve au CDI après la récré! Tu travailles avec nous, Sacha?

Sacha: Je veux bien participer à la course, mais un exposé, ça ne me dit rien!

Marie: Comme tu veux. Alors salut, Sacha!

Mehdi: A plus, Sacha!

Sacha: Ben et moi, qu'est-ce que je vais faire, alors? Vous ne voulez plus parler avec moi, c'est ça? Bon, mais moi aussi j'ai une idée, et même une *très* bonne idée!

30, 1

1 **les mots en italique** die kursiv gedruckten Wörter

Lire
Ecouter

3 A propos du texte

A *Qu'est-ce que c'est? Qui est-ce? Devinez.*

Exemple: → **1.** C'est le bulletin.

1. Dans cette **chose,** les parents voient les notes de leurs enfants.
2. Sacha n'a pas cette **chose** en géographie parce qu'il a 7/20.
3. **Ils** veulent organiser une course.
4. **Il** veut travailler avec Marie.
5. C'est **quelque chose** que Sacha aime.
6. C'est **quelque chose** que Sacha n'aime pas trop.

47

B *Lisez d'abord les questions, puis écoutez la suite du texte. Répondez.*

1. Où est-ce que les scènes se passent?
2. Qui parle?
3. Qui est content, qui n'est pas content? Pourquoi?

STRATEGIE

- **Wo?** Achte auf die Geräusche.
- **Wer?** Achte auf die Stimmen.
- **Wie?** Achte auf den Tonfall.

En forme

4 Et tes notes, Sacha? (G 9, 10)

→ En plus 121, 1 △

30, 2

A *Complétez avec les formes de* ***vouloir*** **v** *ou* ***pouvoir*** **p**.

1. *M. Massicard:* Sacha, on **p** parler un moment? C'est à propos de tes notes.

2. *Sacha:* Ben euh, je ne **p** pas maintenant. Mes copains **v** faire du foot avec moi, alors …

3. *Mme Massicard:* Ils **p** attendre un peu. Sacha, tu ne **p** pas ou tu ne **v** pas parler de tes résultats? Ecoute, on a eu ton bulletin et tu n'as pas la moyenne. Ton père et moi, nous **p** parler de ça avec toi, non?

4. *Sacha:* Oui, vous **p**, mais …

B – *Que veulent faire les parents de Sacha? Que veut faire Sacha?*
– *Trouvez des idées: Qu'est-ce que Sacha peut faire pour avoir la moyenne? Que peuvent faire ses amis?*

u de mots

5 La vie au collège en France

→ En plus 121, 2 △

A *Trouvez 8 autres mots et expressions qui décrivent la vie au collège et faites un filet à mots dans votre cahier.*

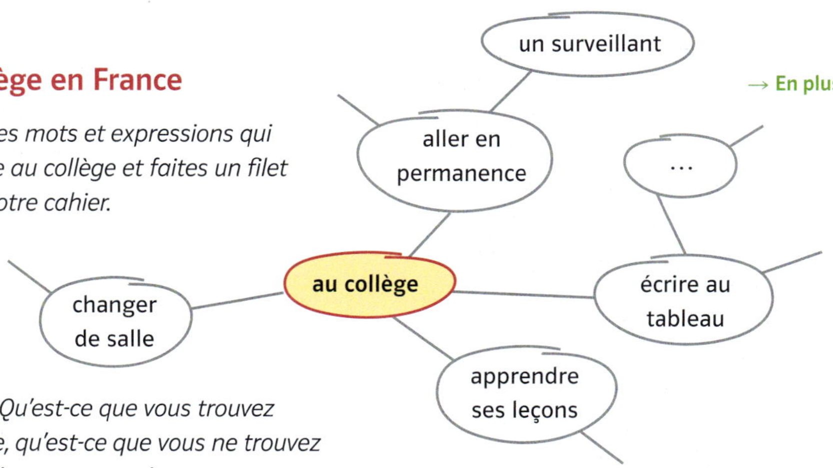

B *Parlez à deux. Qu'est-ce que vous trouvez bien au collège, qu'est-ce que vous ne trouvez pas bien? Expliquez pourquoi.*

Lire
Médiation

6 Ensemble contre la faim

Les séances de sensibilisation

Des membres de l'*Action contre la Faim* viennent dans votre collège pour sensibiliser les élèves au problème de la faim dans le monde et leur présenter le projet de la Course contre la Faim.

La course

Les élèves trouvent des sponsors qui donnent une somme d'argent par kilomètre parcouru. Les participants disposent d'un temps de course maximum de 1h30. La distance maximale est de 10 kilomètres. Le jour de la course, les élèves se retrouvent sur la ligne de départ. La course d'endurance commence et chaque participant fait son possible.

A *Versucht herauszufinden,*
- *was eine «séance de sensibilisation» ist,*
- *wie man an der «Course contre la Faim» teilnimmt und worauf es ankommt.*

Tipps:
1. *Folgende Wörter könnt ihr aus dem Deutschen erschließen:*

   une somme | une ligne | un sponsor | un projet

   Welche weiteren Wörter könnt ihr verstehen?
2. *«Par jour» heißt „pro Tag". Was heißt wohl «par kilomètre»?*

B *Erklärt einem Freund oder einer Freundin, was die «Course contre la Faim» ist und wie sie abläuft.*

Ecouter

7 Monsieur, je voudrais savoir ...

48 *Ecoutez le texte et répondez aux questions.*

1. Où est-ce que la scène se passe?
2. Qui arrive et parle avec les élèves? Pourquoi?
3. Que veulent faire les élèves? Qu'est-ce qu'ils proposent?

Avant l'écoute, regardez la stratégie à la page 45.

Parler **8**

31, 4

Je propose de …!

ON DIT

etwas vereinbaren / einen Vorschlag machen	einem Vorschlag zustimmen	einen Vorschlag ablehnen
Je propose de faire / d'aller …	D'accord.	Je n'ai pas (trop) envie de …
On peut aussi …	Bonne idée!	Non, j'aimerais mieux faire …
On fait … ensemble?	Je veux bien.	Je ne sais pas.
Tu es d'accord pour faire …?	Si tu veux.	Ce n'est pas (trop) mon truc.
On se retrouve …?	Pourquoi pas?	Ça ne me dit rien.

Travaillez à trois. Imaginez deux situations et faites des dialogues entre trois personnages.

Situations:

Vous préparez une fête.

Trois copains veulent faire un tour.

…

Ecrire **9**

Sacha chatte avec Mehdi.

Sacha propose à son copain Mehdi d'aller au cinéma avec lui. Ecrivez le dialogue. Les mots à droite peuvent vous aider.

à quelle heure
où
commencer
mon, ma, mes

on se retrouve
un film avec
coûter
demander à qn

Jeu de sons **10**

49

32, 5

Le son [wa]

A *Ecoutez et répétez les poèmes.*

Ecoutez bien!
Le soir, dans le noir
On entend des histoires
Mystérieuses dans le couloir.

Excusez-moi!
Une fois par mois
Je ne suis pas là
Je fais un voyage
Alors tournez la page.

J'ai fait mes devoirs
Maintenant, c'est le soir
Il fait sombre, il fait noir
Alors au revoir!

B *Faites trois autres phrases. Utilisez des mots avec le son [wa]. Puis lisez ces phrases à votre voisin.*

Atelier B

1 Bravo, Sacha!

50

Voilà quelque chose que Sacha aime: Une course! Les sportifs sont déjà là. Il y a beaucoup de monde. Les surveillants qui ont organisé cette course donnent encore quelques informations, puis la course commence. Sacha est content! Il va montrer à tout le monde qu'il peut faire des choses bien!
Deux kilomètres déjà. Il y a beaucoup d'élèves devant Sacha, mais Sacha ne va pas vite. Il veut continuer longtemps et faire beaucoup de kilomètres.
Trois, puis quatre kilomètres. Il ne veut pas arrêter la course avant les autres: que vont penser Mehdi, Marie et les autres? Pendant la course, Sacha pense à la dispute avec ses copains, il pense à ses notes, à ses parents.
Non, cette fois, il veut retourner à la maison avec un bon résultat. Maintenant, il entend: «Vas-y, Sacha, vas-y!» … Cinq kilomètres. Il avance toujours et voit plusieurs groupes de sportifs qui ne peuvent plus continuer. Ils sont trop fatigués. Six kilomètres. Sacha regarde devant et derrière lui. Maintenant, il n'y a plus que cinq ou six élèves sur la piste. Continue, Sacha! …
Voilà Sacha seul sur la piste. Les autres ont arrêté leur course! Mais qu'est-ce que c'est? Sacha entend des applaudissements. Puis quelqu'un crie «Bravo, Sacha!» D'où est-ce que ça vient? Tiens, mais c'est Mehdi! Et Marie est là aussi. Sept kilomètres. Enfin Sacha arrête lui aussi sa course. Il est très fatigué, mais il est aussi très heureux!

Lire

2 A propos du texte

Expliquez.

1. Sacha participe à la course parce que …
2. Sacha ne va pas vite parce que …
3. Après la course, Sacha est heureux parce que …

En forme

3 La photo des sportifs (G 11)

33, 7

Complétez avec les formes du verbe ***venir*** *au présent.*

Un surveillant: Allez, on fait la photo! Sacha, tu **?** ? Les autres, vous **?** ?
Sacha: Je **?**, monsieur. Deux minutes!
Le surveillant: Mais non, **?** maintenant! Et Julie, qu'est-ce qu'elle fait? Elle n'est pas encore là! Elle **?** ou elle ne **?** pas?
Sacha: Julie et moi, nous **?** dans une minute. Les autres **?** aussi … bientôt.
Le surveillant: Oh quelle vie, avec vous!

4 Un article dans le journal du collège

51 32, 6

«Cette année encore, notre collège a organisé une ‹Course contre la Faim›. Cette fois, 300 élèves sont venus participer à la course et le collège va pouvoir donner 2380 euros à des pays pauvres.
Après la course, les surveillants sont venus féliciter l'élève Sacha Massicard qui a fait une course de 7 km. Mme Ducharme, la professeure de géo de sa classe, est venue elle aussi.
Encore un grand merci à notre ami Sacha qui a beaucoup fait pour cette course!
Après la course, les familles sont restées pour une petite fête. Les gens veulent même revenir l'année prochaine! Le soir, tout le monde est rentré content à la maison.
Cette course a été un grand succès pour notre collège.»

Marie Chabane, 5e B

Lire
Parler

5 A propos du texte

A *Pourquoi est-ce qu'on dit merci à Sacha, dans l'article? Expliquez.*
B *Qu'est-ce que les gens ont fait après la course?*
C *Pourquoi est-ce que cette course a été un grand succès pour le collège? Expliquez.*

Ecouter

6 Très bien, Sacha!

→ En plus 122, 3 △

52

A ***Avant l'écoute:*** *Quels sont les problèmes de Sacha, au collège? Imaginez la suite de l'histoire.*
B ***Pendant l'écoute:*** *Que proposent ses parents?*
C ***Après l'écoute:*** *Qu'est-ce qui a changé pour Sacha, depuis la course?*

STRATEGIE
- Was weißt du schon über den Inhalt?
- Achte auf Schlüsselwörter, hier z. B. **proposer**.

En forme

7 A la récré (G 12)

33, 8

A *Faites des phrases correctes et écrivez ces phrases dans votre cahier.*

Hier, à la récréation …

1. Alex et une copine	est allée à l'infirmerie.
2. Une élève de la 5e B	est retourné voir la professeure.
3. Mehdi et Marie	sont arrivées en retard.
4. Léo et Julien	sont allés dans la cour
5. Sacha	sont descendus au CDI.
6. Plusieurs filles	sont restées dans le couloir.

B *Prenez les débuts[1] des phrases n° 1 à 6 et faites 6 autres phrases avec les verbes donnés.*

descendre | arriver | monter | aller | (re)venir | entrer | rester | rentrer | tomber | retourner

53

Alternative:
Ecoutez et notez les phrases.

1 **le début** der Anfang

En forme **8**

Drôle de cours! (G 12)

→ En plus 122, 4 △

34, 9

Aujourd'hui, Sacha raconte le cours de français à ses parents. Qu'est-ce qu'il dit? Racontez l'histoire. Commencez comme ça:

Exemple:

1. Ce matin, nous sommes descendus dans la cour avec M. Dubois, le prof de français.

1. Ce matin, nous (descendre) dans la cour avec M. Dubois, le prof de français.
2. Nous (commencer) à faire du théâtre.
3. Mais plusieurs filles (venir) pour regarder.
4. Elles (faire) du bruit.
5. Alors une surveillante (venir).
6. Puis le mauvais temps (arriver).
7. Alors tout le monde (retourner) dans le collège.
8. Nous (ne pas rester) longtemps dans la salle de cours.
9. Une minute plus tard, la fin du cours (arriver). Quel théâtre!

Ecrire **9**

Quelle journée!

Voici la première et la dernière phrase d'une petite histoire. Inventez 8 autres phrases pour écrire l'histoire.

Début: Aujourd'hui, ma famille et moi, nous sommes allés faire un tour.
Fin: Quelle journée!

Médiation **10**

Le bulletin scolaire de Sacha

34, 10

Erläutere einem Verwandten, der kein Französisch kann, was ein «bulletin» ist und welche Informationen man dem entnehmen kann. Sage ihm, in welchen Fächern Sacha gut ist und in welchen nicht.

ANNEE SCOLAIRE 2013 / 2014 BULLETIN 1er TRIMESTRE | Nom de l'élève: Sacha Massicard | Classe: Cinquième B

	Moyennes			Notes extrêmes		Appréciations
Discipline Professeur	Elève	Coeff.	Classe	Mini	Maxi	Appréciations générales
Anglais Mme MEYLAN Michèle	10	3	9,9	5,8	15,5	Peut mieux faire.
Français M. DUBOIS Christian	9	4	12	6	16	Sacha ne travaille pas assez à la maison.
Histoire-géographie Mme DUCHARME Claudine	7,5	3	11	6	16,5	Trop peu de travail, l'ensemble est mauvais.
E.P.S. M. MARCHEDONT Pierre	15	2	11	7,5	15	Très bien. Elève très motivé!
Mathématiques M. CESTOR Jacques	11	4	12,5	4,5	15	Bon départ.
Moyenne générale	9,5		11,7			
Observations du conseil de classe	Trimestre très moyen, Sacha ne travaille pas assez. Nous attendons un travail plus sérieux.					

Lire 11 Un carnet de correspondance

CORRESPONDANCE
(À faire signer par les parents ou le responsable légal)

DATE	
30/09	Sacha a oublié plusieurs fois ses devoirs en géographie et dans d'autres matières. Il a aussi perdu son cahier de textes. Il a donc deux devoirs à faire en plus pour mardi prochain. C. Ducharme
11/10	Monsieur Muscade est en voyage scolaire du mardi 16 au vendredi 19 octobre. Le 18, les élèves peuvent quitter le collège à 15 heures.
20/10	Nous avons bien lu le message de M. Archibald concernant la rencontre d'information pour les parents le 8/11 à 17h.

A *Répondez.*

1. C'est le carnet de quel élève?
2. Quel jour de la semaine est le 18 octobre?
3. Qui a écrit l'information du 30/09?
4. Qui a écrit l'information du 20/10?

B *Qu'est-ce que c'est, un carnet de correspondance? Expliquez.*

C'est un carnet où … | Quand les … | veulent … | ils …

Stratégie 12 Apprendre le vocabulaire

→ En plus 122, 5 △

A *Complétez les 3 expressions[1]. Puis notez toutes les expressions dans votre cahier avec leur traduction[2].*

expressions	en allemand
avoir la moyenne	den Durchschnitt erreichen
quelques informations	
répondre à une question	
l'année ?	
un ? succès	
participer à ?	
…	

STRATEGIE

Lerne **Wörter** nicht einzeln, sondern **in Verbindungen,** die man gut anwenden kann. Wenn dir solche Wortverbindungen begegnen, notiere sie in deinem Heft. Trage auch die Übersetzung ein. Im *Vocabulaire* ab Seite 142 findest du viele Beispielsätze, die du ebenfalls notieren und dir merken kannst.

B *Trouvez 4 autres expressions à noter.*

1 **une expression** ein Ausdruck – 2 **une traduction** eine Übersetzung

Pratique: tâche

Vis-à-vis **1**

Ici et là-bas

Des élèves français sont dans votre école pour une rencontre franco-allemande. Vous allez faire une petite présentation de votre école.

Lire

A *Lisez d'abord ce que des élèves français ont appris sur l'école en Allemagne. Qu'est-ce qu'ils trouvent intéressant ou curieux? Pourquoi? Expliquez.*

Parler

B *Travaillez à quatre. Préparez votre présentation. Notez des mots-clés: Qu'est-ce que vous savez sur le collège en France? Comment c'est, chez vous? Quelles informations sur votre école sont intéressantes pour vos invités français? Expliquez.*

C *Chaque élève de votre groupe présente quelques points. Regardez l'exemple.*

PORTFOLIO

D *Pour la journée franco-allemande, tu prépares un quiz[1] sur ton école. Tu peux aussi trouver d'autres idées: un jeu, un sketch, des devinettes …*

Exemple:

Questions pour un champion

La «Aula» c'est …
a l'infirmerie.
b la grande salle à l'entrée de l'école.
c la femme du professeur de latin.

---

1 un quiz [ɛkwɪz] ein Quiz

Bilan

Überprüfe, was du kannst! Vergleiche deine Lösungen mit den Lösungen auf Seite 195.

1 Parler

Du kannst schon …

Mehr dazu 2iq67k

1. … sagen, dass du an etwas teilnimmst. *(ein Spiel)*	Je …
2. … jemanden auffordern, mit etwas anzufangen.	Vas- …
3. … dich mit jemandem verabreden. *(vor dem Kino)*	On se …
4. … einen Vorschlag machen. *(in den Park gehen)*	Je … au parc.
5. … einem Vorschlag zustimmen.	…
6. … einen Vorschlag ablehnen.	Ça …
7. … sagen, was du lieber machen würdest. *(lesen)*	J'aimerais …
8. … jemandem sagen, dass er aufhören soll.	…!

2 En forme (G 9, 10)

*Complétez le texte par les verbes **vouloir** v et **pouvoir** p.*

1. *Le prof:* Alors, qu'est-ce que vous v faire plus tard?
2. *Marie:* Moi, je v écrire des livres.
3. *Mehdi*: Anne et moi, nous v travailler comme dessinateurs.
4. *Le prof:* Les autres v dire quelque chose aussi? Sacha!
5. *Sacha:* Moi, je ne sais pas encore. Alors, je ne v rien dire.
6. *Le prof:* Tu ne v pas être prof?
7. *Sacha:* Quoi? Non merci. Mais Anne, avec ses bonnes notes, elle p faire ça!
8. *Anne:* Euh, monsieur, Antoine et Eric, ne sont pas bêtes. Vous ne pensez pas qu'ils p être profs, plus tard?
9. *Le prof:* Quand on v, on p ! Bon, on arrête là, nous p continuer une autre fois.

3 Parler

Travaillez à deux. Faites des dialogues.

Exemple: – On va au cinéma ensemble? – Bof, je n'ai pas trop envie.

4 En forme (G 12)

Voilà une histoire d'Alex. Racontez au passé composé.

1. Une dame (perdre) son chien.
2. Je (voir) un chien seul et je (vouloir) aider la dame.
3. Mais le chien (entrer) avec un homme dans un magasin.
4. Alors, moi, vite, je (aller) dans ce magasin aussi.
5. Mais le chien (monter) sur une table et des livres (tomber).
6. Deux vendeuses (arriver), l'air pas contentes.
7. Bien sûr, l'homme et le chien (ne pas attendre) et (retourner) dans la rue.
8. Enfin, je (arriver) à côté du chien.
9. – Monsieur, vous (prendre) le chien d'une dame, je pense!
10. – Quoi, quelle dame? Quel chien? Gaston, c'est mon chien!
11. Je (penser): «Et voilà, cette fois encore, je (aller) trop vite!»

5 Vis-à-vis

Au collège: trouvez les parties de phrases qui vont ensemble.

1. Quand un professeur veut donner des informations aux parents des élèves, …
2. A la fin de chaque trimestre, les parents voient les résultats de leurs enfants …
3. Le cahier de textes, c'est pour …
4. Quand les élèves n'ont pas cours, ils peuvent …

… aller en permanence.

… dans le bulletin.

… noter les devoirs à faire.

… il écrit un message dans le carnet de correspondance.

Grammaire

G 9 je veux, tu veux …: Das Verb **vouloir** (wollen)

Singular		Plural	
je	**veux**	nous	**voulons**
tu	**veux**	vous	**voulez**
il / elle / on	**veut**	ils / elles	**veulent**

Passé composé: j'ai **voulu**

Grammaire

G10 je peux, tu peux ...: Das Verb **pouvoir** (können)

Singular		Plural	
je	**peux**	nous	**pouvons**
tu	**peux**	vous	**pouvez**
il / elle / on	**peut**	ils / elles	**peuvent**

Passé composé: j'ai **pu**

G11 je viens, tu viens ...: Das Verb **venir** (kommen)

Singular		Plural	
je	**viens**	nous	**venons**
tu	**viens**	vous	**venez**
il / elle / on	**vient**	ils / elles	**viennent**

Imperativ: **Viens. Venons. Venez.**
Passé composé: je suis **venu(e)**

G12 Elle est rentrée à la maison: Das **Passé composé** mit **être**

Folgende Verben bilden das Passé composé mit *être*:

aller	Sacha: je suis allé
arriver	Marie: je suis arrivée
descendre	tu es descendu(e)
entrer	il est entré
monter	elle est montée
rentrer	on est rentré
rester	nous sommes resté(e)s
retourner	vous êtes retourné(e)(s)
venir	ils sont venus
tomber	elles sont tombées

Unité 4

Fou de cuisine!

Léo aime les bons repas. Et il aime regarder «Tfou de cuisine»[1] à la télé.

A la télé, Carla et Grégoire vont au marché pour faire les courses. Ils achètent des fruits et des légumes.

A la maison, ils font la cuisine. Ce n'est pas difficile!

1 Tfou de cuisine [tefudkɥizin] Name einer Kochsendung für Kinder. (Diffusée en France sur la chaîne de télévision TF1)

PORTFOLIO

Am Ende dieser Unité kannst du Einkaufsgespräche führen und dein Lieblingsessen beschreiben.

A *Trouvez les numéros et les mots qui vont ensemble.*

Exemple: Les tomates, c'est le numéro …

les tomates *(f.)* · les pommes de terre *(f.)* · les citrons *(m.)* · **la** salade · **le** lait · **la** viande · les œufs *(m.)* · les yaourts *(m.)* · **le** sucre · **la** farine

Au marché …

… et au supermarché

58 **B** *Ecoutez Grégoire et Carla au marché. Qu'est-ce qu'ils achètent? Prenez des notes.*

Mehr dazu q25b59

Vis-à-vis

„Essen wir heute kalt oder warm?"
Über diese Frage würde man sich in Frankreich wundern. Dort isst man in der Regel auch abends eine warme Mahlzeit. Meistens bestehen die Mahlzeiten aus mehreren Gängen *(les plats)*.
Wie ist das bei euch?
Ihr könnt auch das Video im Internet ansehen.

Atelier A

Approche

1 Samedi, après le petit-déjeuner

59 41, 1

M. Pirou: Tiens, j'ai un courriel de mon collègue allemand Lars. Vendredi prochain, il va venir à Paris avec sa fille. On invite Lars et sa fille à manger? Qu'est-ce que vous en pensez?

Mme Pirou: Je veux bien, mais tu sais que je travaille, vendredi. Qui va faire la cuisine?

Léo: Ben …, papa et moi, on peut faire des steaks-frites et de la salade. Et comme entrée, des tomates avec de l'huile d'olive et du saucisson!

M. Pirou: D'accord pour les tomates, mais tu sais, Lars ne mange pas de viande.

Léo: Ah bon? Alors, on fait des moules-frites!

Mme Pirou: C'est une bonne idée!

Léo: Il faut aussi un dessert! Je propose du chocolat … ou on fait un gâteau?

Mme Pirou: Oh, on va plutôt acheter un gâteau à la boulangerie.

M. Pirou: Bon, je vais déjà répondre à Lars. Vous allez voir, il est un peu dans la lune, mais il est vraiment sympa!

A *Qu'est-ce qu'on apprend sur Lars, sur Léo, sur sa mère?*

B *Qu'est-ce qu'il faut pour faire un gâteau au citron?*

Il faut **du** sucre.
Il faut **de la** farine.

Il faut **un** citron.
Il faut **des** œufs.

Traduisez et comparez. (Übersetzt und vergleicht.)

C *Regardez la liste des courses.*
Qu'est-ce que les Pirou achètent aujourd'hui?
Utilisez l'article partitif ***du***, ***de l'***, ***de la***.

Exemple:
Ils achètent **du** lait.

lait	sucre
salade	farine
jus d'orange	huile
eau	chocolat

2 Tu penses à tout, Léo!

60–62

1. Vendredi. Lars et sa fille Lena arrivent cet après-midi. Il faut tout préparer. Léo et son père font les courses. Ils vont d'abord au marché.

Vendeuse: C'est à qui?

Léo: C'est à nous! Un kilo de tomates, s'il vous plaît. Et puis deux kilos de pommes de terre et des olives.

M. Pirou: Les olives ne sont pas sur la liste, Léo.

Léo: Papa, il faut mettre des olives dans la salade de tomates! C'est super bon … Ah oui, il faut aussi un citron, s'il vous plaît.

M. Pirou: Pour la salade?

Léo: Mais non, pour le rince-doigts. Il ne faut pas oublier le rince-doigts quand on mange des moules. Comme au restaurant!

41, 2

Vendeuse: Il pense à tout, ce petit!

2. *Vendeur:* Bonjour! Vous désirez?

M. Pirou: Je voudrais des moules, s'il vous plaît. Pour cinq personnes.

Vendeur: Alors, 5 litres, ça va?

M. Pirou: Oui. Et, pour préparer les moules, vous faites comment, vous?

Vendeur: Les moules, c'est très facile …

3. Enfin, les Pirou achètent des boissons au supermarché.

M. Pirou: Tiens, tu entends, Léo? On achète deux bouteilles de jus d'orange et on a une bouteille gratuite. Qu'est-ce que tu en penses?

Léo: Pourquoi pas? Tiens papa, c'est vrai que les Allemands boivent du jus de fruit pendant les repas?

M. Pirou: C'est vrai, mais pas tout le monde.

Léo: Ils ont de la chance. Alors moi, ce soir, j'en bois aussi. Tu achètes aussi du chocolat, papa?

M. Pirou: D'accord, tu penses vraiment à tout.

Léo: Et puis il faut aller chercher le gâteau.

M. Pirou: Tu as raison. Bon, je vais payer et je rentre avec les courses. Toi, tu vas chercher le gâteau à la boulangerie, s'il te plaît.

Lire

3 A propos du texte

Vrai ou faux? Pas dans le texte? Corrigez.

1. Léo et son père vont au stand des fruits et légumes.
2. Ils achètent un citron pour la salade.
3. Il faut un litre de moules par personne.
4. Préparer les moules, c'est difficile.
5. Au supermarché, ils achètent aussi de l'huile.
6. Les Français ne boivent que de l'eau pendant les repas.
7. Léo veut boire du jus d'orange.
8. M. Pirou va chercher le gâteau.

En forme

4 Qu'est-ce qu'il faut acheter? (G 13, 14)

42, 3

A *Pour un repas, vous allez faire des courses. Notez 6 choses qu'il faut acheter.*

du …
de la …
de l' …
des …

B *Travaillez à deux. Parlez de vos listes.*
Qu'est-ce qu'il faut?
Combien est-ce qu'il en faut?
Présentez votre dialogue à vos camarades.

Exemple:
- Il faut acheter **du** coca.
- Combien est-ce qu'il **en** faut?
- 2 bouteilles.
- Il faut aussi …
- Combien …?

eau minérale
coca
salade
…

Parler

5 Vous désirez? (G 13–16)

→ En plus 123, 1

42, 4

A *Travaillez à deux. Faites le dialogue.*

un kilo
cent grammes **de**
une bouteille
un litre

Mehr dazu 29924m

B *Regardez la vidéo. Qu'est-ce qu'Anaïs achète?*

ON DIT

le vendeur / la vendeuse
le client / la cliente

- Bonjour, monsieur / madame. Vous désirez?
- Je voudrais des olives, s'il vous plaît!
- Vous **en** voulez combien?
- J'**en** prends deux-cents grammes.
- Deux-cents grammes **d'**olives, voilà. Et avec ça?
- C'est tout, merci! Ça fait combien?
- Ça fait 4 euros, s'il vous plaît.
- Voilà 4 euros!
- Merci, monsieur / madame et bonne journée!
- Merci! Au revoir, monsieur / madame!

Ecouter

6 Des courses qui font mal!

63 · 43, 5

A ***Avant l'écoute.*** *Léo va chercher le gâteau. Où est-ce qu'il va?*

B *Ecoutez le texte. Il a deux parties. Quel titre va avec quelle partie?*

C ***Après l'écoute.*** *Qui est-ce? Qu'est-ce que c'est?*

Une catastrophe et une idée

Un combat

Trois baguettes et un gâteau

Une bonne blague

1. **Elle** a déjà payé.
2. Léo **en** achète trois.
3. **Ils** sont difficiles à porter.
4. **Il** est désolé.
5. **Il** est tombé.
6. **Il** va faire la cuisine chez Sacha.
7. M. Pirou **en** a acheté au supermarché.

Lire

7 Le saucisson au chocolat

A *Regardez les images, puis mettez les phrases dans l'ordre correct. Qu'est-ce qu'on fait d'abord? Et puis?*

Ingrédients:

180 g de chocolat	1 œuf
100 g de beurre	8 chamallows
100 g de sucre	150 g de biscuits

Mélanger et verser sur du papier alu.

Rouler le saucisson dans du sucre.

Mélanger l'œuf au chocolat et au beurre pas trop chauds, puis le sucre.

Couper les biscuits et les chamallows en petits morceaux.

Mettre au frigo pendant environ 6 h.

Découper comme un vrai saucisson.

Replier le papier alu et donner la forme d'un saucisson.

Faire fondre le chocolat et le beurre.

B *Dans cette recette[1], quels mots nouveaux est-ce que vous comprenez? Notez-les.*

---

1 **une recette** ein Kochrezept

Atelier B

Jeu de mots **1**

Mettre la table

44, 6

A *Qu'est-ce qu'il faut pour mettre la table?*

une assiette
une fourchette
un couteau
une cuillère

A

un verre
une serviette
du pain
de l'eau

à gauche (de)
à droite (de)
à côté (de)
à la bonne place

B

il n'y a pas de
il faut mettre

B *Comparez les deux photos et décrivez les 7 erreurs sur la photo B.*

Exemple: Sur la photo B, à droite, il n'y a pas de fourchette.

2

Un repas … et des surprises

64 - 67

1. Et voilà, les invités sont arrivés. Tout le monde est à table depuis un moment.

Lars: Hmm! La salade de tomates est très bonne.
M. Pirou: Merci, Lars. Lena, tu en veux encore?
Lena: Non, merci.
Mme Pirou: Marc, Léo, vous allez chercher les moules, s'il vous plaît? J'espère que tu vas aimer, Lena.
Lars: Mais oui, j'en suis sûr. Lena est un peu timide, vous savez, surtout avec les garçons!
Lena: Papa, hör auf, das ist peinlich!
Mme Pirou: Voilà aussi du pain et du beurre.

2. Dans le salon des Pirou, c'est le silence, maintenant. Lars est très concentré. Il n'a jamais mangé de moules, et manger ce plat, ce n'est pas facile, surtout avec un couteau et une fourchette! Sa fille Lena n'a pas encore commencé. Elle regarde d'abord comment mange Léo, puis elle prend une moule entre ses doigts. Hmm, c'est un peu bizarre, mais c'est très bon!

3. *M. Pirou:* Qu'est-ce que tu bois, Lena? Du jus d'orange?
Lena: Je préfère boire de l'eau, s'il vous plaît.
Léo: Ah bon? Mais moi, je peux en prendre?

Les parents de Léo n'ont pas le temps de répondre. L'assiette de Lars tombe et les moules sont sur le t-shirt de M. Pirou.

Lars: Oh non, je … das tut mir leid! Désolé!
M. Pirou: Ce n'est pas grave, Lars!
Mme Pirou: Je vais chercher une autre assiette.

4. *Mme Pirou:* Vous voulez boire quelque chose, Lars?
Lars: Oui, merci, j'ai soif. Tiens, je vais goûter ça.
Mme Pirou: Non!
Lena: Das ist doch für die Finger, Papa!

Maintenant, à table, tout le monde rigole beaucoup. C'est un repas vraiment bizarre, mais très drôle.

Mme Pirou: Bon, Léo, va chercher le dessert, s'il te plaît. Il n'y a jamais de mauvaise surprise avec les gâteaux de la boulangerie!

Après la lecture *Vous êtes sûre, Madame Pirou? Imaginez la fin du repas.*

→ En plus 124, 4 △

Lire

3 A propos du texte

Pensez au texte et complétez les phrases.

1. Lars et Lena sont …
2. Lena est un peu …
3. Pendant le repas, Lars ne sait pas comment …
4. Lena fait comme ça: d'abord, …
5. Lena boit … et Léo boit …
6. Tout à coup, …
7. A la fin, Léo va …

Vis-à-vis

4 Un menu français

Quels sont les plats d'un menu français?
Comment est-ce que tu trouves ça? Pourquoi?
Qu'est-ce qu'on mange chez toi, le soir?

En forme

5 Vite! Il faut faire les courses! (G 16)

Parlez avec votre voisin.
Posez des questions à tour de rôle.

Exemple:
- Est-ce qu'il y a encore du lait?
- Oui, il y **en** a encore.

- Est-ce qu'il y a encore du pain?
- Non, il n'y **en** a plus.

Parler

6 A table

→ En plus 124, 5

44, 7

Qu'est-ce que tu peux dire à table?

1. Du möchtest, dass man dir die Butter reicht.
2. Das Fleisch schmeckt sehr gut.
3. Quiche ist dein Lieblingsgericht.
4. Du hast keinen Durst mehr.
5. Du möchtest noch ein bisschen Gemüse haben.
6. Du isst niemals Käse.

ON DIT

- Tu me passes le pain, s'il te plaît?
- Oui, voilà.
- Tu veux encore des moules?
- Oui. Elles sont très bonnes!
- Tu reprends des frites?
- Je veux bien. Les frites, c'est mon plat préféré!
- Tu veux un peu de fromage?
- Merci, je n'ai plus faim.
- Comme dessert, tu veux du gâteau ou des fruits?
- Je voudrais un fruit, s'il te plaît.
- Tu bois une tasse de café?
- Non, merci, je ne bois jamais de café.

En forme

7 Léo, on attend le gâteau! (→ Vocabulaire, p. 155–158)

→ En plus 125, 6 △

Mettez les verbes à la forme correcte.

45, 8

acheter  boire  payer  préférer  espérer 

1. *M. Pirou:* Alors Lars, qu'est-ce que tu  ? Du jus d'orange?
2. *Lars:* Non, je  boire de l'eau! A la maison, nous  souvent de l'eau …
3. *Lena:* … surtout avec un peu de citron, hein, papa? Tu en  souvent!
4. *Mme Pirou:* Ah bon? Ben, nous, nous  l'eau sans citron!
5. *M. Pirou:* Mais qu'est-ce qu'il fait, Léo? J'  qu'il n'y a pas de problème avec le gâteau!
6. *Mme Pirou:* Pourquoi, chéri? Vous avez  le gâteau ensemble, non?
7. *M. Pirou:* Oui et non! Moi, j'ai  les courses et Léo a  le gâteau … Ah, voilà Léo! J'  que le gâteau va être bon!

Médiation **8**

Que faire quand on ne trouve pas un mot?

45, 9

Comment est-ce que vous pouvez dire ces choses en français? Notez pour chaque mot ou expression la ou les points[1] de la stratégie que vous utilisez.

Ich bin satt! | Kakao | Marmelade | Brötchen | Schinken

STRATEGIE

In manchen Situationen fehlen euch noch die passenden französischen Wörter. Die folgenden Tipps helfen euch, unbekannte Wörter zu umschreiben.

1. Mit einem **Oberbegriff**	ein Esstisch?	→	C'est la **table** où on mange.
2. Mit einer **Erklärung**	schneiden?	→	**On fait ça avec** un couteau.
3. Mit einem **Vergleich**	Quark	→	On fait ça avec du lait. C'est un peu **comme** du yaourt.
4. Mit dem **Gegenteil**	„Du isst langsam!"	→	Tu **ne** manges **pas vite**!

Médiation **9**

Le «Buttermilch», tu connais?

→ En plus 125, 7 △

Léo montre à Lena un texte qu'il a trouvé sur Internet. Ce texte est difficile pour lui. Léo veut savoir:

- *Qui a écrit ce texte?*
- *Quel est le problème de cette personne?*
- *Qu'est-ce que c'est, le «Buttermilch»?*

Lena explique. Qu'est-ce qu'elle dit? Utilisez la stratégie de l'exercice 8.

Was mir fehlt:
Mein Name ist Jeanette K., ich bin Deutsche und lebe seit knapp 3 Jahren in Frankreich. Was mir hier fehlt, ist mein Lieblingsgetränk Buttermilch. Ich kann gar nicht verstehen, dass die Franzosen das noch nicht kennen. Die haben so viele Käsesorten, Milchprodukte, aber Buttermilch hab' ich hier noch in keinem Supermarkt gefunden. Es ist etwas zwischen Joghurt und Milch. Es entsteht nämlich bei der Herstellung von Butter. Hmmmm … Am allerliebsten trink' ich die Buttermilch ohne Glas, direkt aus dem Becher.

u de sons **10**

Aujourd'hui, les fruits sont gratuits!

68

45, 10

A *Ecoutez et répétez les phrases. Puis lisez les mots à droite.*

B *Travaillez en groupe. Faites 3 phrases. Utilisez 7 mots avec «ui». Lisez vos phrases devant la classe.*

[i] ou [ɥi]?

guitare, qui, cuisine, gratuit, huit, guide, minuit, oui, aujourd'hui, fruit, quitter, bruit, depuis, quiche, juillet, cuillère, huile

1 un point ein Punkt

Pratique: tâches

Tu es en France, dans la famille de ton correspondant / ta correspondante[1]. Vous parlez des repas en France et en Allemagne. Tu veux montrer à cette famille ce que tu aimes manger chez toi.

Parler

1 Le matin, on ne mange pas beaucoup!

A *Regardez la photo et décrivez le petit-déjeuner français.*
Qu'est-ce qu'il y a? Qu'est-ce qu'il n'y a pas? Comment est-ce que vous trouvez ça?

Le petit-déjeuner chez ton correspondant

B *Tu veux faire un bon petit-déjeuner allemand pour la famille de ton correspondant.*
Fais d'abord une liste en français des choses qu'il faut pour ce petit-déjeuner.
Puis parle avec ton correspondant:
Qu'est-ce qu'il faut acheter?

Des idées pour un petit-déjeuner allemand

1 un correspondant / une correspondante ein Austauschpartner / eine Austauschpartnerin

RTFOLIO

2 Mon menu de rêve

A *Décris ton menu préféré (entrée, plat principal, dessert). N'oublie pas les boissons. Tu peux faire un dessin ou un collage.*
Pour les fous de cuisine: Vous pouvez aussi faire la cuisine et prendre des photos – ou même faire une vidéo!

46, 11

B *Faites des groupes de 4 et trouvez un menu que tout le monde aime. Présentez ce menu devant la classe.*

Au collège Balzac, on a organisé un grand repas de fête. Chaque élève est arrivé avec un plat. Voilà l'affiche.

Mon dico personnel

du poisson

du poulet

des pâtes

du jambon

du kebab

de la pizza

des saucisses

du riz

de la mousse au chocolat

de la glace

Bilan

Überprüfe, was du kannst! Vergleiche deine Lösungen mit den Lösungen auf Seite 195 – 196.

1 Parler

Du kannst schon …

Mehr dazu n5bh96

1. … sagen, dass etwas benötigt wird. *(Schokolade)*	Il faut …
2. … sagen, dass man etwas tun muss. *(einkaufen)*	Il …
3. … fragen, wie viel jemand von etwas will.	Vous …
4. … sagen, dass du etwas hoffst. *(dass der Kuchen gut ist)*	J' …
5. … sagen, dass du etwas lieber trinkst. *(Milch)*	Je …
6. … jemanden bitten, dir etwas zu reichen. *(Brot)*	Tu …
7. … sagen, dass du satt bist.	Je n'ai …
8. … jemanden beruhigen.	Ce n'est pas …

2 Vis-à vis et jeu de mots

Trouvez 20 choses qu'il faut mettre sur la table en France pour 3 personnes.

Commencez comme ça:

Pour 3 personnes, il faut mettre 3 serviettes, 3 …, du …

3 Parler (G 13 – 16)

Sur la liste des courses, vous trouvez les choses qu'il faut acheter.
Regardez les dessins et faites des dialogues.

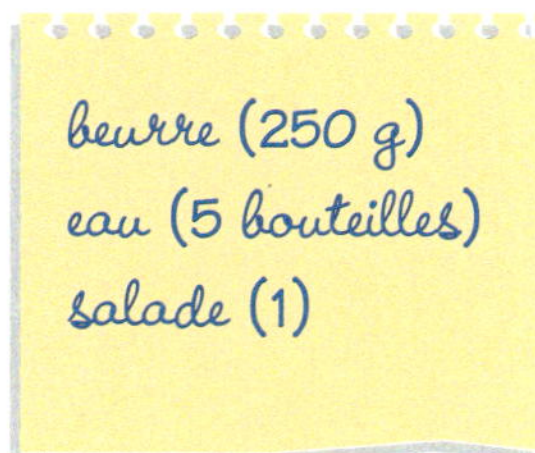

Exemple:
- Est-ce qu'il faut de la salade?
- Oui, il en faut.
- Tu en achètes combien?
- J'en achète une.
- Est-ce qu'il faut aussi du lait?
- Non, il n'en faut pas.

4 En forme (G17)

*Complétez le dialogue par les verbes **boire, acheter, payer, préférer** et **espérer** à la forme correcte.*

1. *Léo:* Alors, qu'est-ce qu'on ? pour nos invités?
2. *Mehdi:* D'abord des boissons: qu'est-ce qu'elles ?, les filles?
3. *Julien:* A la cantine, Marie ? toujours de l'eau!
4. *Léo:* Oui, mais pour samedi, nous ? du jus d'orange au supermarché.
5. *Mehdi:* Mais moi, je ? le jus de pomme … et Julien aussi!
6. *Léo:* Ah, vous ? le jus de pomme? Alors, on en prend aussi! … Et pour manger?
7. *Mehdi:* J'? que ma mère va faire une quiche!
8. *Léo:* Bon, mais comment ? au supermarché? Je n'ai plus que 3 € en poche!
9. *Julien et Mehdi:* Ecoute, nous, nous ? cette fois, et la prochaine fois, tu ? aussi!

Grammaire

G13 On prend aussi de la limonade? Der Teilungsartikel

On prend aussi **du** coca, **de la** limonade et **de l'** eau minérale?

Nehmen wir auch Cola, Limonade und Mineralwasser?

der Teilungsartikel – **l'article partitif**

G14 il faut

Il faut de la limonade.
Il faut prendre de la limonade.
Il ne faut pas oublier le sirop de menthe.

Wir brauchen Limonade.
Wir müssen Limonade mitnehmen.
Wir dürfen den Pfefferminzsirup nicht vergessen.

G 15 trois bouteilles de limonade: Mengenangaben mit **de**

On prend

trois **bouteilles de** limonade,
beaucoup d'eau minérale, mais
pas **de** coca.

Wir nehmen drei Flaschen Limonade,
viel Mineralwasser, aber keine Cola.

G 16 Du sirop, on en prend aussi? Das Pronomen **en**

- On prend **du sirop**?
- Oui, on **en** prend.
- On **en** prend **combien**?
- On **en** prend **une bouteille**.
- Et du coca, on **en** prend aussi?
- Non, on **n'en prend pas**.

(wörtlich:) – Nehmen wir Sirup?
– Ja, wir nehmen davon.

G 17 je bois, tu bois . . . : Das Verb **boire** (trinken)

Singular		Plural	
je	**bois**	nous	**buvons**
tu	**bois**	vous	**buvez**
il / elle / on	**boit**	ils / elles	**boivent**

Imperativ: **Bois.** **Buvons.** **Buvez.**

Passé composé: j'ai **bu**

Plaisir de lire

Cédric: Billets aller-retour

Avant la lecture: *Qui sont Cédric et Chen? Relisez le texte 9 à la page 19.*

A *Qu'est-ce qui s'est passé? Racontez l'histoire.*

B *Regardez encore la dernière image.* ***«J'ai confondu»*** *qu'est-ce que ça veut dire?*
Essayez de comprendre d'après le contexte. (Versucht aus dem Zusammenhang heraus zu verstehen.)

C *Ecrivez le billet doux de Cédric.*

De la part de von, im Namen von – **un billet doux** ein Liebesbrief – **Je l'aurais parié!** Darauf hätte ich gewettet!

Die Lösungen
findest du auf S. 196.

Révisions

Jeu de mots

1 Jour et nuit

A *Travaillez à deux. Orange ou blanc? Chacun choisit les mots d'une couleur. Puis, chacun note sur une feuille 8 mots de sa couleur. A côté de chaque mot, il note le contraire.*

B *Echangez vos feuilles. Corrigez les «contraires» de votre voisin/voisine. Puis écrivez une petite histoire avec les «contraires» que votre voisin/voisine a trouvés.*

midi	silence	heureux	grand	homme	être pour
tôt	difficile	bon	froid	noir	ici
avec	prochain	perdre	aimer	chercher	toujours
répondre	monter	arrêter	devant	beaucoup	ouvert

Parler
Ecrire

2 Raconte!

Quand?	Qui?	Quoi?	
Hier, Samedi dernier, La semaine dernière, …	moi ma copine mes …	aller rester venir … **+ être**	vouloir visiter participer … **+ avoir**

A *Qu'est-ce que votre camarade a fait? Posez des questions et notez des mots-clés.*

Exemple:
- Qu'est-ce que tu as fait, dimanche dernier, Paul?
- **Dimanche** dernier, ma **tante** est venue. Nous sommes allés à la **piscine**. Nous avons … Et toi, Sina?
- Dimanche, je suis allée à … avec … Nous avons …

Mots-clés ici:
dimanche – tante –
piscine …

B *Chaque élève regarde ses notes et écrit ce que son camarade a fait.*

Exemple: Dimanche dernier, Paul et sa tante sont allés à …

En forme

3 Bon appétit! (G 13)

Pour chaque question, notez trois réponses dans votre cahier.

1. Qu'est-ce qu'il faut pour préparer un repas de fête?
2. Qu'est-ce que vous mettez dans une salade de fruits?
3. Qu'est-ce que vous mangez et buvez à midi?
4. Qu'est-ce que vous ne mangez jamais?

Exemple:
1. Pour un repas de fête, il faut … Il faut aussi … et …
2. Dans une salade de fruits, je …
3. …

du, de la, de l'
des
ne … jamais de / d'

On prépare le DELF

1 Compréhension de l'oral

75 *Lisez les phrases, puis écoutez deux fois. Pour chaque phrase, trouvez la bonne solution.*

1. Damien et Laura font	**a** les courses.	**b** la liste des courses.	**c** la cuisine.
2. Il faut des toasts, du jambon et	**a** du beurre.	**b** des œufs.	**c** de l'huile.
3. Il faut combien de fromage?	**a** 4 tranches?	**b** 50 g?	**c** 100 g?
4. Il faut mettre le croque-monsieur sous le grill pendant	**a** 20 minutes.	**b** 5 minutes.	**c** 15 minutes.

2 Compréhension des écrits

Lisez ces petites annonces, puis les phrases de 1 à 6. Quelle annonce intéresse qui?

A Vous êtes végétarien? Le club ***«l'assiette verte»*** propose un stage d'été d'une semaine pour les enfants de 8 à 12 ans. Tél.: 03 23 53 98 56.

B On court contre la faim dans le monde! Rendez-vous des participants le 13 mai à 15 h 30 devant le collège Victor-Hugo! ☺ Venez nombreux!

C Vends «Histoires pressées» de Bernard Friot (livre de poche); neuf … et original! carambar@neuf.fr

D **Rex** – «Le chien jaune» Du suspense jusqu'au bout, des acteurs exceptionnels! En salle dès ce soir! 16 h – 18 h 30 – 21h

1. Marion aime le cinéma.
2. Léa adore faire la cuisine.
3. Lucas cherche un DVD.
4. Yann veut toujours aider les autres.
5. Sylvain adore lire.
6. Max s'intéresse aux voitures.

3 Production écrite

Dans un courriel, vous proposez à un copain/une copine d'aller au cinéma. Proposez un film et expliquez pourquoi il faut aller le voir. Ecrivez 60 – 80 mots.

4 Production orale

Vous avez 10 minutes pour préparer le sujet 1 et votre rôle dans l'exercice 2. Ne notez que des mots-clés.

1 Mon collège (monologue)
D'abord, présente ton collège. Puis dis ce que tu aimes et ce que tu n'aimes pas. Enfin, raconte une journée «typique» au collège.

Parle une minute.

2 Le repas-surprise (exercice en interaction)
Ton ami(e) français(e) et toi, vous voulez préparer un repas-surprise pour l'anniversaire d'une copine. Vous parlez de la date, de la décoration de la table, du repas et des courses qu'il faut faire.

Jouez la scène à deux (2 – 3 minutes).

Unité 5

Une semaine à Arcachon

C'est les vacances de printemps.
Alex et sa famille veulent passer une semaine au bord de la mer. Ils parlent de leur voyage …

Vis-à-vis

Arcachon liegt an der Atlantikküste, in der Region *Aquitaine*. Bei Touristen ist diese Gegend wegen ihrer schönen Strände und ihrer Meeresfrüchte sehr beliebt. Ihr könnt auch das Video im Internet ansehen.

Mehr dazu r2gj44

Dans le sud-ouest de la France, il y a des jolies plages. Voilà aussi la dune du Pilat.

A ***Avant l'écoute:*** *Cherchez Arcachon sur la carte au début du livre. Cherchez aussi la Normandie. Qu'est-ce qu'on peut faire dans ces endroits?*

80 **B** *Ecoutez le texte et répondez:*

1. Est-ce que la famille est d'accord, au début de la discussion?
2. Pourquoi est-ce que Mme Guibert ne veut pas aller en Normandie?
3. Pourquoi est-ce que M. Guibert propose Arcachon?
4. Est-ce qu'ils vont à l'hôtel?

GÎTES DE FRANCE

PORTFOLIO

Am Ende dieser Unité kannst du eine Reise vorbereiten. Du kannst auch eine Region vorstellen.

Atelier A

Approche **1**

Ça t'intéresse?

Posez des questions et répondez.

Exemple:
- Les voyages, ça **t**'intéresse?
- Oh oui, ça **m**'intéresse. /
  Non, ça ne **m**'intéresse pas trop.

la géographie | les voyages | les phares | les autres pays | les bateaux | les activités à la mer | la Normandie | le skimboard | Arcachon

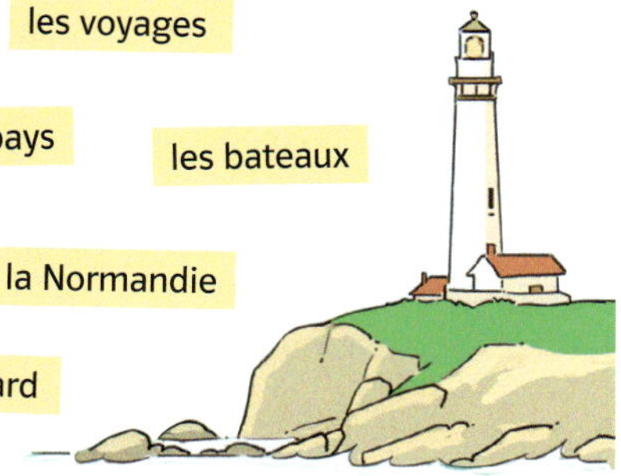

Approche **2**

Avant le départ

- *Wie heißen die Sätze auf Deutsch?*
- *Wie nennt man die fett gedruckten Wörter?*
- *Wo stehen sie im Satz?*

En forme **3**

Marie dit au revoir à Alex. (G 18)

→ En plus 126, 1 △

60, 1

Complétez les réponses. Utilisez le bon pronom.

me	nous
te	vous

Marie:	*Alex:*
1. – Alors, tu **me** quittes pour une semaine?	– Oui, …
2. – Voilà un livre sur la mer. Ça **vous** intéresse, Jérôme et toi?	– Oh oui, ça …
3. – Tu vois, je **vous** connais bien.	– C'est vrai, tu …
4. – Moi, je vais à Lyon. Tu vas **m**'écrire?	– Bien sûr, …
5. – Tu vas **nous** montrer tes photos, à Clara et moi?	– Oui …
6. – Au revoir, et bonnes vacances! Tu ne vas pas **m**'oublier?	– Mais non, …

4 En voiture!

81–83

1. Les Guibert ont pris l'autoroute. Ils arrivent au péage.

M. Guibert: Et voilà, encore un bouchon!

Mme Guibert: C'est normal, Philippe. C'est les vacances.

Alex: Et hop, j'envoie un MMS à Marie! Jérôme, qu'est-ce que tu écoutes comme musique? Tu me passes ton baladeur mp3?

Jérôme: Comment? Je ne t'entends pas.

Alex: Zut! Papa, je voudrais mettre la radio.

2. A la radio, il y a une chanson d'Anaïs. Alex chante …

Jérôme: Hé, arrête! Tu nous énerves avec cette musique et avec tes MMS!

Alex: Tes copains et toi, vous n'envoyez jamais de MMS? Ça ne vous plaît pas? C'est bizarre, ça!

Mme Guibert: Ecoutez! Il y a une aire de repos à deux kilomètres. On va faire une pause.

Peu après, les Guibert mangent des sandwichs à une table. Jérôme a mis le chat sous un arbre parce qu'il fait très chaud au soleil.

3. Après la pause, les Guibert montent dans la voiture. A ce moment-là, un monsieur arrive. Il est très en colère et crie: «Mais ce n'est pas possible! Vous laissez ce pauvre chat seul ici!»

M. Guibert: Mais … c'est Malou! Monsieur, c'est une erreur!

Le monsieur: Une erreur? Vous n'aimez pas les animaux, c'est plutôt ça!

Jérôme: Mais non, monsieur! Nous avons oublié le chat! … Merci beaucoup, monsieur.

Le monsieur: «Oublié»! Quand les gens vont en vacances, c'est toujours la même chose!

Alex: Ouh là là, c'est une histoire pour Marie!

Lire

5 A propos du texte

60, 2

A *Répondez.*

1. Pourquoi est-ce qu'il y a un bouchon?
2. Pourquoi est-ce que Jérôme est énervé?
3. Qu'est-ce que les Guibert font sur l'aire de repos?
4. Qu'est-ce que le monsieur pense?

B *Imaginez:*
Malou raconte le voyage à un ami. Que dit Malou?

e/Ecouter/ Ecrire

6 Un SMS de Marie

84

Vous comprenez ce SMS de Marie? C'est difficile? Alors, écoutez, puis écrivez le message. Faites des phrases complètes.

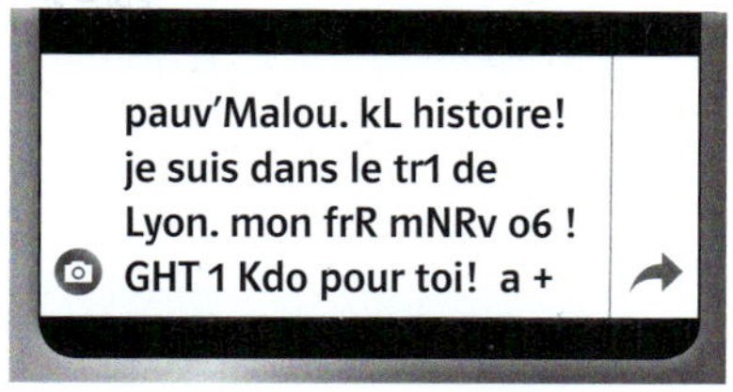

7 Pile ou face?

85–86

61, 4

1. Les Guibert sont arrivés à leur gîte. La maison est vraiment jolie. A côté de la chambre des parents, il y a deux autres chambres, une grande et une petite. Dans la grande chambre, il y a un canapé et une télévision. Dans la petite chambre, il y a une fenêtre qui donne sur un petit jardin. Et la dispute commence …

2. Jérôme demande s'il peut avoir la grande chambre. Il explique qu'il faut de la place pour le chat. Alex trouve que Jérôme peut prendre la petite chambre parce qu'il est … petit.
Et que proposent les parents? Eh bien, ils disent qu'il faut jouer à pile ou face. Et le résultat?
La grande chambre est pour Alex!
Jérôme dit que ce n'est pas juste et que Malou et lui, ils n'ont jamais de chance. On a presque oublié Malou sur l'autoroute et lui, il va dans la petite chambre!

Lire

8 A propos du texte

A *Qui parle? Justifiez vos réponses.*

Exemple: **1.** C'est Alex. Elle trouve que Jérôme peut prendre la petite chambre.

1. Cette chambre est petite, mais toi aussi!

2. Où est-ce que je vais mettre Malou?

3. Voilà 50 centimes. Ecoutez …

4. Elle gagne toujours! Et moi, alors?

5. Pauvre Malou!

6. Mais moi, je préfère la petite chambre! Miaou!

B *Qu'est-ce qu'ils peuvent dire encore? Trouvez 5 autres phrases, puis jouez la dispute.*

Lire/Parler **9**

Bordeaux vous invite.

Mehr dazu e2t3cb

A l'Office de tourisme[1] de Bordeaux, M. Guibert voit une affiche intéressante.

BORDEAUX La Ville City Tours
VISITES DE BORDEAUX

LE PETIT TRAIN
Visite du Vieux Bordeaux en mini-train. Commentaire audio avec casque.

LE TOUR DES MARCHES
Laissez-vous aller de marché en marché et découvrez les saveurs du Sud-Ouest!

PETIT TOUR EN BATEAU
Promenades sur la Garonne avec visite du port.

VIN & CHOCOLAT
Nous vous invitons à découvrir les vins et chocolats de la région. Un parcours à déguster!

CONTES ET LEGENDES
Ecoutez des légendes qu'on raconte de génération en génération.

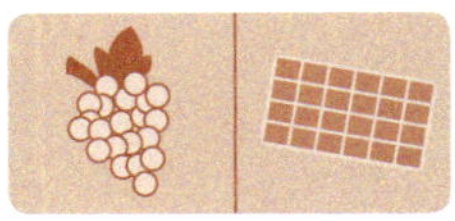

A partir de 10 ans / 2 heures / Réservation obligatoire
Office de Tourisme centre ville C4

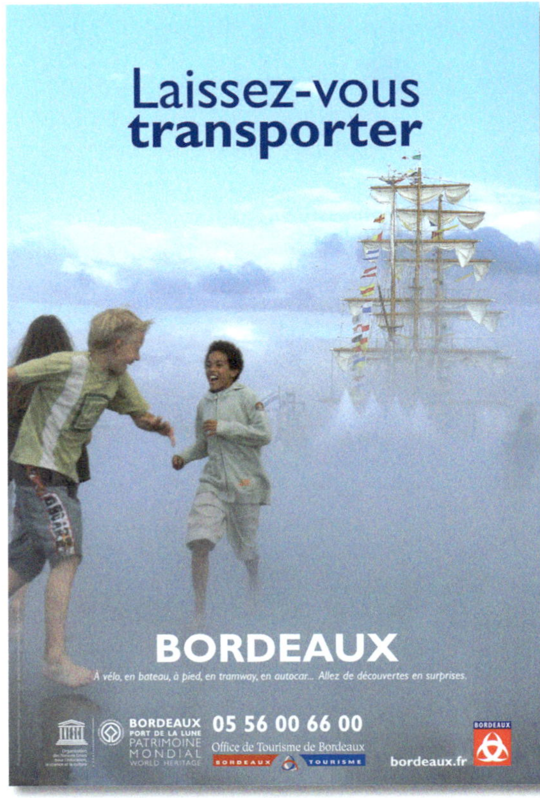

Répondez aux questions.

- *Qu'est-ce qu'on peut faire à Bordeaux?*
- *Qu'est-ce que tu trouves intéressant? Pourquoi?*
- *A quelle visite est-ce que tu veux participer avec ta famille?*

ON DIT

A Bordeaux, on peut …
Je voudrais …
La visite … m'intéresse parce que …
… ne m'intéresse pas parce que …
Ça me plaît parce que …
Avec ma famille, j'aimerais …

En forme **10**

On y va? (G 20)

→ En plus 126, 2

62, 5

Les Guibert discutent. Qu'est-ce qu'ils disent?

demander / vouloir savoir	si
dire / répondre	que

Exemple: **1.** M. Guibert demande s'ils visitent Bordeaux.

1. *M. Guibert:* Alors, nous visitons Bordeaux?
2. *Mme Guibert:* Je veux bien!
3. *Jérôme:* C'est loin, Bordeaux?
4. *M. Guibert:* C'est à une heure de voiture.
5. *Alex:* Moi, je veux rester à Arcachon!
6. *Jérôme:* Nous visitons Bordeaux en mini-train?
7. *M. Guibert:* C'est une bonne idée.
8. *Mme Guibert:* Tu n'aimes pas les visites, Alex?
9. *Alex:* Je préfère la plage.

---

1 un office de tourisme ein Fremdenverkehrsamt, eine Touristeninformation

Atelier B

1 Pas facile, le skimboard!

87–90

1. Au printemps, il y a du soleil à Arcachon, mais l'eau est froide et ce n'est pas encore la bonne saison pour nager. Sur la plage, les gens regardent les vagues et les bateaux ou jouent au ballon.
Aujourd'hui, Alex veut enfin essayer son skimboard. Elle cherche un bon endroit. Pour apprendre à faire du skimboard, il faut de la place et un peu d'eau, mais pas trop.

2. Voilà, ici, ça a l'air bien. Alex lance son skim, monte dessus et … tombe sur le sable. C'est normal, c'est la première fois! Elle regarde un garçon en combinaison néoprène[1] qui fait du skim sur les vagues. Ça a l'air facile!
Elle essaie encore une fois. Cette fois, elle reste debout un moment, mais très vite, elle tombe encore. Aïe! Et maintenant, les vagues emportent son skimboard. Alex veut aller le chercher …

3. Le garçon la voit. Il crie: «Attends, ne va pas dans l'eau. Elle est trop froide! C'est dangereux!». Peu après, le garçon revient avec le skimboard.
- Tu es tombée. Tu as mal?
- Oui. J'ai mal à la jambe et au dos …!
- Hum… La prochaine fois, essaie de prendre ton skim comme ça. Ne le lance pas trop loin devant toi.
- Merci, je vais essayer tout de suite. Moi, c'est Alex.

4. – Moi, c'est Marc. J'habite ici. Tu n'es pas de la région, toi, non?
- Non, je passe une semaine ici avec mes parents et mon frère.

A ce moment-là, Jérôme arrive. Il les a vus de loin.
- Ça va, Alex?
- Merci, maintenant, ça va!
- Je ne peux pas retourner dans l'eau, dit Marc. Il y a trop de vent et le drapeau est maintenant orange. Alors, vous venez? On va jouer au ballon! Et après, on mange une glace, d'accord?

63, 7

Vis-à-vis

Drapeaux de baignade

- baignade surveillée
- baignade dangereuse
- baignade interdite

1 une combinaison néoprène ein Neoprenanzug (Taucheranzug)

Lire

2 A propos du texte

→ En plus 126, 3

A *Qu'est-ce que c'est? Qui est-ce?*

Exemple: **1.** *Ce sont les vagues et les bateaux.*

1. Sur la plage, les gens **les** regardent.
2. Il faut **l'**attendre pour nager dans la mer.
3. Alex **le** lance devant elle.
4. Alex **le** voit faire du skim sur les vagues.
5. Les vagues **l'**emportent.
6. Marc **la** trouve trop froide pour Alex.
7. Jérôme **les** voit de loin.
8. Marc **les** invite à jouer au ballon.

B *Mettez les images dans l'ordre correct et racontez l'histoire au présent.*

expliquer – comment 4

essayer – tomber 2

aller chercher – dans l'eau 3

faire du skim – vagues 5

chercher – endroit 1

drapeau – jouer 6

En forme

3 Vous connaissez la région? (G 21)

→ En plus 126, 4 △

63, 8

Marc pose des questions à Alex et Jérôme. Donnez les réponses. Utilisez les pronoms objets ***le, la, les.***

A Exemple:

1. – Vous connaissez la région?
   – Non. Nous **la** visitons pour la première fois.

Les huîtres du bassin d'Arcachon

Marc:

1. – Vous connaissez la région?
2. – Vous êtes dans un gîte? Il est bien?
3. – Vous avez goûté les fruits de mer d'ici?
4. – Jérôme, tu aimes les moules?
5. – Vous connaissez la dune du Pilat?

Alex et Jérôme:

- Non. / visiter pour la première fois
- Oui / trouver bien
- Oui, et / aimer beaucoup
- Oui / aimer bien
- Non / ne / connaître / pas encore

«La Ville d'hiver» à Arcachon

Le phare du Cap Ferret

Le marché

B Exemple: **1.** – Vous avez déjà visité la «Ville d'hiver»?
– Non, mais nous allons **la** visiter demain.

Marc:	*Alex et Jérôme:*
1. – Vous avez déjà visité la «Ville d'hiver»?	– Non, mais / aller / visiter / demain.
2. – Vous avez vu les autres quartiers?	– Non, mais / aller / peut-être / visiter.
3. – Vous allez voir le marché?	– Oh oui, / avoir envie de / voir.
4. – Il faut aussi visiter le phare!	– Oh, / pouvoir / voir / tout de suite?
5. – Vous venez à la fête du printemps, ce soir?	– Aller / proposer / à nos parents.

Wenn ihr die Objektpronomen mit dem Passé composé verwendet, müsst ihr auf eine Besonderheit achten! → Seite 87 und 127.

...eu de mots **4** **Devinettes**

64, 10

A *Apprenez le texte par cœur.*

Qu'est-ce que c'est?
En hiver, j'attends le printemps.
Au printemps, je suis tout blanc.
En été, je suis content.
En automne, j'ai des enfants.

B *Voici d'autres devinettes. Qu'est-ce que c'est?*

1. Je suis bleue quand il fait beau. Je suis grise quand il fait mauvais. Je suis de l'eau, mais on ne peut pas me boire!
2. Je suis très longue, noire ou grise. Sur mon dos, les gens vont en voiture où ils veulent.
3. Je suis sur la plage et sur les dunes. Les enfants jouent avec moi. Quand les gens rentrent, je reste dans leurs vêtements.
4. Quand j'arrive, le matin, il ne fait plus nuit. Quand je suis là, il peut faire chaud, surtout en été.

C *Inventez des devinettes.*

Ecrire

5 En vacances

Qu'est-ce que vous aimez faire pendant les vacances, quand il y a du soleil? Et quand il fait mauvais? Faites d'abord une liste, puis écrivez 8 phrases.

Exemple: Quand il y a du soleil, j'aime aller à la piscine.
Quand il fait mauvais, je reste …

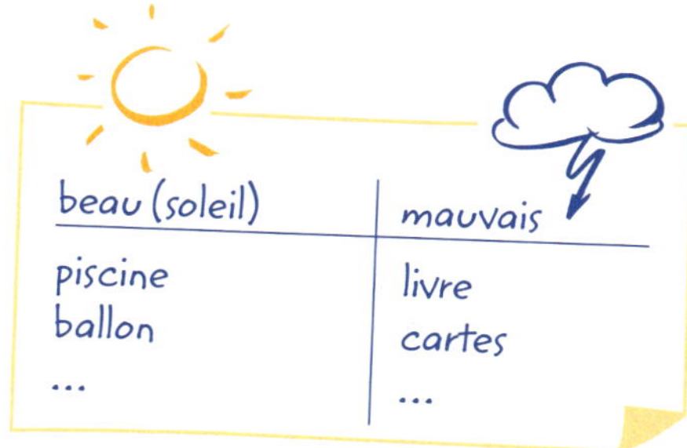

Ecouter
Parler

6 A Arcachon quand il pleut.

91

A *Vous êtes à Arcachon pour quinze jours. Dans un café, un homme vous parle. Ecoutez. De quelle région vient cet homme? Pourquoi est-ce qu'il vous parle?*

B *Lisez les phrases, puis écoutez le texte encore une fois. Vrai ou faux? Si c'est faux, corrigez.*

1. L'homme demande si vous connaissez bien la région.
2. Il demande: «Qu'est-ce qui vous intéresse, surtout?»
3. Il dit qu'à Arcachon, on peut faire du sport.
4. Il demande si vous savez lire.
5. Il demande si vous pouvez regarder.
6. Il dit qu'il peut vous montrer où est le musée.

C *Ecoutez le texte encore une fois. Après chaque question, essayez de trouver une réponse.*

→ En plus 127, 7 △

Ecrire

7 Savoir donner des informations

Qu'est-ce que vous avez appris sur Arcachon et la région de Bordeaux? Ecrivez un petit texte sur cette région (40–60 mots).

Arbeite mit einem Fehlerprotokoll (S. 139–140).

STRATEGIE

1. Sammle zuerst französische **Stichworte.**
2. **Schreibe** deinen Text auf. Verbinde deine Sätze mit „kleinen Wörtern".
3. **Überprüfe** deinen Text!
   - Stimmen Verben und Subjekte überein?
   - Stimmen Adjektive und Nomen überein?
   - Stimmt die Rechtschreibung?

Où? dans le sud-ouest, au bord de …
Quand? en été, pendant les vacances …
Quoi? visites, nager …

… et … mais … parce que … quand …
… qui … que … où …

le**s** touriste**s** v**iennent** …
l'**eau** est froid**e** … il y a des joli**s** gîte**s** …
une vag**u**e, la r**é**gion, les drapeau**x** …

Pratique: tâche

outer/Lire/ arler/Ecrire

1 On prépare un voyage.

Votre classe prépare un voyage à Bordeaux que vous organisez ensemble. Vous cherchez des informations et vous proposez des activités à votre professeur.

Tipp für Teilaufgabe **A**: Benutze die Pausentaste. Die Redewendungen auf Seite 32 helfen beim Telefonieren.

92 **A** *Vous téléphonez à l'office de tourisme. Vous voulez savoir quelles activités il y a pour les enfants. Ecoutez et répondez à la dame.*

B *Vous cherchez une visite …*

- *intéressante pour votre classe,*
- *qu'on peut faire à pied,*
- *pas trop chère et pas très longue.*

L'office de tourisme vous a envoyé ces informations. Expliquez à votre professeur ce qu'on peut faire à Bordeaux.

Proposez une visite. Dites pourquoi vous la proposez.

Bordeaux: la place de la Bourse et le miroir d'eau.

LES RALLYES INSOLITES ET SECRETS

Circuits dans les quartiers de la ville, ticket de bus nécessaire.Sur demande et réservation à Bordeaux Monumental (dans la limite des stocks disponibles).

Tarif: 5 euros par personne adolescents & adultes
Durée: 2 h – 2 h 30

Sur les pistes de Robin

9 – 13 ans / rallye

***

Un petit rallye touristique pour les 9 à 13 ans à la découverte de Bordeaux. Pendant une heure vous allez découvrir l'histoire de la ville à travers des quiz et des jeux.

***

Durée de la visite: 1 h / Tarif: gratuit pour tous.

LA DECOUVERTE DE LA VILLE, visite quotidienne à pied

Au départ de l'Office de tourisme de Bordeaux, balade à pied le matin avec présentation des principaux monuments du centre historique.

Commentée par un guide bilingue français-anglais.

Durée de la visite: *2 h*
Tarifs: *8.50 € / 7.50 € / 6.00 €*

Les mercredis et samedis visite en autocar.

→

PORTFOLIO

Mehr dazu 3eg83p

C *Cherchez le nom de la ville française jumelée[1] avec votre ville ou avec une ville de votre région.*

D *Vous allez passer une semaine là-bas. Cherchez sur Internet les visites intéressantes dans la ville et dans la région. Cherchez aussi les activités que vous avez envie de faire là-bas.*

E *Ecrivez un petit texte pour donner des informations sur la ville, les endroits intéressants et les activités. Utilisez la stratégie à la page 82. Présentez le texte devant votre classe.*

Mon dico personnel

faire des randonnées

aider dans une ferme

faire du cheval

faire de la peinture

faire du canoë-kayak

faire de l'accrobranche

visiter une grotte

faire les magasins

regarder un match de ...

1 **une ville jumelée** eine Partnerstadt

Bilan

1 Parler

Du kannst schon …

Überprüfe, was du kannst! Vergleiche deine Lösungen mit den Lösungen auf Seite 196.

Mehr dazu 4p66bt

1. … sagen, dass dich etwas interessiert.	Ça …
2. … jemanden fragen, ob du ihm helfen kannst.	Je peux …?
3. … jemanden fragen, ob er dir schreibt.	Tu vas …?
4. … über die Jahreszeiten und das Wetter sprechen: *(Im Frühling regnet es oft.)*	Au …
5. … sagen, dass du sie noch nicht kennst *(die Düne).*	La dune? Non, je ne …
6. … jemandem mitteilen, was deine Eltern sagen *(sie sagen, es sei keine schlechte Idee).*	Mes parents …
7. … sagen, dass etwas nicht gerecht ist.	Ce n'est …
8. … vorschlagen, Kopf oder Zahl zu spielen.	On joue …?

2 En forme (G 18)

A *Qu'est-ce qu'ils disent?*

Exemple: **1. Je te montre** mon skimboard.

Romain parle à Lucie:
1. «Je (montrer) mon skimboard.»
2. «Tu ne (lancer) pas le ballon?»

Romain parle à Clément et Lucie:
3. «Je (donner) mon numéro de portable.»
4. «Vous (appeler) bientôt?»

Les parents parlent à Lucie:
5. «Nous (attendre) pour manger.»
6. «Tu ne (écouter) pas?

Les parents parlent à Clément et Lucie:
7. «Venez, nous (payer) un dialobo menthe.»
8. «Vous (aider) à chercher le chat?»

B *Qu'est-ce qu'ils vont faire?*

Exemple: **1. Je vais te montrer** mon skimboard. *Continuez.*

3 En forme (G 21)

Faites des dialogues.

Exemple:
- Tu connais **ce** garçon?

- Oui, je **le** connais.
- Non, je ne **le** connais pas.

animal · garçon · filles · groupe · femme · plat · région · gens · ville

ce, cet, cette, ces → page 24

4 Jeu de mots

A *Notez 6 parties du corps[1] où on peut avoir mal quand on tombe.*

B *Notez 6 choses qu'on trouve à la mer.*

1 **une partie du corps** ein Körperteil

5 Lire et parler (G 20)

Lis le message de Lola.
- *Qu'est-ce qu'elle écrit?*
- *Qu'est-ce qu'elle explique?*
- *Qu'est-ce qu'elle demande?*

Explique son message à un ami.

Exemple: Lola écrit qu'elle n'a pas trop envie d'aller à la piscine. Elle explique …

> Salut!
> C'est moi, Lola. Je n'ai pas trop envie d'aller à la piscine cet après-midi. J'ai fait du sport ce matin. Maintenant, je suis très fatiguée et j'ai mal à la tête. Je préfère aller à la piscine avec toi demain.
> Tu es d'accord? Je vais t'appeler ce soir.
>
> A plus! Lola

Grammaire

G18 Je t'aime bien: Die Objektpronomen **me, te, nous vous**

Tu	**me**	vois?
Ça	**te**	plaît?
Tu	**nous**	vois?
Ça	**vous**	plaît?

! Vor Vokal: **me / te** → **m' / t'**
Je **t'a**ime.

Stellung:
Je ne **te vois** pas.
Je **veux te voir**.
Je **ne veux pas te voir**.

das Objektpronomen – **le pronom objet**

G19 je dis, tu dis …: Das Verb **dire** (sagen)

Singular		Plural	
je	**dis**	nous	**disons**
tu	**dis**	vous	**dites**
il / elle / on	**dit**	ils / elles	**disent**

Imperativ: Dis … / Disons … / **Dites** …

Passé composé: j'ai **dit**

G 20 je dis que …, je demande si …: Die indirekte Rede / Frage

Il dit **que** Paris est super.

Il demande **si** on reste longtemps.

! Vor Vokal: **que** → **qu'**
Jérôme **dit qu'Alex** a de la chance.

Nur vor **il / ils**: **si** → **s'**
Il demande **s'il** fait chaud.

die indirekte Rede – **le discours indirect**
die indirekte Frage – **l'interrogation indirecte**

G 21 Tu les cherches? Die direkten Objektpronomen le, la, les

- Tu cherches **ton copain**?
- Oui, je **le** cherche.
- Tu cherches **ta copine**?
- Oui, je **la** cherche.
- Tu cherches **tes copains** et **tes copines**?
- Oui, je **les** cherche.

! Vor Vokal: **le / la** → **l'**
Je **l'**aime.

Im Passé composé:

Léo, je **l'**ai v**u**.
Marie, je **l'**ai v**ue**.
Léo et Mehdi, je **les** ai v**us**.
Marie et Lilou, je **les** ai v**ues**.

das direkte Objektpronomen – **le pronom objet direct**

Unité 6
Notre journal

Mehr dazu 9wg3g9

Boléro

Journal des élèves du Collège Maurice Ravel

Spécial medias

10 – **Le coin Internet**
Internet: Un peu, beaucoup, toujours …?
Nouveau: notre journal sur Internet!

14 – **Le coin musique**
Quel est votre style préféré?

20 – **Le coin BD**
Vous avez dit BD?
Le facteur Vincent

26 – **Le coin cin…**
Trois minutes, s'il vous plaît: Le Festival des Très Courts

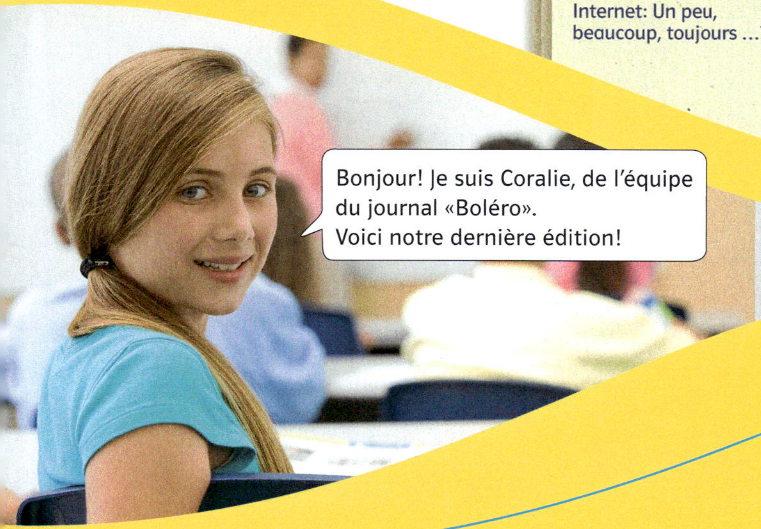

Quel sujet vous intéresse? Pourquoi?
Expliquez à un ami allemand de quoi on parle dans ce journal.

PORTFOLIO
In dieser Unité gestaltet ihr eine Schülerzeitung auf Französisch.

Lire

1 Faites un journal!

De:	coralie@mauricebolero.fr
A:	smv@Europagym.de
Objet:	Une idée pour vous!

Bonjour!
Voici la dernière édition du journal de notre collège. Bonne lecture!
Nous sommes curieux de savoir comment les jeunes Allemands utilisent les médias.
Est-ce que vous avez envie de faire un journal à ce sujet? Bon courage!

Cordialement
Coralie, rédactrice du journal «Boléro»

Qu'est-ce qu'il faut pour faire un journal? *Faites un filet à mots.*

chercher des informations

travailler en équipe

…

écrire des articles

des rédacteurs

Stratégie

2 Gemeinsam arbeiten

71, 1

A *In den folgenden vier Stationen könnt ihr Beiträge für eure Zeitung erarbeiten.*

Bildet zunächst Gruppen. Jede Gruppe erarbeitet eine Zeitung. Pro Station entsteht ein Artikel. Station 4 ist freiwillig.

Am Ende stellt jede Gruppe ihre Zeitung zusammen (→ S. 98).

B *So könnt ihr in den Stationen zusammenarbeiten:*

STRATEGIE

1. **Worum geht es beim jeweiligen Thema?** Jeder denkt zuerst alleine nach und verschafft sich einen Überblick.
2. **Was ist zu tun?** Tauscht euch aus. Plant gemeinsam die Schritte, die zu erledigen sind.
3. **Wer macht was?** Teilt die Arbeitsschritte unter euch auf. Wer sucht z. B. Informationen, wer zeichnet, wer schreibt …? Besprecht, wo eure Fähigkeiten und Vorlieben liegen. Helft euch gegenseitig.
4. Führt eure Arbeiten zusammen. Seid ihr zufrieden mit dem Ergebnis? **Stimmt alles?**

TÂCHE: FAITES UN ARTICLE SUR INTERNET ET VOUS.

Station 1

Lire **1**

Lire

96–99

Avant la lecture

Qu'est-ce que vous faites sur Internet?
Notez 3 activités.

Pendant la lecture

- *Trouvez dans le texte à droite 6 expressions qui décrivent des activités sur Internet et notez-les.*
- *Imaginez les questions que les journalistes ont posées à Camille et Arthur.*

Après la lecture

Prenez des notes:
Quels sont vos sites Internet préférés?
Qu'est-ce que vous aimez faire sur ces sites?

activités sur Internet	chatter, ...
les questions des journalistes	Tu as quel âge?
mes sites préférés	...

Pour bien comprendre cet article, faites l'exercice 1 à la page 128.

Boléro

Le coin Internet

Internet: Un peu, beaucoup, toujours ...?

Aujourd'hui, notre sujet, c'est les jeunes et Internet: nous avons demandé aux jeunes de notre collège comment ils utilisent «le Net». Voici les avis de Camille et d'Arthur.
Enzo

Parler Ecrire **2**

On fait un article sur Internet et nous.

Mehr dazu i4r5ke

Faites des interviews avec deux élèves de votre groupe. Prenez des notes.
Pour écrire l'article, utilisez les notes que vous avez prises pendant vos interviews.

Tipp: Eure Interviews könnt ihr auch aufnehmen!

STRATEGIE

Wie kommt ihr an Informationen?
- Bereitet Fragen vor.
- Macht Interviews in eurer Gruppe.
- Macht Notizen zu den Antworten.

Wie schreibt ihr euren Artikel?
- Findet einen ersten Satz, der das Thema vorstellt.
- Formuliert Sätze anhand eurer Notizen.
- Fasst die Aussagen am Ende in ein oder zwei Sätzen zusammen.

Bonjour! Je m'appelle Camille, j'ai 13 ans et je suis en 4e. J'adore surfer sur Internet et chatter avec mes amis. J'ai mon blog à moi où je raconte ma vie. J'aime aussi lire les pages de mes copains, regarder des photos et des vidéos et écouter de la musique. Avec Internet, je peux rester en contact avec mes copains! Mais mes parents trouvent que je passe trop de temps sur mon portable. Et je n'ai pas le droit d'être sur Internet après 21 heures …

Salut, moi, c'est Arthur. J'ai 12 ans. Sur Internet, j'écris des courriels à des amis et parfois, je cherche des informations. J'ai souvent des invitations pour le chat, mais je ne participe pas parce que ça ne me dit rien. Pour moi, il est important de sortir et de discuter avec mes copains en réalité. J'ai des copains qui passent la nuit à chatter sur Internet. C'est pourquoi ils sont toujours fatigués le matin! Mais moi, je préfère dormir. Bon, je pars, j'ai sport, maintenant! Salut!

On peut voir que pour Camille et Arthur, il est surtout important d'entrer en contact avec les amis, par courriel ou par le chat. Mais on voit aussi qu'Internet, ça prend du temps – qu'on n'a plus pour faire autre chose.
Enzo

Pour vos interviews, vous pouvez utiliser les mots suivants:

dormir
sites Internet
avoir le droit de faire qc
sortir
copains
préféré(e)

utiliser qc
parents
surfer
important
…

ON DIT

Comment est-ce que …?
A quelle heure est-ce que … ?
Combien de temps est-ce que …?
Quand est-ce que …?
Quels/Quelles sont tes … ?
Que disent … ?
…

73, 3 **Dormir, sortir, partir:** *Faites l'exercice 2 à la page 128.* (G 22)

Station 2

TÂCHE: FAITES UN ARTICLE SUR UN CHANTEUR.

Lire **1**

Lire

100–102

Avant la lecture
Ecoutez les chansons de Christophe Maé et de Zaz. Quelle chanson est-ce que vous préférez? Pourquoi?

Pendant la lecture
Trouvez dans le texte des mots et des expressions sur le thème de la musique. Faites un filet à mots.

Après la lecture
Quand vous écoutez des chansons, qu'est-ce qui est surtout important pour vous? Le chanteur / la chanteuse, la mélodie, les textes?

Pour bien comprendre cet article, faites l'exercice 1 à la page 129.

Boléro

Le coin musique

Quel est votre style préféré?

Une vie sans musique, c'est difficile à imaginer! C'est pourquoi dans notre coin musique, nous présentons toujours des nouveaux groupes ou des chanteurs et chanteuses intéressants. Aujourd'hui, Vanessa dit pourquoi elle aime le chanteur Christophe Maé, et Gérald nous présente la chanteuse Zaz: des styles très différents.
Coralie

Parler Ecrire **2**

Présenter un chanteur

Mehr dazu 86wd5b

Dans chaque groupe, présentez un ou deux chanteurs que vous aimez.

Faites une ou deux fiches[1] avec les informations importantes sur ces chanteurs. Puis écrivez quelques lignes[2] sur votre chanson préférée et dites pourquoi vous l'aimez.

Vous pouvez aussi écouter la musique des jeunes Français sur Internet et présenter des chanteurs français.

STRATEGIE

Wie kommt ihr an Informationen?
- Sucht nach Informationen zu den Sängern, die ihr vorstellen möchtet. Im Internet könnt ihr für französische Musiker den Suchbegriff *chanson française nouveautés*[3] eingeben.

Wie schreibt ihr den Beitrag?
- Gliedert die Informationen auf dem „Steckbrief" nach Name, Geburtsdatum usw.
- Verwendet die Wörter aus dem Text und aus *On dit*.

1 une fiche *(hier)* ein Blatt, ein Zettel – **2 une ligne** eine Zeile – **3 une nouveauté** eine Neuheit, *(hier)* eine Neuerscheinung

Christophe Maé

NOM: Maé
PRENOM: Christophe
DATE DE NAISSANCE: 16 octobre 1975
ACTIVITES / METIER: chanteur
INSTRUMENTS: guitare, violon, batterie, harmonica
ALBUMS: Mon paradis, Comme à la maison, On trace la route

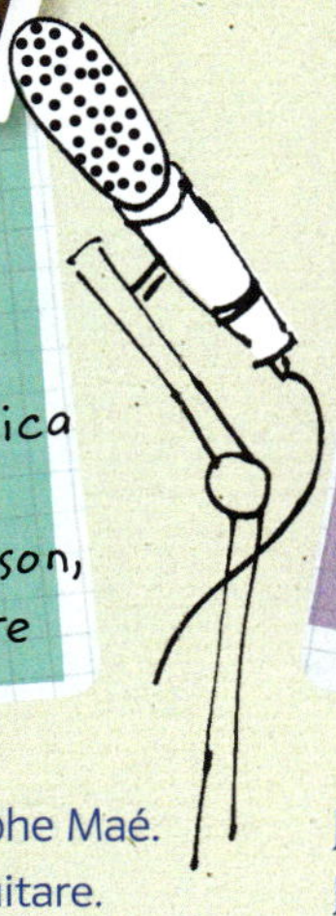

Zaz

NOM: Geffroy
PRENOM: Isabelle
DATE DE NAISSANCE: 1980
ACTIVITES / METIER: chanteuse
INSTRUMENTS: piano, violon, guitare
ALBUM: ZAZ

Mon chanteur préféré, c'est Christophe Maé. Je trouve qu'il joue très bien de la guitare. Dans son nouvel album, ma chanson préférée est «Mais pourquoi c'est beau, ça?». Dans cette chanson, Christophe Maé montre que dans la vie, beaucoup de questions importantes restent sans réponse et qu'on ne peut pas tout expliquer. Je trouve que c'est vrai.
Vanessa

J'adore Zaz! Sa voix est très belle et très cool. J'aime beaucoup les rythmes et aussi les textes de ses chansons. Dans «Je veux …», elle dit par exemple que ce n'est pas important pour elle de gagner beaucoup d'argent: elle préfère avoir de l'amour et de la joie. Ça me plaît! Elle a aussi chanté des vieilles chansons connues, d'Edith Piaf, par exemple.
Gérald

Pour parler d'un chanteur / d'une chanteuse, vous pouvez utiliser les mots suivants.

*Attention aux formes des adjectifs **beau**, **nouveau** et **vieux**. Faites l'exercice 3 à la page 129.* (G 23)

75, 3 *Les textes de ces deux chansons se trouvent page 199 et 200.*

ON DIT

Il est né / elle est née en …
Il / elle a une **belle** voix.
Il / elle sait **jouer du** saxophone / **de la** guitare …
Il / elle a du succès / beaucoup de succès.
Il / elle a fait un **nouvel** album / une **nouvelle** chanson.

J'aime ce style de musique.
C'est du rock / de la musique pop / de la techno …
J'aime le rythme / les textes / la mélodie …
La chanson parle de …

Station 3

TÂCHE: FAITES UNE BD.

Lire **1**

Lire

103

Avant la lecture
Regardez les BD sur la page de droite. Quelles sont les BD que vous avez envie de lire? Pourquoi? Ecrivez deux phrases.

Pendant la lecture
- *Trouvez dans l'article la phrase qui résume[1] l'histoire de la BD «Le facteur Vincent».*
- *Quelles phrases dans cette BD montrent que le facteur n'a pas peur?*

Après la lecture
Quelle est la surprise dans la BD «Le facteur Vincent»?

Pour bien comprendre cet article, faites l'exercice 1 à la page 130.

*Pour bien savoir utiliser les verbes **devoir** et **recevoir**, faites l'exercice 2 à la page 130. (G 24, 25)*

76, 1

Ecrire **2**

Faire une BD.

77, 3

Mehr dazu 9h974e

Choisissez une des BD dans votre Cahier d'activités ou sur Internet. Ce sont des BD sans textes! Ecrivez-les.

STRATEGIE

1. Findet heraus, was geschieht.
2. Denkt euch Inhalte für die Sprechblasen aus. Schreibt sie zuerst auf ein Blatt Papier. Schätzt ab, ob der Inhalt in die Sprechblasen passt. Müsst ihr vielleicht kürzen?
3. Seht die Texte durch und korrigiert Fehler.
4. Füllt die Sprechblasen und findet einen Titel für euren Comic.

Vous pouvez aussi dessiner une BD à la maison et écrire les textes avec vos camarades.

1 **résumer** zusammenfassen

Boléro

Le coin BD

Vous avez dit BD?

Dans chaque édition de ce journal, l'un de nous présente les BD qu'il aime. Aujourd'hui, c'est mon tour. Comme vous le voyez à droite, j'aime des styles très différents! Mais je ne vais pas vous parler de ces BD, car je voudrais vous présenter notre projet: un jour, nous avons eu envie de raconter nous aussi des histoires. Et nous avons fait un atelier BD qui a maintenant beaucoup de succès!
Et voici la dernière BD de cet atelier.
L'idée est simple: c'est l'histoire d'un facteur qui doit apporter une lettre et qui a des problèmes avec un chien.
Moi, j'aime cette BD parce qu'au début, tout est normal, mais à la fin, il y a une grande surprise. C'est une histoire très courte, mais très drôle.
Est-ce que l'une de nos BD va recevoir un jour un prix au Festival d'Angoulême, le grand festival français de la BD? Qui sait?
Nathan

Une BD belge:
un monde fantastique mais qui ressemble à la réalité.

Une autre BD de Belgique:
Les Schtroumpfs, un grand «classique» qui est toujours à la mode.

Un manga français:
En France, les mangas ont beaucoup de succès.

Paul:
une BD moderne en noir et blanc qui vient du Canada.

Et voici un résultat de notre atelier BD

Station 4

TÂCHE: PRÉSENTEZ UN FILM.

Lire **1**

Lire

104

Avant la lecture:
Quels films vous intéressent?

Pendant la lecture:
Quelles sont les informations qu'on apprend sur le film «Le sourire»?

Après la lecture:
Qu'est-ce qui vous donne envie de regarder un film? C'est plutôt les acteurs, l'histoire, les affiches, l'avis de vos amis ...?

Pour bien comprendre l'article, faites l'exercice 1 à la page 131. Pour bien comprendre le film, faites l'exercice 2 à la page 132.

Ecrire **2**

Présenter un film

Mehr dazu qg3st9

Ecrivez un article sur un film que vous avez envie de présenter.

Essayez de donner envie aux lecteurs[1] de regarder ce film.
Pour plus d'informations, allez sur Internet.

STRATEGIE

- Nennt den Titel und den Autor des Films.
- Schreibt, um welche Art Film es sich handelt.
- Berichtet, worum es im Film geht.
- Schreibt, was das Besondere am Film ist und warum er euch gefällt oder nicht gefällt.

ON DIT

C'est une série télévisée.
un dessin animé. / une comédie.
un film d'horreur. / un film policier.
Ce film passe cette semaine au cinéma.
est passé à la télé.
Le sujet du film, c'est ...
L'histoire se déroule dans ...
Ce film raconte l'histoire de ...
C'est un film original / drôle / triste ...
Dans ce film, il y a beaucoup de suspense.

1 un lecteur, une lectrice ein Leser, eine Leserin

Boléro

Le coin cinéma

Trois minutes, s'il vous plaît!

Vous connaissez le Festival des Très Courts? C'est un festival de films très courts (au maximum 3 minutes). Ce festival a lieu dans 80 villes de France et dans 15 autres pays.

On peut aussi regarder ces films sur Internet. Voici par exemple quelques images du film «Le sourire», de Lionel Girard.

C'est l'histoire d'un homme qui entre dans un métro où tout le monde est triste et fatigué. L'homme demande de l'argent ... ou un sourire. Les gens préfèrent sourire, mais lui ne sourit pas.

Et voilà mon avis sur le film: c'est un film original et drôle qui parle de la vie quotidienne avec humour.
Célia

Bilan

TÂCHE: FAITES LE JOURNAL.

Maintenant, corrigez vos textes.
Vous pouvez travailler comme ça:

1. *Chaque groupe envoie deux élèves dans un autre groupe. Ces élèves montrent leurs articles.*
2. *Le groupe lit les articles et propose des corrections (regardez la stratégie).*
3. *Les deux élèves reviennent dans leur groupe et font les dernières corrections avec leurs camarades.*

Einen Text überprüfen

STRATEGIE

1. Ist der Text **interessant** geschrieben? Liest man ihn gern?
2. Erfährt man in der Überschrift und im ersten Satz, **worum es geht**?
3. Sind die Ideen in dem Artikel **gut zu verstehen**?
4. Gibt es Stellen, die nicht zum **Thema** gehören und besser gestrichen werden?
5. Gibt es unnötige **Wiederholungen**?
6. Gibt es **Fehler**?

• Stimmen Verben und Subjekte überein?	falsch:	*Ils utilise Internet pour …*
	richtig:	*Ils utili**sent** Internet pour …*
• Stimmen Adjektive und Nomen überein?	falsch:	*Son nouveau album …*
	richtig:	*Son nouve**l** album …*
• Hast du an die Pluralendungen gedacht?	falsch:	*les dessin*
	richtig:	*les dessin**s***
• Stimmen die Mengenangaben mit *de*?	falsch:	*Beaucoup des gens aiment …*
	richtig:	*Beaucoup **de** gens aiment …*
• … und der Teilungsartikel?	falsch:	*Il a eu succès.*
	richtig:	*Il a eu **du** succès.*
• Stimmt die Rechtschreibung?	falsch:	*Au debut, le homme …*
	richtig:	*Au d**é**but, l'homme …*

Voilà! Vous avez bien travaillé!
Maintenant, trouvez un nom pour votre journal, faites une page de titre et mettez vos articles ensemble.

Vous pouvez aussi faire votre journal sur ordinateur et le mettre sur Internet!

Grammaire

G 22 je dors, nous dormons, ils dorment: Verben auf **-ir (Gruppe „dormir")**

Le chat Malou **dort** sur son balcon.

Infinitiv:		**dormir** (schlafen)	
Singular		Plural	
je	**dors**	nous	**dormons**
tu	**dors**	vous	**dormez**
il / elle / on	**dort**	ils / elles	**dorment**

! Passé composé: j'**ai** **dormi**
je **suis parti**(e)
je **suis sorti**(e) (→ G 12)

Imperativ: Dors …
Dormons …
Dormez …

Ebenso:
partir (abfahren), **sortir** (hinausgehen)

AUF EINEN BLICK

Diese Verben bilden das *Passé composé* mit dem Hilfsverb *être*:

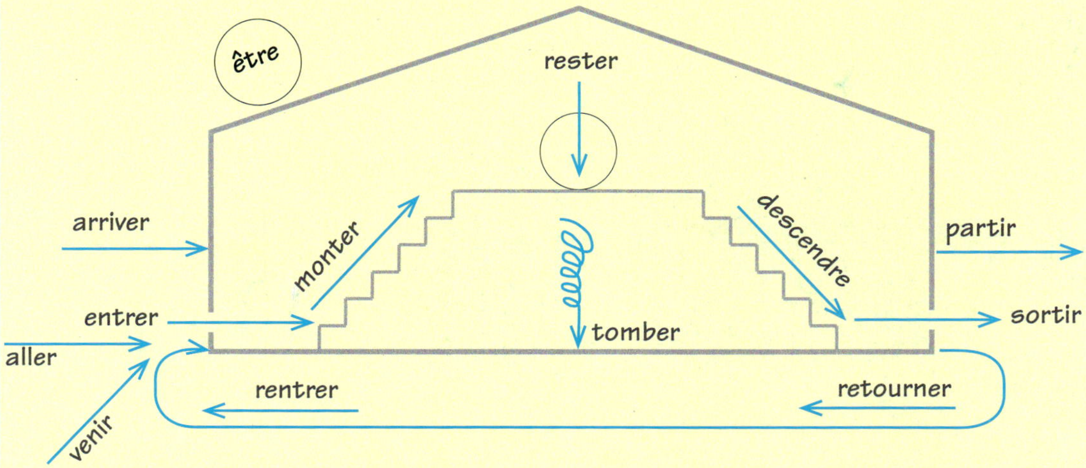

Grammaire

G 23 Quelle belle voix! Die Adjektive **beau, nouveau** und **vieux**

Singular		Plural
un	**beau** violon	des **beaux** violons
un	**bel** album	des **beaux** albums
une	**belle** guitare	des **belles** guitares

! Vor Vokal und stumm h: beau → **bel**

Ebenso:

nouveau, nouvel	nouveaux
nouvelle	nouvelles
vieux, vieil	vieux
vieille	vieilles

G 24 je reçois, tu reçois ...: Das Verb **recevoir** (erhalten, empfangen)

Singular		Plural	
je	**reçois**	nous	**recevons**
tu	**reçois**	vous	**recevez**
il / elle / on	**reçoit**	ils / elles	**reçoivent**

Imperativ:
Reçois ... Recevons ... Recevez ...

Passé composé: j'ai **reçu**

G 25 je dois, tu dois ...: Das Verb **devoir** faire qc (etw. tun müssen)

Singular		Plural	
je	**dois**	nous	**devons**
tu	**dois**	vous	**devez**
il / elle / on	**doit**	ils / elles	**doivent**

! Passé composé: j'ai **dû**

Unité 7

On peut toujours rêver!

Vis-à-vis

Viele französische Städte laden einmal im Jahr zur *Fête du sport* ein. Dort stellen sich Sportvereine und Clubs vor und die Besucher können Sportarten ausprobieren. Beliebt sind in Frankreich vor allem Fußball, Tennis, Judo, Rugby und auch die *arts du cirque* („Zirkuskünste" wie z. B. Jonglieren).

Mehr dazu h5f8n8

le parachutisme

le saut à l'élastique pour les enfants

110

A ***Avant l'écoute***
Regardez les photos et imaginez:
De quoi est-ce que Mehdi et Sacha parlent?

B ***Pendant l'écoute***
De quoi est-ce que les deux garçons rêvent?
Que propose Sacha à Mehdi?

C ***Après l'écoute***
Et toi, de quoi est-ce que tu rêves?

PORTFOLIO

Am Ende dieser Unité kannst du über deine Vorhaben und Wünsche sprechen und sie begründen.

Atelier A

1 Simple comme bonjour!

111–114

1. A Vincennes, la Fête du sport a ouvert ses portes. Un homme explique à des enfants comment faire: «Alors, vous choisissez les activités que vous voulez essayer. Toi, tu choisis par exemple le trampoline, puis le rugby. On finit quand on veut. On peut aussi faire un parcours avec plusieurs activités. Les enfants qui réussissent à le faire reçoivent un petit cadeau. Vous avez des questions?»

82, 1

2. Au stand des arts du cirque, il y a déjà beaucoup de monde. Des enfants mettent des vêtements de clown, d'autres apprennent à faire de l'équilibre sur les mains ou sautent sur le trampoline. Sacha est là lui aussi pour proposer avec Léo un atelier de corde molle. Mais Léo n'est pas encore arrivé. Sacha regarde l'heure pour la dixième fois. Qu'est-ce qui se passe? A ce moment-là, il voit arriver Mehdi, Marie et Alex.

3. *Sacha:* Salut! Vous avez vu Léo?
Mehdi: Non, pourquoi?
Sacha: Il doit apporter une corde molle, mais il est très en retard!
Marie: Ecoute, il va arriver! Mais à propos, qu'est-ce qu'on fait avec une corde molle?
Sacha: On fait de l'équilibre dessus et …

Tout à coup, le portable de Sacha sonne.

Sacha: Allô, Léo? … Quoi? … Ce n'est pas possible! … Mais il nous faut une corde! Il y a déjà beaucoup de monde, ici! … Ecoute, il faut trouver une solution! … D'accord. Alors, salut. Zut! Léo ne peut pas aller chercher la corde: il a perdu la clé de notre club!

4. Pour Sacha, c'est la catastrophe: son atelier va tomber à l'eau. Et que dire aux enfants qui attendent? Ses amis réfléchissent. Tout à coup, Mehdi prend un air mystérieux: «Je n'ai pas de corde, mais j'ai des idées! Une minute!»
Peu après, il revient avec des balles. Il lance 3 balles en l'air et commence à jongler.
Alex: Ouaouh! Tu sais jongler! Pas mal!
Sacha est heureux: «Génial, Mehdi! Où est-ce que tu as appris ça?»
Mehdi: Voilà, j'ai fini! J'ai appris avec mon père. Si tu veux, les enfants peuvent apprendre avec moi.
Sacha: Merci, Mehdi, c'est fantastique!
Mehdi: De rien. Tu vois, c'est simple comme bonjour!

Lire
Ecrire

2 A propos du texte

82, 2

A *Qui fait quoi? Faites des phrases qui correspondent à l'histoire.*

1. devoir apporter la corde
2. ouvrir ses portes
3. pouvoir choisir des activités
4. perdre la clé
5. pouvoir apprendre à jongler
6. préparer un atelier de corde molle
7. avoir une idée
8. ne pas avoir de corde

Sacha et Léo | Sacha | Mehdi | Les enfants | Léo | la Fête du sport | Les enfants | Léo

B *Pour faire un résumé du texte, mettez les phrases dans l'ordre correct et utilisez des petits mots comme* ***mais, alors, puis, tout à coup*** *…*

Parler

3 Ce n'est pas possible!

83, 3

Dans les lignes 21 à 25 du texte, il n'y a qu'une partie du coup de téléphone de Sacha et de Léo. Imaginez le reste[1].

- *Qu'est-ce que Léo peut dire?*
- *Qu'est-ce qu'il peut proposer?*
- *Que répond encore Sacha?*

Prenez des notes pour préparer un dialogue, puis jouez la scène.

ON DIT

Empörung ausdrücken
Ce n'est pas possible! / Ce n'est pas sérieux!

Ratlosigkeit ausdrücken
Je ne sais vraiment pas quoi faire.
Je suis désolé(e), mais je ne peux rien faire.

jemanden ermutigen
Ne t'en fais pas. Ce n'est pas grave.
On va trouver une solution.

eine Lösung vorschlagen
Je peux essayer de … / Je propose de …
Il faut … (aller, chercher, appeler …)

u de mots

4 Des phrases qui bougent.

→ En plus 132, 1

Faites des groupes de 5 personnes. Un groupe choisit une phrase du texte à la page 102. Chaque élève de ce groupe choisit un mot ou une expression de cette phrase. Puis les élèves marchent[2] dans la salle et répètent leurs mots à haute voix[3]. Les autres groupes écoutent et essaient de retrouver la phrase. Le groupe qui a trouvé la phrase le premier a gagné. Il peut préparer une autre phrase.

Exemple: Sacha regarde l'heure pour la dixième fois.

1 le reste der Rest – **2 marcher** gehen – **3 à haute voix** laut

Ecouter

5 Que va faire Léo?

→ En plus 132, 2 △

115 · 84, 5

A *Lisez d'abord la stratégie, regardez l'image, puis écoutez le texte deux fois. Prenez des notes.*

STRATEGIE

	Exemples:
Vor dem Hören: Worum könnte es gehen? Was weißt du schon über den Zusammenhang? Welche Wörter zum Thema kennst du schon?	La Fête du sport, l'atelier, …
Während des Hörens: **1.** Hören: **Worum geht es?** Stimmt deine Vermutung? Wer spricht, in welcher Situation, warum?	qui? Léo, … situation: au téléphone pourquoi: problème …
2. Hören: Achte auf den **Tonfall** der Sprecher. Wie klingt es? Gleichgültig, begeistert, traurig, …?	Léo: triste …
Notiere die **Schlüsselwörter**, die du verstehst. Versuche dann, den Rest der Aussage zu erschließen. Worum geht es im Einzelnen?	mots-clés: corde molle, clé …
Nach dem Hören: Formuliere die Hauptaussage.	Voilà la solution du problème: …

B *Finissez les phrases.*

1. Léo parle avec …
2. Il raconte l'histoire de …
3. … une information importante.
4. Léo a mis …
5. Mais aujourd'hui, il …
6. Il peut maintenant …

En forme

6 Bienvenue à la Fête du sport (G 26)

→ En plus 133, 3

84, 6

***Réfléchir*, *réussir*, *finir* ou *choisir*? Trouvez le bon verbe et la forme correcte.**

nachdenken gelingen beenden wählen

1. La Fête du sport commence à 11 heures et elle ? à 18 h.
2. Marie et Alex font un tour, puis elles ? le parcours avec plusieurs activités.
3. Après, elles reçoivent un cadeau parce qu'elles ont ? le parcours.
4. *Mehdi:* Pas mal, les filles! Et quel atelier est-ce que vous ? maintenant?
5. *Alex:* Nous ne savons pas, nous ? encore. Et toi?
6. *Mehdi:* Moi, je ? d'abord mon atelier et après, je fais du saut à l'élastique.
7. *Marie:* C'est sérieux? Si tu ? à faire ça, je te paie une glace.
8. *Mehdi:* Je vais ?, tu vas voir. C'est simple comme bonjour.

Atelier B

Approche **1**

Ça bouge, à Vincennes!

1. Léo est enfin là avec la corde. Sacha et son ami veulent **expliquer à Julien** comment faire de l'équilibre.

2. Marie veut **demander à des filles** de faire du volley avec elle.

3. Mehdi veut **montrer à Marie** qu'il n'a pas peur.

4. Alex et Marie **racontent aux garçons** qu'elles ont reçu un cadeau.

*Was ersetzt **lui** und **leur** in den folgenden Sätzen?*

1. On **lui** explique comment on fait? → On explique **à Julien** …
2. Je vais **leur** demander si je peux essayer. → Je vais demander **aux** …
3. Voilà, je vais **lui** montrer que je n'ai pas peur de sauter! → Je …
4. Viens, on **leur** raconte qu'on a reçu un cadeau. → …

- *Für welche Art Ergänzungen stehen **lui** und **leur**?*
- *An welcher Stelle stehen sie im Satz?*

En forme **2**

Je lui téléphone. (G 27)

→ En plus 133, 4 △

*Répondez. Utilisez **lui** et **leur**.*

Exemple: – Tu téléphones **à ta mère**?
– Oui, je **lui** téléphone.

1. Tu expliques ça à tes copines?
2. Tu racontes ça à tes parents?
3. Tu parles à Léo?
4. Tu vas payer une glace à Mehdi?
5. Tu vas faire une bise à Marie?

3 Des rêves plein la tête

116 – 117

1. Les derniers sportifs rangent leurs affaires, les stands ferment. La Fête du sport est presque finie. Les garçons retrouvent Alex et Marie et le petit groupe cherche une place sur l'herbe.

Alex: Nous avons fait tout le parcours et nous avons eu des cadeaux toutes les deux! Regardez! Et vous, est-ce que vous êtes restés au stand toute la journée?

Mehdi: Ben moi, j'ai quitté le stand quand Léo est arrivé avec la corde et je suis parti faire du saut à l'élastique! Ce n'est pas du parachutisme, mais bon!

Sacha: Moi, snif! Je n'ai pas pu monter dans une voiture de sport. Mais notre atelier a eu beaucoup de succès! Et après, j'ai fait de l'escrime. J'aime bien!

2. *Alex:* Vous n'avez pas oublié le tirage au sort, j'espère! C'est dans quelques minutes! A propos, qu'est-ce qu'on peut gagner?!

Marie: Je ne sais pas. Mais mon rêve à moi, c'est d'avoir un jour un cheval.

Alex: Un cheval seulement? Moi, j'aime tous les animaux et je voudrais en avoir beaucoup. Plus tard, j'aimerais bien habiter à la campagne et être biologiste.

Mehdi: Ben moi, mon rêve, c'est plutôt …

Tous: … de faire du parachutisme!

Mehdi: C'est ça. Mais pour ça, il me faut plus d'argent de poche!

Léo: C'est comme Julien, Julien Aldon. Ses parents ne peuvent pas lui donner beaucoup d'argent de poche. Alors il aide ses voisins et par exemple, il leur propose de faire les courses. Mais écoutez! Chut! …

118

Marie: Il est génial, ce Sacha! Il va inviter qui, alors?!

Lire

4 A propos du texte

Corrigez le résumé.

La Fête du sport ouvre ses portes.
Les amis racontent leur journée: Alex et Marie ont fait tout le parcours et elles ont eu un cadeau. Mehdi a fait du parachutisme. L'atelier d'escrime de Sacha a eu beaucoup de succès. Après le tirage au sort, les amis parlent de leurs rêves. Marie dit qu'elle veut avoir deux girafes. Alex raconte qu'elle déteste la campagne et que plus tard, elle veut être actrice. Mehdi veut faire du parachutisme. Pour gagner de l'argent de poche, il peut aider Léo. Au tirage au sort, Sacha gagne un tour en bateau.

En forme

5 Alors, qu'est-ce que tu fais? (G 27)

85, 8

A *Lisez les phrases. Dites ce que vous faites dans ces situations.*

Exemple: **1.** Tu attends **ton ami** qui ne vient pas.
→ Je **lui** envoie un SMS.

1. Tu attends **ton ami** qui ne vient pas.
2. **Tes copains** veulent apprendre à jongler.
3. **Des enfants** cherchent le stand des crêpes.
4. **Tes amies** ne sont pas venues à la fête.
5. **Tes parents** viennent à la fête.
6. **Ton amie** a perdu ses clés.

montrer **à qn** où il est
expliquer **à qn** comment on fait
envoyer un SMS **à qn**
proposer **à qn** de l'aider à les chercher
raconter la journée **à qn**
présenter tes copains **à qn**

Vis-à-vis

B *Deux Français de votre âge sont chez vous. Ils ont très envie de connaître un peu votre vie. Qu'est-ce que vous faites avec vos invités? Faites des phrases avec les expressions données.*

Exemples:
Je **leur** montre ma ville.
Je **les** présente à mes amis.

montrer ma ville **à qn**
présenter **qn** à mes amis
donner des informations sur … **à qn**
aider **qn** à comprendre mon pays
parler **à qn** de mes activités
préparer des repas allemands **à qn**
faire la bise **à qn**
inviter **qn** au cinéma

En forme

6 Rêves de vacances (G 28)

86, 9

Qu'est-ce que vous pouvez faire, pendant les vacances? Notez d'autres activités. Utilisez toutes les expressions en jaune.

	m.	f.
Sg.	*tout le*	*toute la*
Pl.	*tous les*	*toutes les*

Exemple:
Pendant les vacances,
je peux faire du vélo tous les jours, et …
Continuez.

faire du vélo
aller à la plage / à la campagne
jouer
faire de la musique
rêver
rester au lit
lire des livres
bien dormir
voir mes …
sortir
…

jours — soirs — journée — semaine
matins — nuits — jour — temps

Parler

7 Trouvez des arguments.

86, 10

Mehr dazu p8c7xk

A *Choisissez quelque chose que vous voulez faire ou avoir. Pensez aux activités, aux vacances, à la musique … Vous pouvez d'abord regarder la vidéo sur Internet.*

- *Notez vos arguments.*
- *Trouvez et notez aussi les arguments de quelqu'un qui n'est pas d'accord.*

Exemples:

Tu veux …	**les arguments** pour	contre
faire de l'escrime	bouger, copains, …	encore une activité, dangereux, …
avoir un chien	être toujours là, ami, faire attention …	habiter en ville, voisins …
avoir plus d'argent de poche	les prix, sortir, les amis …	déjà beaucoup, avoir tout …

B *Vous discutez avec vos parents. Faites un dialogue. Les expressions suivantes peuvent vous aider.*

ON DIT

Je voudrais / J'aimerais avoir … Il me faut plus de … / Je n'ai pas assez de …	Tu es sûr(e)? Est-ce que c'est important pour toi?
La raison, c'est que …	Et pourquoi est-ce que …?
Ce n'est pas un problème. Ce n'est pas cher / dangereux / …	Ah, bon? Tu as bien réfléchi? Mais tu dois aussi penser à …
Je peux … D'abord, je … . Et puis, … C'est pourquoi il me faut / je voudrais …	Et comment est-ce que …? A mon avis, tu (n') as (pas) raison. Je (ne) suis (pas) de ton avis.

Médiation

8 Une annonce

→ En plus 133, 5 △

Auf der Internetseite des Deutsch-Französischen Jugendwerks findest du folgende Anzeige. Sie könnte deine französischen Freunde interessieren. Du erzählst ihnen, worum es in der Anzeige geht.

Suche französische Gastfamilie

OFAJ DFJW

Guten Tag, ich heiße Nora Enke. Ich bin 16 Jahre alt und möchte Französisch lernen. Ich mag Lesen und fast alle Tiere. Außerdem schwimme ich für mein Leben gern. Ich suche eine nette französische Gastfamilie, möglichst in einer Stadt am Meer. Später möchte ich Meeresbiologin werden. Ich freue mich auf Ihre Antwort. *nora.enke@yahoo.de*

Pratique: tâche

Lire
Parler

1 Mon rêve à moi

A *Quel rêve est-ce que vous trouvez intéressant?*

Qu'est-ce que cet enfant peut dire à ses parents? Prenez des notes, puis présentez les arguments.

Moi, j'habite à la campagne, mais je n'aime pas ça. Il n'y a rien, à la campagne. Je voudrais habiter en ville pour faire tout ce que j'aime. La ville, ça bouge, il y a du monde. La ville, c'est la vie! ***Malik***

Moi, je rêve d'être actrice et d'aller à Hollywood. Je voudrais jouer dans beaucoup de films, surtout des films drôles. Je voudrais commencer tout de suite à apprendre tout ça. Mais mes parents ne veulent pas que je quitte le collège. ***Aïnhoa***

Moi, je voudrais jouer de la guitare dans un groupe de rock. Je voudrais voyager avec mon groupe dans tous les pays du monde et rencontrer beaucoup de gens. Je joue souvent de la guitare, mais mes parents disent que je dois travailler plus pour le collège. ***Eugène***

J'en ai marre d'être dans la même chambre que mon frère. Mon rêve, c'est d'avoir une chambre pour moi tout seul. Mais notre appartement est petit. ***Romain***

Je voudrais bien m'acheter un petit télescope pour regarder la lune et les étoiles. Pour le moment, j'ai seulement 20 euros et le télescope que je voudrais coûte 69 euros. Alors je veux demander à mes parents un peu d'argent de poche pour ça. ***Laurie***

STRATEGIE

Rechts siehst du, wie du einen „Spickzettel" *(une antisèche)* für deine Präsentation machen kannst. Sieh beim Vortragen nur die Stichwörter an. Falls du ins Stocken kommst, klappe das Blatt kurz auf und lies in deinen Sätzen nach.

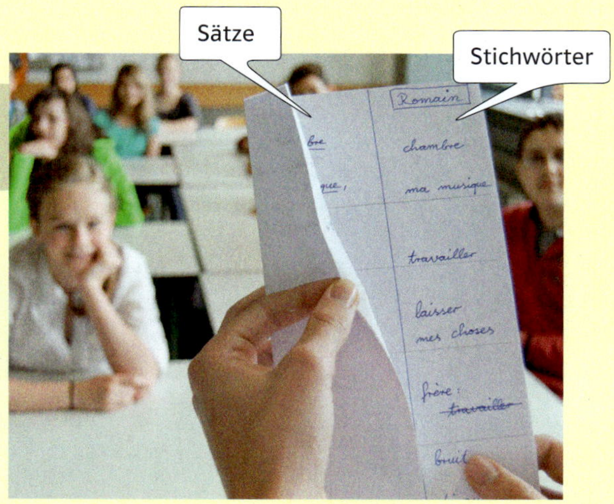

PORTFOLIO

B *Ecris 5 ou 6 phrases pour expliquer ton rêve personnel. Tu peux ajouter un dessin ou faire un collage.*

Mon dico personnel

Lerne die Wörter für deine Wünsche und Träume.

partir en Australie · savoir jongler · nager avec les dauphins · habiter avec … · avoir un bateau · faire le tour du monde · …

Bilan

Überprüfe, was du kannst!
Vergleiche deine Lösungen mit den Lösungen auf Seite 198.

1 Parler

Mehr dazu 36q7rr

Du kannst schon …

1. … sagen, wovon du träumst. *(jonglieren können)*	… jongler.
2. … sagen, was du brauchst. *(Bälle)*	Il me …
3. … sagen, dass du ratlos bist.	… quoi faire.
4. … sagen, dass man eine Lösung finden wird.	On va …!
5. … sagen, dass du nicht genug von etwas hast. *(Geld)*	Je n'ai pas …
6. … sagen, dass du anderer Meinung bist als dein Gesprächspartner.	Je ne suis pas …
7. … auf Dank reagieren. *(Keine Ursache.)*	De …!

2 En forme (G 26)

A *Mettez les verbes au présent et complétez les phrases.*

1. Mehdi est courageux. Il (réussir)
2. Tu veux faire un combat? Tu (choisir)
3. Je veux essayer l'escrime. Mais d'abord, je (finir)
4. Nous ne savons pas quoi faire. Nous (réfléchir)
5. Il est presque 18 heures. Les enfants (finir)
6. Vous voulez jongler? Alors vous (choisir) d'abord

leurs activités. | encore. | des balles. | mon atelier. | à faire du saut à l'élastique. | le judo?

B *Mettez les phrases des numéros 1, 2 et 3 au passé composé.*

3 En forme (G 28)

Complétez les phrases par tout, toute, tous ou toutes.

1. Je fais de l'escrime ? les jeudis.
2. J'ai fait des beaux rêves ? la nuit.
3. Il a ? le temps faim.
4. Elle a invité ? ses amies.
5. J'ai pensé à toi ? la journée.
6. J'aime ? tes cadeaux.
7. Il lui a donné ? son argent de poche.
8. ? leurs idées sont intéressantes.

4 Ecouter

119

Lisez les phrases, puis écoutez le document deux fois. Vrai ou faux?

1. Yanis n'aime pas trop le sport.
2. Martin aime seulement les sports qui ne font pas peur.
3. La copine de Yanis n'est pas bonne en volley.
4. Yanis aime féliciter sa copine.
5. Violetta est à la fête surtout pour apprendre à jongler.
6. Violetta va essayer de faire du karaté.

5 En forme (G 27)

*Remplacez les mots en gras par **lui** ou **leur**.*

Exemple: **1.** Il va **leur** expliquer le parcours.

1. Il va expliquer le parcours **aux enfants.**
2. Elle montre un stand **à sa fille.**
3. Il dit «bonne chance» **à son copain.**
4. Elle propose une boisson **à une copine.**
5. Il va montrer Vincennes **à ses amies.**
6. Il donne des sandwichs **à ses enfants.**

6 Jeu de mots

A *Complétez les phrases avec les mots à droite.*

1. Il jongle avec …
2. Le téléphone …
3. Ils font de l'équilibre sur …
4. Un clown travaille dans …
5. Je fais du sport parce que j'ai envie de …
6. Je quitte la ville pour aller habiter à …
7. Pour acheter quelque chose, il faut de …
8. Il n'y a plus de place dans le bus. Il est …
9. Elle réfléchit pour trouver …

l'argent – des balles – sonne – une corde molle – la campagne – plein – une solution – bouger – un cirque

B *Ecrivez un petit texte avec les mots de la partie **A**, à droite.*

Grammaire

G 26 je choisis, nous choisissons, ils choisissent: Verben auf -ir (Gruppe „choisir")

Infinitiv: **choisir** (wählen)

Singular		Plural	
je	choisi**s**	nous	choisi**ss**ons
tu	choisi**s**	vous	choisi**ss**ez
il / elle / on	choisi**t**	ils / elles	choisi**ss**ent

Imperativ: Choisis …
Choisi**ss**ons …
Choisi**ss**ez …

Passé composé: j'ai **choisi**

Ebenso:
finir (beenden / aufhören), **réfléchir** (überlegen), **réussir** (gelingen)

G27 Qu'est-ce que tu leur montres? Die indirekten Objektpronomen **lui** und **leur**

- Tu écris **à ton copain**?
- Oui, je **lui** écris.
- Tu écris **à ta copine**?
- Oui, je **lui** écris.
- Tu écris **à tes copains**?
- Oui, je **leur** écris.
- Tu écris **à tes copines**?
- Oui, je **leur** écris.

Stellung:
Je ne **lui parle** pas.
Je **veux lui parler.**
Je **ne veux pas lui parler.**
Je **lui ai parlé.**
Je **ne lui ai pas parlé**

das indirekte Objektpronomen – **le pronom objet indirect**

G28 toute la journée: Der Begleiter **tout**

Singular	Plural
tout le matin	**tous** les jours
toute la journée	**toutes** les nuits
↑ (ganz)	↑ (alle)

! Es gibt immer einen zweiten Begleiter!

tout **le** travail	die ganze Arbeit
tout **mon** travail	meine ganze Arbeit
tout **ce** travail	diese ganze Arbeit

Plaisir de lire

Avant la lecture: *Dans l'histoire, un garçon raconte une journée un peu spéciale où il ne va pas très bien. Dans quelles situations est-ce qu'on peut avoir «une boule d'angoisse dans le ventre»?*

Giuliana

J'ai un examen de maths. Je n'ai pas révisé. J'ai une boule d'angoisse dans le ventre. Ma classe est au troisième étage du lycée. Je m'arrête au deuxième. La cloche va sonner dans cinq minutes. Giuliana passe devant moi sans me voir. Elle monte l'escalier quatre à quatre. Je fais marche arrière. J'atteins le garage à vélos quand la cloche sonne. Je monte sur mon scooter. Je m'en vais. Je m'en vais je ne sais pas où. Je m'en vais (...) Je prends la route nationale qui mène à la capitale. La capitale c'est dans sept cents kilomètres. Giuliana s'habille comme une femme. Elle met des jupes. Aucune fille ne s'habille comme elle dans le lycée. Elles portent toutes des pantalons, et quand elle osent mettre une jupe, c'est toujours par-dessus un pantalon. Je m'arrête dans une station-service. Je fais le plein. Je m'achète un sandwich au poulet et un coca. Je prends une petite route. Elle ne mène nulle part. Je m'arrête près d'un bois. Je marche sur un sentier qui s'enfonce dans le bois. Je mange mon sandwich. Je bois mon coca. Il est onze heures. Une fois j'ai écrit son nom avec un marqueur sur une table dans la classe de physique. Giuliana. Je ne sais pas pourquoi j'ai écrit son nom comme ça. C'est pas mon genre. Le sentier mène au fleuve. Je m'assieds sur la rive. Je lance des cailloux dans l'eau. Le temps passe lentement. Je vais devoir rattraper mon examen de maths. Je vais dire à mon père que je suis tombé en panne avec mon scooter et que je suis directement passé au garage. La réparation a duré longtemps. Mon père va écrire un mot d'excuse.

une boule *(hier)* ein Kloß – **l'angoisse** die Angst – **le ventre** der Bauch – **faire marche arrière** umdrehen – **un scooter** ein Mofa, ein Motorroller – **je m'en vais** je pars – **mener à** führen zu – **la capitale** die Hauptstadt – **elle s'habille** sie zieht sich an – **faire le plein** volltanken – **nulle part** nirgendwohin – **un bois** ein Wäldchen – **un sentier** ein Waldweg – **un fleuve** ein Fluss, ein Strom – **Je m'assieds sur la rive** Ich setze mich ans Ufer – **lentement** langsam – **rattraper** nachholen – **durer** dauern

A *Quel est le problème de ce garçon?*
B *Quel est le caractère de ce garçon? Faites son portrait.*

Lösungen zu den Révisions-Übungen findest du auf Seite 198.

Révisions

Ecouter

1 Où est-ce qu'on va travailler?

124

A *Relisez la stratégie page 104, puis écoutez le texte une première fois. Il y a combien de personnes? Quelle est la situation?*
B *Ecoutez le texte une deuxième fois, prenez des notes.*
C *Complétez les phrases.*

1. Les jeunes veulent préparer …
2. Ils doivent trouver …
3. Oriane ne veut pas aller … parce que …
4. Elle déteste … parce que …
5. Un garçon a une idée. Il veut dire à Léa que …
6. Oriane n'est pas …
7. A la fin, les jeunes vont …

En forme

2 A Vincennes, à la Fête du sport

*Remplacez les mots en italique par le pronom object direct (**le, la, l', les**) ou indirect (**lui, leur**). Attention à l'ordre des mots dans la phrase!*

Exemple: **1.** Elles *les* montrent aux autres.

1. Les filles ont reçu des cadeaux.
   Elles montrent *ces cadeaux* aux autres.
2. Marie a reçu un t-shirt.
   Elle trouve *ce t-shirt* très joli.
3. Les parents d'Alex arrivent.
   Alex montre sa casquette *à ses parents*.
4. Sacha est heureux.
   On fait un beau cadeau *à Sacha* aussi!
5. Mehdi parle de parachutisme.
   Ses copains écoutent *Medhi*.
6. Léo pense à sa journée.
   Il va raconter *cette journée* à ses parents.

Jeu de mots
Ecrire

3 Les mots en cascade[1]

A *Choisissez deux mots. Pour chaque lettre de ces mots, essayez de trouver d'autres mots sur le même thème. La liste des mots à la fin de votre livre peut vous aider.*

REVES VACANCES MUSIQUE LIVRES ARGENT SPORT ACTIVITES ESPERER

Exemple :
R éalité
E ssayer
V oyages
E spérer
S able

B *Pour l'un des mots que vous avez choisis dans la partie a, écrivez un texte (50-70 mots) avec les mots que vous avez trouvés.*

1 **une cascade** ein Wasserfall

On prépare le DELF

1 Compréhension de l'oral

125 *Lisez les phrases, puis écoutez le texte deux fois. Pour chaque phrase, trouvez la bonne solution.*

1. Ce sont des informations sur
   a le temps qu'il fait **b** les autoroutes **c** des endroits pour les vacances.
2. Sur l'A 62, il y a un bouchon
   a à un péage **b** à 6 km **c** à Roquefort.
3. Il y a un cheval sur l'autoroute
   a près de Bordeaux **b** au bord de l'eau **c** à Bordeaux.
4. Sur l'A10,
   a il y a beaucoup de vent **b** il n'y a pas de vent **c** il ne fait pas soleil.

2 Compréhension des écrits

Canyoning dans les Hautes-Alpes
Bienvenue au club Escalade et Canyoning de L'Argentière-la-Bessée! Nous proposons des vacances sportives pour les jeunes et les adultes qui veulent découvrir l'escalade et le canyoning et profiter de la nature. Vous aimez le grand air de la montagne? Alors faites-vous plaisir! Sans réelle difficulté, la vallée du Fournel propose un canyon d'initiation parfait: des petits sauts de 3 à 5 m et des toboggans pour amuser toute la famille. Nos parcours sont ouverts aussi aux enfants sportifs à partir de 10 ans qui savent nager.
Durée de la descente: entre 1 h 30 et 2 h 00 + marche d'approche de 40 min. Tarif: 39 € / personne.
Activité pour 5 personnes minimum, 8 maximum.
Contactez-nous au 04.07.56.87.46.

Vrai ou faux?

1. Il faut avoir au moins 12 ans.
2. C'est un sport très difficile.
3. Il ne faut pas avoir peur de l'eau.
4. Pour l'activité, il faut compter entre 2 heures et 2 heures et demie.

3 Production écrite

Tu te présentes sur un forum de jeunes. Tu parles de tes activités, de tes films, de tes musiques et de tes livres préférés. Tu racontes ce que tu aimes faire, ce qui t'intéresse et pourquoi. Ecris un texte de 80 mots environ.

4 Production orale

Vous avez 10 minutes pour préparer le sujet 1 et votre rôle dans l'exercice 2.

1 Mon rêve (monologue)
Parle de ton rêve. Dis ce que tu aimes et ce que tu voudrais faire. Donne une raison pour ce que tu veux faire.

Parle une minute.

2 Le repas-surprise (exercice en interaction)
Au collège de ton correspondant, il y a une journée sportive. Vous voulez y aller. Prenez rendez-vous (jour/heure/lieu) et discutez du sport que vous voulez faire. Vous n'êtes pas d'accord tout de suite.

Jouez la scène à deux (2–3 minutes).

En plus – différenciation

△ Einfachere Zusatzübung
▲ Schwierigere Zusatzübung
ohne Pyramide: Ergänzende Zusatzübung

Unité 1

Jeu de mots

1 Au collège

zu 1 Déc

Trouvez les mots du collège. Faites un filet à mots dans votre cahier.

1. C'est après les grandes vacances, quand les cours commencent.
2. C'est une liste des cours et des heures de cours pour la semaine.
3. C'est entre les cours, quand on ne travaille pas.
4. C'est l'endroit où les élèves jouent ou parlent.
5. C'est un endroit où on va quand on ne va pas bien.
6. C'est un endroit où on peut chercher des informations.
7. C'est un endroit où on peut manger.

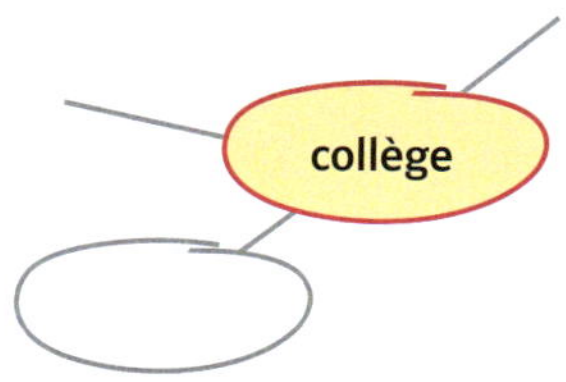

En forme

2 Le nouveau au collège (G 1, 2)

zu 1 A 4

△ **A** *Mettez les formes du verbe* ***connaître****.*

Le nouveau ne ? pas les professeurs.
– Je ne ? pas les profs. Est-ce que tu ? Mme Barette?
– Oui, nous ? bien notre prof d'allemand.
– Vous ? aussi M. Racine?
– Oui, tout le monde ? le prof de français!

B *Mettez les formes du verbe* ***savoir****.*

Le nouveau ne ? pas où est Mme Barette.
– Bonjour. Vous ? où est Mme Barette?
– Non, nous ne ? pas où elle est.
– Et toi, est-ce que tu ? où est Mme Barette?
– Non, je ne ? pas. Demande aux filles, là-bas. Elles ? où elle est.

Ecrire

3 La journée d'hier

nach 1 A 5

Imaginez: vous écrivez un courriel à un copain / une copine.
Mettez les verbes à la forme correcte et complétez.

1. Hier, je (rencontrer) …
2. Il / Elle (raconter) ses vacances.
3. Nous (passer) … et nous (oublier) …
4. Alors je (téléphoner à)…
5. Le soir, mes parents (inviter) …
6. Et toi, qu'est-ce que tu (faire), hier?
7. Est-ce que ta famille et toi, vous (faire un tour) à …?

En forme

4 Tu es dans quelle classe? (G 3)

zu 1 A 6 B

△ *Quel, quels, quelle ou quelles? Complétez.*

1. Tu habites ? rue?
2. Tu lis ? livre?
3. ? couleurs est-ce que tu aimes?
4. ? sports est-ce que tu aimes?
5. ? BD est-ce que tu aimes?
6. Tu as ? jeux chez toi?
7. Ton anniversaire, c'est ? jour?
8. ? chansons est-ce que tu écoutes?

Ecouter
Parler

5 Ça va ou ça ne va pas?

zu 1 A 7

△ **A** *Ecoutez Ines, Corentin et Alma. Qui est triste, qui est en colère et qui est content?*

15

B *Ecoutez-les encore une fois. Pour chacun, notez deux expressions qui montrent qu'il ou elle est triste, content(e) ou en colère.*

C *Qu'est-ce qu'ils peuvent dire encore? Pour chacun, notez une phrase.*

Médiation

6 C'est quelque chose qui ... (G 4)

zu 1 B 5

Vous expliquez des mots à un Français.

Exemple: Un „Klassensprecher", c'est un élève qui parle avec les profs des problèmes de la classe.

Klassensprecher
Streitschlichter
Aula
Klassenbuch

Tafel
Referat
Schullandheim
Doppelstunde

En forme

7 Devant le collège (G 5)

zu 1 B 8

△ **A** *Complétez dans vos cahiers par* ***ces*** *ou* ***ses****.*

1. Qui sont **?** personnes, là-bas?
2. Ce sont Mme Ducharme et **?** élèves de 3e.
3. Et **?** enfants, est-ce que ce sont **?** élèves aussi?
4. Non, ce sont **?** enfants à elle.

16 **B** *Ecoutez le texte. Pour chaque phrase, notez «c'est», «ces» ou «ses».*

En forme

8 Un tour en ville avec le nouveau

nach 1 B 8

△ *Complétez par* ***quel, quelle, quels, quelles*** **(Q)** *et* ***ce, cet, cette, ces*** **(C)**

1. On y va! **Q** heure est-il?
2. On prend **C** sacs, **C** casquettes et **Q** autres affaires?
3. **Q** monuments est-ce qu'on va visiter?
4. **Q** moyen de transport est-ce qu'on prend: **C** bus ou le métro?
5. On va à **Q** station de métro?
6. Tu connais **C** endroit? Moi, j'aime bien **C** rue et **C** quartier! **Q** autres quartiers est-ce que tu veux visiter?
7. **Q** cartes postales est-ce qu'on prend: **C** jolies cartes ou d'autres?
8. **Q** film est-ce que tu veux voir: **C** film drôle ou **C** autre film allemand?

Ecouter

9 Ils sont nés quand? (Vocabulaire, p. 144 et 159)

zu 1 B 9

17

Mehr dazu z6n8kz

A *Ecoutez les phrases et trouvez les bonnes réponses. Ils sont nés en quelle année?*

1. Louis XIV est né en	**a** 1628	**b** 1638	**c** 1648
2. Marie-Antoinette est née en	**a** 1755	**b** 1715	**c** 1445
3. Gustave Eiffel est né en	**a** 1842	**b** 1832	**c** 1632
4. Morgane Ribout est née en	**a** 1998	**b** 1978	**c** 1988
5. Moustique est né en	**a** 2011	**b** 2001	**c** 1991

B *Quand est-ce qu'ils sont nés? Lisez à haute voix.*

1. Napoléon est né en 1769.
2. Charles de Gaulle est né en 1890.
3. Marie Curie est née en 1867.
4. Moi, je suis né(e) en …

Unité 2

En forme

1 L'après-midi d'Alex (G 7)

zu 2 A 5

Un soir, Alex raconte son après-midi. Qu'est-ce qu'elle dit?
Utilisez les mots donnés.
Commencez comme ça: Cet après-midi, j'ai …

- être au cinéma
- voir un film de vampires
- avoir peur
- prendre le bras de son frère
- acheter un manga
- discuter avec qn
- faire ses devoirs
- ne pas comprendre les exercices
- manger du gâteau
- aimer ce gâteau

Ecouter
Médiation

2 Le fantôme de l'Opéra[1]

zu 2 A 6

A *Ecoutez le texte. Vrai ou faux?*

37

1. Un professeur parle à ses élèves.
2. «Le fantôme de l'Opéra» est un film de Gaston Leroux.
3. Le fantôme habite dans les souterrains de l'Opéra.
4. Le guide a rencontré une jeune actrice.
5. A l'Opéra, il y a une place réservée au fantôme.
6. C'est une bonne idée de prendre cette place.

B *Ecrivez une carte postale à un copain français ou une copine française.*
Racontez l'histoire du fantôme de l'Opéra de Paris.

En forme

3 Rue des Dames, il y a …

zu 2 B 1

dangereux | heureux | curieux | courageux | mystérieux | malheureux

A *Quel mot décrit quelle personne? Lisez et complétez. Attention à la forme des adjectifs.*

1. Madame Samu n'a pas peur de beaucoup travailler. Elle est …
2. Monsieur Fouine a envie de tout savoir sur les gens de sa rue. Il est …
3. M. Snif n'a pas d'amis. Il est très …
4. Les Goubet ont trouvé beaucoup de copains ici. Ils sont très …
5. On sait peu de choses sur M. Alucard. Où est-ce qu'il va la nuit? Il est …
6. Mme Miro ne voit pas bien. Quand elle est sur son vélo, c'est un peu …

B *Pour chacun des mots suivants, trouvez un mot de la même famille. Puis expliquez les expressions en français.*

Exemple: **1.** oublieux → oublier
Un homme oublieux, c'est un homme qui oublie souvent des choses.

1. un homme **oublieux**
2. un livre **coûteux**
3. une femme **chanceuse**
4. un temps **neigeux**
5. un garçon **coléreux**
6. une fille **peureuse**

---

1 **l'Opéra** (m) die Oper

En forme

4 M. Marignan n'est pas content! (G 8)

zu 2 B 4

A *Complétez avec **attendre** (a), **descendre** (d), **entendre** (e), **perdre** (p) et **répondre** (r) au présent. Attention, un verbe est à l'impératif!*

M. Marignan: On d l'escalier dans cinq minutes! Julien, tu ne p plus le groupe. Tu e?
Julien: Oui, Monsieur! J' e!
M. Marignan: Bon, Julien, les autres profs et moi, nous a ton histoire! Alors? Pourquoi est-ce que tu ne r rien?
Julien: Monsieur, a, je vais tout expliquer.
M. Marignan: Bon, raconte! Nous p un peu de temps, mais enfin, … les autres élèves a encore cinq minutes.

B *Julien raconte. Utilisez le passé composé.*

1. Quand je vois les crânes, j'ai des idées noires.
2. J'attends un petit moment.
3. Puis je rencontre un dessinateur de BD.
4. Nous parlons.
5. Il répond à mes questions.
6. Nous regardons ses dessins.
7. Après, j'entends les autres de loin.
8. Enfin, je prends un escalier et je retrouve la sortie.

Jeu de mots

5 Trouvez les contraires.

zu 2 B 9

*Remplacez les mots en **gras** par les contraires. Les mots à droite peuvent vous aider.*

Malabar: Je **descends** un escalier. J'arrive à la **sortie** d'un couloir. Léo est **loin de** moi. Il fait **froid**. La porte du couloir est **fermée**. Je suis **malheureux**. Un après-midi **sans** Léo, ce **n'**est **pas drôle**.

à côté de – ouvert – heureux – avec – chaud – monter – super – entrée

Jeu de mots

6 Racontez l'histoire d'Enzo.

zu 2 B 10

Regardez les dessins. Utilisez les mots donnés pour raconter l'histoire au présent.

le soir – à ce moment-là – tout à coup – alors

Enzo – visiter – égouts – sombre

garçon – bras – peur – crier

tomber – eau – désolé

belle casquette – content

Unité 3

En forme

1 Que peut faire Sacha? (G 1, 10)

nach 3 A 4

A ***Pouvoir*** *ou* ***savoir****? Regardez les exemples, puis complétez les phrases.*

Le petit Sébastien a 3 ans. Il ne **sait** pas écrire.

Sacha a mal au bras. Il ne **peut** pas écrire.

1. Pour avoir la moyenne, Sacha ? travailler avec ses copains.
2. Marie et Mehdi ? comment faire un exposé. Ils ? aider Sacha.
3. Sacha ? bien travailler à l'ordinateur, alors il ? chercher des idées sur Internet.
4. Son père dit: «Moi, je ne ? pas bien l'anglais. Mais je ? parler à ton professeur.»
5. Le prof d'anglais ? bien expliquer. Alors Sacha ? poser des questions.

B *Travaillez à deux. Posez des questions avec les verbes* ***pouvoir*** *et* ***savoir*** *et les expressions données, puis inventez une réponse.*

Exemple:
- *Est-ce que* ***tu peux*** *faire les devoirs avec moi?*
- *Je ne peux pas. Je vais à mon cours de judo.*

faire les devoirs avec moi
jouer au rugby
être chez moi à 16 heures
regarder l'heure
faire du judo
fermer la porte
répéter la question

Parler

2 Notre collège, le rêve?

zu 3 A 5 B

Travaillez à deux. Parlez de votre collège. Dites ce que vous (n') aimez (pas). Expliquez pourquoi. Les mots donnés peuvent vous aider.

Exemple: *J'aime la cantine parce que les repas sont bons.*

les devoirs	le français / la géographie / …	super	nul	long
le / la prof de …	les cours dans l'après-midi	il y a des …	drôle	bon
les professeurs	les récréations	il n'y a pas de …	bête	sympa
la cour	les salles de cours	curieux	moderne	fermé
la cantine	la bibliothèque	grand	intéressant	ouvert
le gymnase	l'emploi du temps	pratique	joli	…
les camarades	…			

Ecouter

3 Très bien, Sacha!

zu 3 B 6

Pour chaque phrase, trouvez la ou les bonnes fins de phrase.

52

1. Depuis la course,
a les autres sont sympas avec lui. **b** peu de choses ont changé. **c** Sacha travaille beaucoup.

2. Maintenant, il a des bons résultats
a en géographie. **b** en allemand. **c** dans son bulletin.

3. Il a eu
a un 4 en géographie. **b** un 14 en mathématiques. **c** un 14 en géographie.

4. Pour fêter la bonne note, Sacha et ses parents
a vont au cinéma. **b** vont voir un match de rugby. **c** vont au Parc des Princes.

Ecrire

4 Une lettre, mais de qui?

zu 3 B 8

Lisez les mots en bas, puis écrivez le texte.
*Utilisez des petits mots comme **mais, à ce moment-là, puis, alors, et**.*

ce matin – Sacha – descendre de sa chambre
entrer dans le salon – trouver une lettre
prendre la lettre – commencer à lire – Quelle surprise!
mettre la lettre – sac – quitter la maison
Mehdi et Marie – arriver – aller au collège ensemble
Sacha – ne pas parler – Marie demander: «Ça va?»
Mehdi – voir la lettre – vouloir prendre la lettre
Marie – crier: Non! – Sacha dire merci à Marie

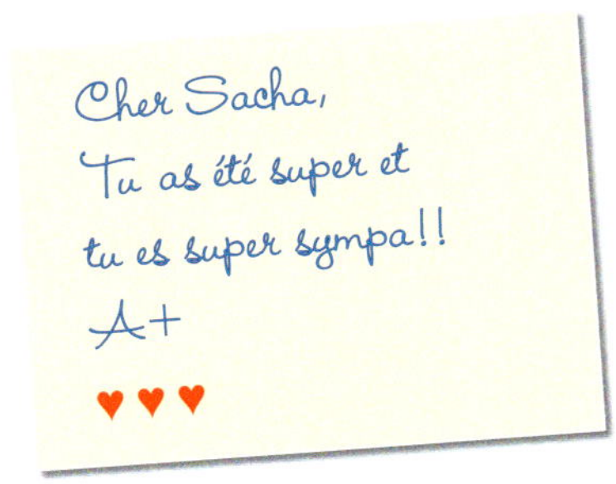

Jeu de mots

5 Comment est-ce qu'on dit …?

zu 3 B 12

A *Trouvez les paires et notez les lettres dans l'ordre pour trouver le mot-solution.*

1. J'ai la moyenne.	Sie geht an die Tafel.	E
2. Elle arrive en retard.	Antwortest du auf meine Frage?	N
3. On se retrouve à 17 heures?	Das sagt mir nicht zu.	M
4. Ça ne me dit rien.	Ich habe den Notendurchschnitt erreicht.	P
5. Si tu veux.	Ich hätte lieber …	N
6. J'aimerais mieux …	Los geht's!	E
7. Vas-y!	Nächstes Jahr …	C
8. Tu réponds à ma question?	Sie kommt zu spät.	E
9. L'année prochaine, …	Treffen wir uns um 17 Uhr?	R
10. Elle va au tableau.	Wenn du willst.	A

B *Trouvez les expressions qui vont ensemble.*

Marie ne prend pas le bus. Elle dit: …
Sacha est d'accord pour travailler. Il dit: …
Léo n'a pas envie de participer. Il dit: …
Jérôme est en colère. Il dit: …
Alex trouve que c'est bête. Elle dit: …
Julien a des idées noires. Il dit: …
Anne n'est pas en forme. Elle dit: …

- Ça ne me dit rien.
- C'est dommage!
- Je pique une crise.
- J'ai mal à la tête.
- Je veux bien!
- Je suis triste.
- Je vais au collège à pied.

Unité 4

En forme

1 Où sont les verbes? (G 17)

zu 4 A 5

Complétez avec les formes correctes des verbes donnés.

Au café (boire)
- Qu'est-ce que tu ?, chez toi?
- En France, je ? toujours des diabolos menthe.
- Nous aussi, nous en ? souvent et chez vous, qu'est-ce que vous ??
- En Allemagne, on ? souvent du jus de pomme avec de l'eau minérale. Les gens ? aussi souvent de l'eau minérale seule. Tu en as déjà ??
- Du «Sprudel», oui, mais je n'aime pas trop ça. Cette eau est trop gazeuse[1] pour moi!

Au marché (acheter)
- Mes bons œufs! ? mes bons œufs!
- On en ??
- Si tu veux. J'en ? six.
- Les gens là-bas ? du saucisson. Il a l'air bon! Tu en ? aussi? Nous n'en ? pas souvent! Et tu as déjà ? du bon pain pour manger avec!
- D'accord. On invite des copains?

On prépare une fête (payer)
- Alors qui ? quoi pour cette fête?
- Moi, je ? le jus d'orange, toi, tu ? le jus de pomme, Leila et Tom, vous ? les gâteaux et Nina et Adam ? les quiches.
- Et nous, qu'est-ce que nous ??
- Vous, vous avez déjà ? la dernière fois, non?

1 **gazeux**, **gazeuse** enthält Kohlensäure

En forme **2** **Qu'est-ce qu'ils ont acheté?** (G 13–16) nach 4 A 5

Regardez l'image.

A Ils ont acheté de l'eau.
…
Continuez.

B Ils ont acheté deux bouteilles d'eau.
…
Continuez.

Ecouter **3** **Des surprises** nach 4 A 5

69

A *Ecoutez le texte une première fois et notez d'abord les choses qu'il faut acheter.*

B *Ecoutez le texte une deuxième fois et notez combien il faut en acheter.*

C *Pourquoi est-ce que le texte s'appelle «Des surprises»?*

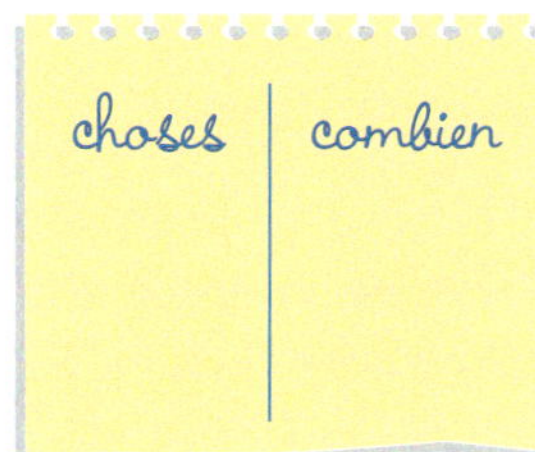

Ecrire **4** **Vous êtes sûre, Mme Pirou?** zu 4 B 2

Imaginez la fin du repas. Les images et les mots donnés peuvent vous aider.

arriver – saucisson au chocolat – surprise

invités – très bon – Lars – aimer – saucisson

Parler **5** **Avec ou sans?** zu 4 B 6

Faites des dialogues.

Exemple:
– Vous prenez votre café **avec du** sucre ou **sans** sucre?
– Sans sucre, s'il vous plaît.

café – sucre
pain – beurre
salade – citron
quiche – salade

jus de fruit – eau
viande – pain
frites – ketchup[1]

1 le ketchup [ləkɛtʃœp] der / das Ketchup

Parler

6 Dialogues

nach 4 B 7

Répondez aux questions.
Utilisez les verbes donnés.

Exemple:
1. Non, merci. Je bois de l'eau.

1. Tu prends du jus d'orange? – Non, merci. Je …
2. Vous prenez un café? – Non, merci. Je …
3. Tu achètes ce fromage au marché? – Non, …
4. Vous achetez les œufs au supermarché? – Non, nous …
5. Vous payez avec ou sans carte? – Je …
6. Est-ce qu'il va faire mauvais, demain? – …
7. Madame, vous préférez ce pull vert ou le rouge? – Je …

espérer
préférer
acheter
payer
boire

Médiation

7 Pas mauvaise, cette cantine!

zu 4 B 9

Du bist in einer Schule in Frankreich und telefonierst abends mit deinen Eltern. Sage ihnen auf Deutsch, was es heute in der Kantine gegeben hat und was es morgen gibt.

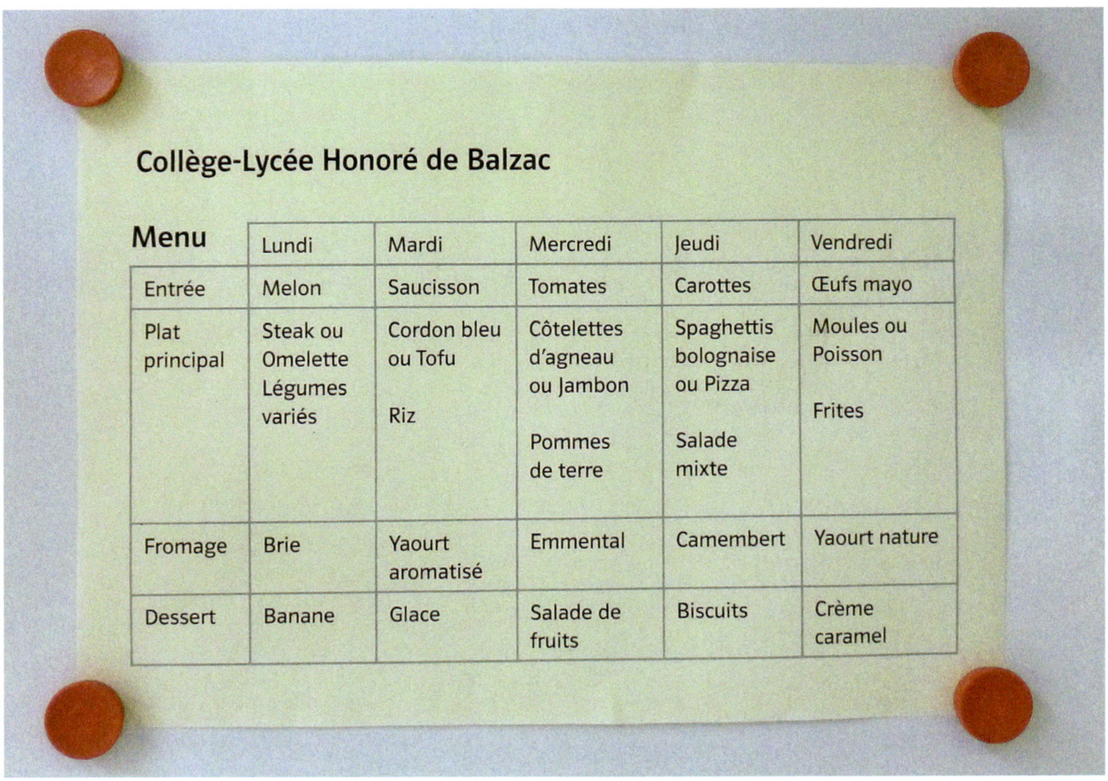

Collège-Lycée Honoré de Balzac

Menu	Lundi	Mardi	Mercredi	Jeudi	Vendredi
Entrée	Melon	Saucisson	Tomates	Carottes	Œufs mayo
Plat principal	Steak ou Omelette Légumes variés	Cordon bleu ou Tofu Riz	Côtelettes d'agneau ou Jambon Pommes de terre	Spaghettis bolognaise ou Pizza Salade mixte	Moules ou Poisson Frites
Fromage	Brie	Yaourt aromatisé	Emmental	Camembert	Yaourt nature
Dessert	Banane	Glace	Salade de fruits	Biscuits	Crème caramel

Unité 5

En forme

1 Tu m'aides, Alex? (G 18)

zu 5 A 3

me	nous
te	vous

A *Complétez le texte avec les pronoms corrects.*

1. *Alex:* Attends, Jérôme, je **?** aide à porter le sac.
2. *M. Guibert:* Mais qu'est-ce qu'il y a dans vos sacs? Je ne **?** comprends pas.
3. *Jérôme:* Des vêtements, des jeux, et puis Alex **?** a donné cinq de ses livres.
4. *M. Guibert:* Comment? … ouf, c'est fait. Allons manger. Maman **?** attend.

B *Ecrivez six phrases avec ces pronoms. Utilisez par exemple les verbes* ***chercher, écouter, énerver, expliquer, appeler, inviter.***

En forme

2 On va à Bordeaux? (G 19)

zu 5 A 10

Complétez les phrases par les formes du verbe ***dire***.

M. Guibert: Jérôme, Alex, qu'est-ce que vous en **?**?
Alex: Moi, je **?** non.
Jérôme: Toi, tu **?** non, moi je **?** oui.
Mme Guibert: Nos enfants ne sont jamais d'accord.
Alex: Vous voulez des enfants qui **?** toujours oui?
M. Guibert: Non, mais cette fois, on ne va pas jouer à pile ou face. Nous **?** qu'on peut peut-être visiter cette ville ensemble. C'est bien, j'en suis sûr.

En forme

3 Essayez! (Vocabulaire p. 161)

nach 5 B 2

Faites des phrases.

Exemple: *Alex envoie un SMS à Marie.*

Moi, je		carte	skimboard
Tu	payer	baladeur mp3	cinéma
Alex	envoyer	gîte	bateau
Nous	essayer	ballon	combinaison néoprène
Vous		SMS	glace
Les Guibert		l'entrée du musée	…

Jeu de mots

4 Devinettes (G 21)

zu 5 B 3

Qu'est-ce que c'est?

1. On peut **la** prendre en voyage pour mettre ses affaires.
2. On **les** voit sur la mer quand il y a du vent.
3. Jérôme **le** prend pour écouter de la musique.
4. Je **l'**ouvre pour faire entrer l'air dans la pièce.

En forme

5 Dans le gîte (G 21)

zu 5 B 3

64, 9

Dans le gîte des Guibert, tout le monde cherche ses affaires.
Mettez les verbes au passé composé. Attention à l'accord du participe passé.

Exemple: ⟶ 1. Je **l'**ai vu sur une chaise.

1. – Où est mon baladeur? – Je (le voir) sur une chaise.
2. – Quelqu'un a vu mon ballon? – Je (le mettre) derrière la porte.
3. – Je cherche les sandwichs! – Je (les poser) sur la table de la cuisine.
4. – Je ne trouve plus ma veste! – Maman (la mettre) dans la valise.
5. – Qui a vu mes baskets? – Papa (les ranger) dans ta chambre.
6. – Où sont les cartes postales? – On (les envoyer) hier.
7. – J'ai perdu mes mangas! – Mais non! Je (les porter) dans la voiture.

En forme

6 Vous aimez les huîtres? (G 18, 21)

nach 5 B 3

Alex et Marc: Jérôme, nous allons à la plage. Tu **?** retrouves là-bas?
Jérôme: J'arrive tout de suite. Vous **?** attendez une minute? … Alex, tu as vu ma casquette? Je **?** cherche depuis 10 minutes. …
Alex: Je **?** ai vue sur ton lit!
Les enfants vont à la plage.
Marc: Voilà un stand d'huîtres. Tu aimes les huîtres, Alex?
Alex: Oui, mais je ne sais pas comment **?** ouvrir.
Marc: Je vais **?** montrer comment on fait. Attendez, je vais en acheter pour nous trois. Je **?** invite. … Tiens, voilà une huître. Regarde, tu **?** prends comme ça. Puis tu mets le couteau comme ça. Tu **?** tournes et hop, elle est ouverte!
Jérôme: Ça a l'air facile. Je peux essayer, moi aussi?

me te nous vous
le la les

Ecouter
Parler

7 A Arcachon quand il pleut.

zu 5 B 6C

91

A *Ecoutez le texte, puis trouvez les réponses possibles aux questions de l'homme.*

1. **a** Pour passer des vacances. **b** Pour quinze jours. **c** Il fait beau.
2. **a** La mer et la dune du Pilat. **b** Le rock et le foot. **c** Le salon.
3. **a** Ce ne sont pas nos affaires. **b** Il va faire mauvais. **c** On va aller au cinéma.
4. **a** Merci, c'est sympa. **b** Non, nous n'avons pas peur. **c** Il est 11 h 10.
5. **a** Si, j'ai compris. **b** Il est onze heures dix. **c** Ce n'est pas possible.
6. **a** D'accord. **b** Ça va bien, merci. **c** Non, ce n'est pas là.

B *Jouez le dialogue.*

Unité 6 Station 1

Lire **1**

A propos du texte

A *Dans le texte «Le coin Internet», il y a des mots que vous n'avez pas encore appris, mais que vous comprenez.*

Auf Seite 196 – 197 könnt ihr nachsehen, ob eure Lösungen zu diesen Übungen stimmen.

Exemples:	**surfer**	**une invitation**
	anglais: to surf	*français:* inviter qn
	allemand: surfen	*anglais:* an invitation

Trouvez dans le texte 5 autres mots faciles à comprendre.

B *Faites le portrait de Camille ou d'Arthur. Quelle expression va avec quelle personne? Utilisez les bonnes expressions et des petits mots comme* ***mais, aussi, souvent, parce que*** *ou* ***c'est pourquoi****.*

passer beaucoup de temps sur le portable
faire du sport
avoir son blog
ne pas avoir le droit d'utiliser Internet tard dans la nuit
ne pas participer aux chats
aimer discuter avec ses amis sur Internet
écouter de la musique
préférer sortir avec ses amis
utiliser Internet pour trouver des informations
ne pas aimer passer la nuit devant l'ordinateur
être toujours en contact avec ses copains
envoyer des courriels

En forme **2**

On part, on sort ou on dort? (G 22)

A *Travaillez seuls. Mettez les verbes à la bonne forme.*

1. Ce soir, nous (sortir).
2. Et toi, tu (sortir) avec nous?
3. Le dernier bus (partir) à 11 heures.
4. Les filles (dormir) chez Lara.
5. Moi, je (dormir) chez moi.
6. Et toi, tu (dormir) ici ou tu (partir)?

B *Avoir ou être? Inventez des phrases au passé composé. Utilisez toutes les personnes. Comparez vos résultats.*

Hier,	je tu il / elle / on nous vous ils / elles	partir dormir sortir	en vacances. de chez moi. en cours. avec des amis. à 9 heures. …

Unité 6 Station 2

Lire **1**

A propos du texte

A *Dans le texte «Le coin musique», il y a des mots que vous n'avez pas encore appris, mais que vous comprenez.*

Exemples:	**c'est pourquoi**	**un prénom**
	français: pourquoi	*français:* un nom
	anglais: that's why	*contexte:* prénom: Christophe

Trouvez dans le texte 5 autres mots faciles à comprendre.

B *Vrai ou pas vrai? Corrigez les portraits dans votre cahier.*

Christophe Maé joue du saxophone et du piano et il chante. Il a déjà fait plusieurs CD. La chanson «Mais pourquoi c'est beau, ça?» de son premier album explique qu'il y a des réponses à toutes les questions.

«Zaz» joue de la batterie et du piano. Elle a déjà fait trois albums. Dans sa chanson «J'écris», elle dit qu'elle veut avoir beaucoup d'argent et que l'amour et la joie ne sont pas trop importants. Elle chante des vieilles chansons, mais aussi des nouvelles.

Ecouter **2**

Quand est-ce qu'ils sont nés? (Vocabulaire, p. 144 et 159)

105 *Ecoutez et notez les années de naissance en chiffres[1]. Comparez vos résultats.*

Tristan Aldon: 2000
...

En forme **3**

Tout nouveau, tout beau! (G 23)

Faites des phrases à tour de rôle.

Exemple: Je n'aime plus mes vieux crayons. Je voudrais des nouveaux crayons.

Je n'aime plus …	mon / ma / mes	vieux	pulls, ordinateur, anorak, albums, crayons, DVD, radio, instrument, jean
Je voudrais …	un / une / des	nouveau	
		beau	

Parler **4**

Tu aimes jouer?

Faites des dialogues.

jouer à

– A quoi est-ce que tu aimes jouer?
– J'aime jouer aux cartes, … et toi?
– Moi, j'aime jouer à …

jouer de

– Tu joues d'un instrument?
– Non, je ne joue pas d'un instrument./
Oui, je joue du piano. Et toi? …

1 en chiffres in Zahlen

Unité 6 Station 3

Lire

1 A propos du texte

A *Dans le texte «Le coin BD», il y a des mots que vous n'avez pas encore appris, mais que vous comprenez.*

Exemples:

apporter
français: porter
allemand: apportieren (Hund)

une lettre
anglais: a letter

Trouvez dans le texte 5 autres mots faciles à comprendre.

B *Vrai ou faux? Si c'est faux, corrigez.*

1. Nathan aime plusieurs styles de BD.
2. Il dit pourquoi il aime ces BD.
3. L'atelier BD est un projet du festival d'Angoulême.
4. «Le facteur Vincent» est une BD de l'atelier BD.
5. L'auteur dit pourquoi il trouve cette BD bien.
6. Cette BD a reçu un prix.

En forme

2 Qu'est-ce qu'on doit faire pour recevoir un prix? (G 24, 25)

A *Regardez les mots en bas. Qu'est-ce qu'on peut **recevoir**, qu'est-ce qu'on ne peut pas recevoir?*
Faites 8 phrases avec le verbe recevoir.
Faites 4 phrases au présent et 4 phrases au passé composé.

Exemple: Hier, j'ai reçu un SMS de Luc.

un SMS | une erreur | un bulletin | une information | un rêve | une réponse | un gymnase | le vent | un prix | une rue | une lettre | un départ | un courriel | l'âge | un combat | un message | un résultat

B *Vous visitez un atelier de BD. Imaginez des phases que vous pouvez entendre.*

Exemple: Dans une bonne BD, on doit avoir une ou plusieurs surprises.

A l'atelier de BD, les élèves		écrire des textes très courts.
Dans une bonne BD, on		travailler ensemble.
Moi, je		avoir une ou plusieurs surprises.
Si tu veux faire des BD, tu		trouver son style.
Pour faire une bonne BD, on	**devoir**	savoir très bien dessiner.
Pour faire des BD intéressantes, nous		avoir beaucoup d'idées.
Pour avoir un prix à Angoulême, vous		en lire beaucoup.

u de mots

3 Miam, miam, c'est bon!

Dans les BD, il y a souvent des onomatopées[1]. Quelle bulle[2] va avec quelle phrase?

Snif!
Aïe!
Aaarrrghhh!
Youpi!
Gla gla!
Glou glou!
Clap clap!
Toc toc!
Beurk!

C'est quelqu'un qui veut entrer.
C'est quelqu'un qui n'aime pas quelque chose.
C'est quelqu'un qui est triste.
Ce sont des applaudissements.
C'est quelqu'un qui a froid.
C'est quelqu'un qui est en colère.
C'est quelqu'un qui est content.
C'est quelqu'un qui a mal.
C'est quelqu'un qui boit.

Unité 6 Station 4

Lire

1 A propos du texte

A *Dans le texte «Le coin cinéma», il y a des mots que vous n'avez pas encore appris, mais que vous comprenez.*

Exemples: **au maximum** *allemand:* maximal, Maximum

une image *anglais:* an image

Trouvez dans le texte et dans «On dit» 5 autres mots faciles à comprendre.

B *Lisez le texte, puis complétez les phrases.*

1. Le festival des «Très Courts» est …
2. On peut voir ce festival …
3. On peut voir les films aussi …
4. Dans son article, Célia parle du film …
5. Elle trouve que ce film …

1 une onomatopée ein lautmalendes Wort – **2 une bulle** eine Blase, *(hier)* eine Sprechblase

→

Regarder
Ecouter

2 A propos du film

Mehr dazu qg3st9

A *Mettez les phrases dans l'ordre et complétez-les dans vos cahiers.*

1. titre du film
2. auteur
3. histoire
...

Le film que nous avons regardé s'appelle …
Ils ne donnent pas d'argent, ils préfèrent …
D'abord, les gens dans le métro sont très …
L'histoire de ce film se déroule …
Un homme entre dans … et …
Tout à coup, un monsieur commence à …
A la fin, l'homme descend, il n'est pas content parce qu' …
Enfin, tous les gens …
C'est un film de …

B *Dites pourquoi vous trouvez le film drôle (ou pas). Commencez comme ça: Je (ne) trouve (pas) le film drôle parce que …*

Unité 7

Jeu de mots

1 Trouvez les mots.

nach 7 A 4

1. Quand il y a un problème, il faut trouver une ?
2. Quand on a eu deux invitations le même jour, il faut ?
3. Quand on ne veut pas faire de blagues, on est très ?
4. Quand on entend le téléphone, c'est parce qu'il ?
5. Quand on veut faire du sport, on a envie de ?
6. Sur une corde molle, on fait ?
7. Pour apprendre à jongler, il faut des ?
8. Quand on a visité beaucoup de pays, on connaît le ?

Ecouter

2 Que va faire Léo?

zu 7 A 5

115

Lisez les phrases, puis écoutez le texte. Pour chaque phrase, trouvez la bonne solution.

	a	b	c
1. M. Brémond est	**a** un professeur du collège.	**b** une personne du club de sport.	**c** une personne de la Fête du sport.
2. Léo dit pourquoi	**a** il ne retrouve pas Sacha.	**b** il fait un atelier de corde molle.	**c** il ne peut pas aller chercher la corde.
3. Hier, M. Brémond	**a** lui a donné la clé.	**b** lui a donné un pantalon rouge.	**c** lui a donné la corde molle.
4. A la fin, Léo sait	**a** où il doit sonner.	**b** où il doit entrer.	**c** où il doit chercher.

En forme

3 Essayez le saut à l'élastique! (G 22, 26)

zu 7 A 6

Mettez les verbes à la forme correcte.

? → présent
? ? → passé composé

1. Vous ? (réfléchir) encore à l'activité qui vous intéresse?
2. Dans mon atelier, vous ? (partir) dans les airs!
3. Messieurs dames, aujourd'hui, vous ? ? (sortir) pour bouger. Alors venez.
4. Ce n'est pas dangereux. Les sauts de notre atelier ? (finir) bien!
5. Regardez ce jeune homme, il ? ? (réussir) à faire le saut à l'élastique.
6. Mademoiselle, vous ? déjà ? (partir) dans les airs? Non? Vous avez peur de sauter?
7. Venez, ici on ne ? (dormir) pas, on bouge.

En forme

4 Tu lui téléphones? (G 27)

zu 7 B 2

A *Répondez. Utilisez lui et leur.*

Exemple: – Tu téléphones à Jérôme? – Oui, je lui téléphone.
– Tu vas téléphoner à tes amis? – Oui, je vais leur téléphoner.

1. Tu envoies un SMS à tes parents?
2. Tu proposes cet atelier à Julien?
3. Tu donnes les balles aux enfants?
4. Tu vas demander la clé à M. Brémond?
5. Tu vas apporter la corde à Sacha?
6. Tu vas répondre aux journalistes?

B *Répondez. Utilisez lui et leur.*

Exemple: – Tu as téléphoné à Jérôme? – Oui, je lui ai téléphoné.

1. Tu as parlé à M. Brémond?
2. Tu as donné la corde à Sacha?
3. Tu as montré ton cadeau à tes amis?
4. Tu as tout raconté à tes amis?

Médiation

5 Les informations importantes

zu 7 B 8

Beschränke dich auf die wichtigsten Punkte. Drücke sie möglichst einfach aus.

Suche französische Gastfamilie
Guten Tag, ich heiße Nora Enke. Ich bin 16 Jahre alt und möchte Französisch lernen. Ich mag Lesen und fast alle Tiere. Außerdem schwimme ich für mein Leben gern. Ich suche eine nette französische Gastfamilie, möglichst in einer Stadt am Meer. Später möchte ich Meeresbiologin werden. Ich freue mich auf Ihre Antwort.
nora.enke@yahoo.de

Qui?	C'est une fille qui …
Quoi?	Elle veut … Elle aime … Elle cherche … … l'intéresse.
Pourquoi?	… parce que …

Selbstständig arbeiten

Mit dem Buch arbeiten

Benutze dein Buch, um **nachzuschlagen**. Im Inhaltsverzeichnis vorn im Buch steht, wo du Wörter, Lernstrategien und Grammatik findest.

Zu einigen Übungen gibt es **Lösungen** im Anhang des Buches. Sie helfen dir dabei, dich selbst zu kontrollieren. So gehst du damit um:

1. Bearbeite die Übung selbstständig. Lies den Arbeitsauftrag genau.
2. Lies deine Lösung durch und verbessere die Fehler, die du entdeckst.
3. Schlage erst dann die Lösungsseite auf und vergleiche deine Lösung.
4. Welche Fehler hast du entdeckt? Schreibe sie in dein Fehlerprotokoll.

Vor einigen Lösungen steht „z. B.". Das heißt, dass der Inhalt deiner Lösung auch anders lauten kann. Lies die Musterlösung trotzdem aufmerksam durch. Was könntest du in deiner Lösung besser machen?

Mit dem Portfolio arbeiten

Mehr dazu d4id3b

Das Portfolio ist ein **Ordner**, in dem du deinen eigenen Lernfortschritt verfolgen kannst. Nimm einen Ordner und trenne ihn mit Deckblättern in 2 Bereiche.
Im Bereich **„Mein Französisch-Dossier"** kannst du gelungene Arbeiten aus dem Französischunterricht aufbewahren, z. B. deinen „Steckbrief", Geschichten oder Plakate. **Dossier** bedeutet „Sammlung von Dokumenten".
Im Bereich **„Meine Sprachen-Biografie"** kannst du die Bögen für die Selbsteinschätzung sammeln, die du im **Cahier d'activités** ausfüllst.

Gemeinsam arbeiten

1. **Worum geht es?** Jeder denkt zuerst alleine über die Aufgabe nach und verschafft sich einen Überblick über das Thema.
2. **Was ist zu tun?** Sprecht miteinander. Beantwortet die Fragen im Kasten rechts. Plant die Schritte, die zu erledigen sind.
3. **Wer macht was?** Teilt die Arbeitsschritte unter euch auf.
4. Bearbeitet **euren Teil** der Aufgabe.
5. Führt eure Arbeiten **zusammen** und verbessert euch gegenseitig.
(⟶ Fehler-Checkliste S. 139).

- Haben wir so etwas Ähnliches schon einmal gemacht?
- Was hat uns dabei geholfen?
- Haben wir Heftaufschriebe, auf die wir zurückgreifen können?
- Welche Strategien aus dem Buch können wir nutzen?
- Welchen Wortschatz und welche Grammatik brauchen wir?

Vokabeln lernen

■ Mit dem Buch

Im **Vocabulaire** ab Seite 141 stehen die Lernwörter in der Reihenfolge, in der sie in den Texten vorkommen. So kannst du damit lernen:
Decke die deutsche Spalte mit einem Blatt zu. Lies die französischen Wörter und schreibe die deutsche Bedeutung auf dein Blatt. Am Ende vergleichst du deinen Aufschrieb mit der deutschen Übersetzung im Buch. Beachte auch die **Beispielsätze** in der blauen Spalte. Sie zeigen dir, wie die Wörter verwendet werden. Damit kannst du dich gut auf **Vokabeltests** vorbereiten.
Lerne die neuen Wörter in **kleinen Portionen**. Regelmäßig 10 Minuten Vokabeln lernen ist besser als nur selten und dann eine halbe Stunde.

■ Mit dem Internet

Mehr dazu g3ud27

Die Lernwörter kannst du im Internet anhören und nachsprechen.
Gib einfach auf *www.klett.de* den Découvertes-Code ein.
Du kannst die Tondateien auch auf deinen MP3-Player laden.

■ Mit Klebezetteln

Schreibe Wörter, die du dir überhaupt nicht einprägen kannst, auf Klebezettel. Klebe die Zettel an Stellen, an denen du sie oft siehst, z. B. neben die Tür.

■ Vokabeln sammeln und ordnen

Sammle Wörter, die zu einem bestimmten **Sachgebiet** gehören. Du kannst dafür ein Ringbuch benutzen. Ordne die Wörter in Vokabelnetzen an. Nimm pro Sachgebiet eine ganze Seite und lasse ausreichend Platz, sodass du das Vokabelnetz später ergänzen kannst. Trage in deine Vokabelnetze auch solche Wörter ein, die für dich persönlich wichtig sind. Eine Auswahl von Wörtern zu verschiedenen Themen findest du in der Rubrik **„Mon dico personnel"** (z. B. S. 163).

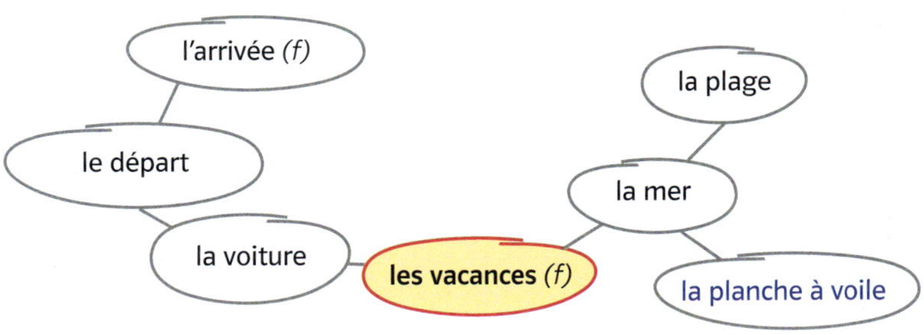

Ecouter

91 Wenn du eine Aufgabe zum Hörverstehen bearbeitest, lies zuerst genau die Aufgabenstellung. Gehe dann systematisch vor:

Vor dem Hören: **Worum könnte es gehen?** Stelle erste Vermutungen an. Gibt es eine Überschrift oder eine Situationsbeschreibung, die Informationen enthält? Was weißt du über den Zusammenhang? Welche Wörter zum Thema kennst du?	***Beispiele*** *(aus Unité 5, Seite 82, Übung 6)* **Überschrift:** „A Arcachon quand il pleut" Vermutung: es geht um Ferien und um schlechtes Wetter **Situation:** *„un homme vous parle"* Vermutung: jemand fragt mich etwas **Zusammenhang:** *mer, activités* **Wörter:** *dune, phare, plage …*
Während des Hörens: 1. Hören: **Was für ein Text ist es?** Ein Radiobericht, eine Durchsage, …? Wer spricht, in welcher Situation? **Worum geht es?** Achte auch auf Geräusche. Stimmen deine Vermutungen?	Textsorte: Gespräch Wer: ein Mann Thema: Ferienaktivitäten
2. Hören: Achte auf den **Tonfall** der Sprecher. Klingt es ärgerlich, begeistert, traurig, …?	Tonfall: freundlich, fragend
Notiere die **Schlüsselwörter**, die du verstehst. Versuche dann, den Rest der Aussage zu erschließen. Worum geht es im Einzelnen?	mots-clés: région, visiter, aider, intéresser, idée
Nach dem Hören: Formuliere die Hauptaussage.	„L'homme veut … "

Lire

Die Hauptaussage verstehen

1. Vor dem Lesen: Was hat der Text für eine Form?
Ist es eine Erzählung, ein Werbeprospekt, eine E-Mail, …?
Betrachte die Überschrift und die Bilder.
Stelle erste Vermutungen an. **Worum könnte es gehen?**

2. Während des Lesens: Lies den Text einmal ganz durch.
Wenn du ein Wort nicht verstehst, lies trotzdem weiter.
Worum geht es? Stimmen deine Vermutungen?
Lies den Text ein weiteres Mal und mache dabei **Notizen**.
Suche nach Schlüsselwörtern (*mots-clés*). Sie können dir helfen, die Hauptaussage zu verstehen.

3. Nach dem Lesen: Formuliere die Hauptaussage.

Qui? ____________
Quoi? ____________
Quand? ____________
Où? ____________
Pourquoi? ____________

Längere Sätze verstehen

Nimm zum Beispiel diesen Satz von Seite 46:

«Des membres de l'*Action contre la Faim* viennent dans votre collège pour sensibiliser les élèves au problème de la faim dans le monde et leur présenter le projet de la course contre la faim.»

Um dir einen Überblick über den Satz zu verschaffen, gehe so vor:

1. Suche nach dem **Subjekt** des Satzes, denn es sagt aus, **wer** oder was etwas tut.	*des **membres** de l'Action*
2. Suche nach den **Verben**, denn sie sagen aus, **was geschieht**.	***viennent** … pour …* ***sensibiliser*** ***présenter***
3. Finde heraus, welche Wörter zusammen gehören und eine **Wortgruppe** bilden. Frage dich z. B. nicht: „Was heißt denn *sensibiliser?*" Frage dich eher: „Was bedeutet *„sensibiliser les élèves?"*	

Einzelne Wörter erschließen

Französisch	anderes französisches Wort	Deutsch oder andere Sprache	Zusammenhang/Kontext
membre		engl. *member* (Mitglied)	des **membres** de l'Action … **viennent** dans … **collège** … ⟶ es geht um Personen, die in die Schule kommen.
monde	*tout le monde* (alle, jeder ⟶ die ganze Welt)		la faim dans le monde

Parler

- Die richtige **Aussprache** der Wörter und Sätze kannst du auf der Découvertes-CD und natürlich von deinem Französischlehrer oder deiner Französischlehrerin hören. Wenn du nicht weißt, wie man ein neues Wort ausspricht, überlege, welches bekannte Wort ähnliche Buchstabenfolgen enthält, z. B. neu: un p**lat** ⟶ bekannt: un ch**at**.

- Das **Vorlesen** kann dir helfen, **flüssig sprechen** zu lernen. So kannst du mit einem Partner üben: Nimm dein Buch und setze dich deinem Partner gegenüber. Lies nun einen Satz leise, bis du ihn auswendig kannst. Blicke dann deinem Partner in die Augen. Sprich den Satz laut, aber ohne dabei ins Buch zu sehen. Wechselt euch ab, bis der ganze Text gelesen ist.

⟶

- Nützliche **Redewendungen für den Alltag** findest du in den gelben **On dit-Kästen**. Auf S. 47 steht zum Beispiel, wie du einen Vorschlag machen kannst. Weitere Redewendungen findest du im Vokabelteil. Präge dir diese Wendungen ein und übe sie zusammen mit einem Partner.

- Wie könnt ihr zu zweit einen **Dialog vorbereiten?** So könnt ihr vorgehen:

Beispiel: Die Aufgabe von Seite 15:

C'est le premier jour à ton cours de judo.
Le professeur n'est pas encore là, alors tu parles à un/une élève.

1. Überlegt euch, worüber man sprechen kann, wenn man sich noch nicht kennt. Zum Beispiel darüber:	**2.** Sucht in den On dit-Kästen und im Vokabelteil die Wörter und die Redewendungen, die ihr braucht, und notiert sie. Zum Beispiel:
- Woher kommt der oder die andere?	*Tu es d'où?*
- Wie heißt er/sie?	*Tu t'appelles comment?*
- Was mag er/sie gerne?	*Tu aimes le hip-hop?*

3. Sammelt weitere Themen und Wörter und schreibt sie auf.
4. Überlegt euch Antworten auf die Fragen und schreibt sie auf.
5. Spielt euren Dialog. Lest nicht ab. Benutzt eure Notizen nur, wenn ihr nicht weiterwisst.

- Wie kannst du **Notizen für eine Präsentation** machen**?** Knicke ein Blatt links ein Drittel zur Mitte (an der gestrichelten Linie). Schreibe links ganze Sätze auf, rechts nur **Stichwörter**. Klappe das Blatt zu. Sieh beim Vortragen nur auf die Stichwörter. Falls du ins Stocken kommst, kannst du das Blatt kurz aufklappen und in deinen Sätzen nachlesen.

Sätze	**Stichwörter**
Arcachon est dans le **Sud-Ouest** de la France, dans la région **Aquitaine**. En été, pendant les **vacances**, il y a beaucoup de **touristes** dans cette région parce qu'il y a la **mer** et des jolies **plages**. Il y a aussi des **villes** intéressantes qu'on peut **visiter**, comme par exemple **Bordeaux**. …	Sud-Ouest région Aquitaine pendant vacances touristes mer, plages visiter des villes p. ex. Bordeaux

Ecrire

Vorbereiten

1. Welche Art von Text wirst du schreiben? Eine Postkarte, eine Erzählung, …? Was ist für diese **Textsorte** wichtig? Auf einer Postkarte muss es z. B. eine Adresse, eine Anrede und am Ende einen Gruß geben. Eine Erzählung braucht eine Überschrift und eine Einleitung, in der man erfährt, worum es geht.
2. Sammle deine Ideen auf einem **Stichwortzettel**. Wenn du eine spannende Geschichte schreibst, kann dein Stichwortzettel z. B. so aussehen:

Quand?	vendredi, à minuit …
Qui?	homme, vampire …
Où?	souterrains, escalier …
Quoi?	visiter, venir, tomber, perdre

3. Überlege vor dem Schreiben, wie du deinen Text **gliedern** kannst. Was steht am Anfang? Wie geht es dann weiter? Wie beendest du deinen Text?

Schreiben

Verbinde deine Sätze mit „kleinen Wörtern" wie *et, mais, parce que, d'abord, puis* … Benutze dein Buch, um Wörter und Grammatik nachzuschlagen.

Überprüfen mit der Checkliste

Mache nach dem Schreiben eine kurze Pause. Lies deinen Text dann genau durch.
- Ist alles enthalten, was für diese **Textsorte** wichtig ist?
- Erfährt man im ersten Satz, **worum es geht?**
- Sind die Sätze **gut zu verstehen?**
- Gibt es Stellen, die nicht zum **Thema** gehören und besser weggelassen werden?
- Gibt es unnötige **Wiederholungen?**

Gibt es **Fehler?** Achte auf folgende Fehlerquellen:

- Stimmen Subjekte und Verben überein?	**falsch:** richtig:	***Elles** descende l'escalier.* ***Elles** descend**ent** l'escalier.*
- Stimmen Nomen und Adjektive überein?	**falsch:** richtig:	***La** porte est fermé.* ***La** porte est ferm**ée**.*
- Hast du an die Pluralendungen gedacht?	**falsch:** richtig:	*Elles voient de**s** crâne_.* *Elles voient de**s** crâne**s**.*
- Stimmen die Mengenangaben?	**falsch:** richtig:	*Il y a beaucoup _ souris.* *Il y a beaucoup **de** souris.*
- … und der Teilungsartikel?	**falsch:** richtig:	*Les filles ont _ chance.* *Les filles ont **de la** chance.*
- Stimmen Apostrophe und Akzente?	**falsch:** richtig:	***Le** argent est dans les **e**gouts.* ***L'**argent est dans les **é**gouts.*

Aus Fehlern lernen

Dabei kann dir ein **Fehlerprotokoll** in Form einer Tabelle helfen. Sieh deine Klassenarbeiten und Tests genau durch. Welche Fehler hast du gemacht? Schreibe deine Fehler in die entsprechende Spalte deines Fehlerprotokolls, markiere die Fehlerstelle und schreibe die richtige Form daneben. Lege die Tabelle auf einer DIN-A4-Seite im Querformat an.

Datum	Rechtschreibung		Wort/Ausdruck		männlich/weiblich		Verbform	
	falsch	richtig	falsch	richtig	falsch	richtig	falsch	richtig
16.11.	a cote de	à côté de			une groupe	un groupe	j'entend	j'entends
…	…	…	…	…	…	…	…	…

Sieh dein Fehlerprotokoll vor Klassenarbeiten genau durch.
Nimm dir vor, diese Fehler nie wieder zu machen!

Médiation

Bei der *Médiation* geht es darum, jemandem zu helfen, der die Sprache – Französisch oder Deutsch – nicht so gut kennt wie du.
Am besten kannst du helfen, wenn du dich in den anderen hineinversetzt und dir klarmachst, **welche Information** wirklich **wichtig** für ihn ist. Du musst also nicht jedes einzelne Wort wiedergeben. Unwichtiges kannst du weglassen.

Wenn du ein wichtiges Wort nicht weißt, kannst du versuchen, es zu **umschreiben**.

1. Mit einem **Oberbegriff**	ein Esstisch?	→	C'est la **table** où on mange.
2. Mit einer **Erklärung**	schneiden? Hausmeister?	→	**On fait ça avec** un couteau. C'est **quelqu'un qui** travaille au collège **et qui** a les clés pour toutes les portes.
3. Mit einem **Vergleich**	Quark	→	On fait ça avec du lait. C'est un peu **comme** du yaourt.
4. Mit dem **Gegenteil**	„Du isst langsam!"	→	Tu **ne** manges **pas vite**!
5. Mit **Beispielen**.	ein Tier		C'est **par exemple** un chien, une souris ou un moustique.

Lautzeichen

Vokale (Selbstlaute)

[a]	m**a**d**a**me	wie in *B**a**n**a**ne*
[e]	t**é**l**é**phon**er**	wie in *t**e**l**e**fonieren*
[ə]	**je** m'appelle	wie in *Tass**e***
[ɛ]	je m'app**e**lle	wie in *b**e**llen*
[i]	**i**l, b**i**zarre	wie in *L**ie**be*
[o]	**au**ssi	wie in *R**o**se*
[ɔ]	c**o**mment	wie in *L**o**ch*
[ø]	monsi**eu**r	wie in *b**ö**se*
[œ]	t-sh**i**rt	wie in *St**ö**cke*
[u]	bonj**ou**r	wie in *T**u**be*
[y]	Sal**u**t!	wie in *T**ü**r*

Konsonanten (Mitlaute)

[ʒ]	bon**j**our	wie in ***J**ournalist*
[f]	**f**amille, **ph**oto	wie in ***F**amilie, **F**oto*
[ʀ]	bonjou**r**	wie in ***R**ad, hö**r**en*
[s]	Mou**s**tique	wie in *Ma**ß***
[z]	bi**z**arre	wie in ***S**aal, Ro**s**e*
[v]	**V**iens!	wie in ***W**asser*
[ɲ]	Allema**gn**e	wie in *Lasa**gn**e*
[ŋ]	campi**ng**	wie in *Campi**ng***
[ʃ]	**ch**at	wie in ***sch**ön*

Nasalvokale

[ɔ̃]	b**on**jour	werden durch die Nase
[ɑ̃]	croiss**ant**	gesprochen und deshalb
[ɛ̃]	bi**en**	**Nasalvokale** genannt.

Halbkonsonanten

[j]	b**i**en	wie in ***j**a*
[w]	t**oi**	wie in englisch: ***w**ater*
[ɥ]	je s**u**is	kurz gesprochenes [y], gehört zum folgenden Vokal.

Symbole und Abkürzungen

fam.	*familier* (= umgangssprachlich)
ugs.	umgangssprachlich
f.	*féminin* (= feminin, weiblich)
m.	*masculin* (= maskulin, männlich)
sg.	*singulier* (= Singular, Einzahl)
pl.	*pluriel* (= Plural, Mehrzahl)
Adv.	Adverb, frz. *adverbe*
inv.	*invariable* (= unveränderlich)

👄	Aussprache beachten!
‿	Zwei Wörter werden wie ein Wort ausgesprochen, z. B. *les‿amis* [lezami]
✎	Schreibung beachten!
qc	*quelque chose* (= etwas)
qn	*quelqu'un* (= jemand)

Mehr dazu g3ud27

Unité 1 C'est la rentrée.

TIPP

In der Randspalte siehst du immer sofort, in welchem Teil der *Unité* die französischen Wörter vorkommen:
Atelier, A1 bedeutet, dass das Wort das erste neue Wort in **Atelier A, Text 1** ist.
A7 weist auf das erste Wort in der **Übung 7, im Atelier A** hin.
Dasselbe gilt für **Atelier B1**, **B2** usw.

TU TE RAPPELLES?

Erinnerst du dich?

Aus dem ersten Band weißt du noch, dass du in den *Tu te rappelles?*-Kästen an solche Wörter erinnert wirst, die du schon gelernt hast und die in dieser Unité wieder vorkommen.

Zut!	Mist!, Verdammt!	**C'est ça?**	Stimmt's?
… ou quoi?	… oder was?	**Ah bon?**	Ach ja?, Wirklich?
Surprise!	Überraschung!	**Euh …**	Äh …
C'est nul!	Das ist blöd!	**enfin**	endlich
Tiens!	Sieh mal!, Schau mal!	**d'abord**	zuerst

la **rentrée** [laʀɑ̃tʀ]	der Schul(jahres)beginn	**C'est la rentrée!** Das neue Schuljahr fängt an!
un **nom** [ɛ̃nɔ̃]	ein Name	Der Vorname heißt im Französischen **le prénom**.
une **liste** [ynlist]	eine Liste	
en 5e [ɑ̃sɛ̃kjɛm]	in der fünften Klasse	
la **sixième** [lasizjɛm]	die Sechs, die sechste Klasse	
la **5^e(A)** / la **cinquième (A)** [lasɛ̃kjɛm]	die Fünfte, die Fünf A	**Maintenant, Léo et ses amis sont en 5e.** Léo und seine Freunde sind jetzt in der Fünf A. Der **cinquième** entspricht in Deutschland die Sieben / siebte Klasse.
la **quatrième** [lakatʀijɛm]	die Vierte, die vierte Klasse	**la quatrième** = die Acht / achte Klasse (in Deutschland)
la **troisième** [latʀwazjɛm]	die Dritte / die dritte Klasse	**la troisième** = die Neun / neunte Klasse (in Deutschland)

Vis-à-vis

11 à 15 ans	6e 5e 4e 3^e	**Collège**	11–15 Jahre	6. Klasse 7. Klasse 8. Klasse 9. Klasse	**Sekundarstufe I**

Atelier A1

quel / quelle / quels / quelles [kɛl]	welcher / welche / welches *(Fragebegleiter)*	**Tu es dans quelle classe?** In welcher Klasse bist du? **Quel film est-ce que tu as regardé?** Welchen Film hast du dir angesehen?
savoir [savwaʀ]	wissen	

! **savoir:** je sais, tu sais, il / elle / on sait, nous savons, vous savez, ils / elles savent

savoir faire qc [savwaʀfɛʀ]	etw. tun können (wissen, wie etw. geht)	**Ils ne savent pas faire les listes ou quoi?** Sie können keine Listen machen oder was?
une **blague** [ynblag]	ein Scherz, ein Streich	
vrai / vraie [vʀɛ]	wahr; richtig, echt	**Ce n'est pas vrai, ça …** Das kann doch nicht wahr sein.
avoir l'air [avwaʀlɛʀ]	aussehen	**Qu'est-ce qu'il y a Léo? Tu as l'air triste.** Was ist los Léo? Du siehst traurig aus. **Et toi Alexandra, tu as l'air très contente aujourd'hui.** Und du Alexandra, du siehst heute sehr zufrieden aus.
la **colère** [lakɔlɛʀ]	der Zorn, die Wut	**être en colère** [ɛtʀɑ̃kɔlɛʀ] wütend sein

	bête / bête [bɛt]	dumm, blöd	**C'est bête, ça!** Das ist (richtig) blöd!
	le même / la même [ləmɛm / lamɛm]	derselbe / dieselbe / dasselbe	**Je prends la même chose.** Ich nehme das Gleiche.
	connaître qn / qc [kɔnɛtʀ]	jdn. / etw. kennen	
!	**connaître:** je connais, tu connais, il connaît, nous connai**ss**ons, vous connai**ss**ez, ils connai**ss**ent		
	là-bas [laba]	dort(hin), da(hin)	≠ **ici** (hier)
	à côté de [akotedə]	neben	
	un nouveau / une nouvelle [ɛ̃nuvo / ynnuvɛl]	ein Neuer, eine Neue	
	la tête [latɛt]	der Kopf; *hier:* das Gesicht	**Je connais sa tête, mais je ne sais plus d'où.** Ich kenne sein Gesicht, aber ich weiß nicht mehr woher.
	Ducharme [dyʃaʀm]	*(Familienname)*	
	On y va! [ɔ̃niva]	Gehen wir!, Auf geht's!	
	en cours [ɑ̃kuʀ]	im Unterricht	
	sans [sɑ̃]	ohne	**Allez en cours sans moi!** Geht ohne mich in den Unterricht!
	drôle / drôle [dʀol]	lustig	**Léo, tu n'es pas drôle, tu sais?** Léo, du bist nicht lustig, weißt du das?
	tout [tu]	alles	
	comprendre qc [kɔ̃pʀɑ̃dʀ]	etw. verstehen	→ **prendre:** der Pfeil bedeutet, dass **comprendre** zu derselben Wortfamilie wie **prendre** gehört.
!	**comprendre:** je comprends, tu comprends, il / elle / on comprend, nous compre**n**ons, vous compre**n**ez, ils / elles compre**nn**ent		
	Aldon [aldɔ̃]	*(Familienname)*	
A7	**la forme** [lafɔʀm]	die Form	
	être en forme [ɛtʀɑ̃fɔʀm]	in Form sein, fit sein	**Je suis en forme.** Ich bin fit.
	aller bien [alebjɛ̃]	gut gehen	**Je vais bien!** Es geht mir gut.
	possible / possible [pɔsibl / pɔsibl]	möglich	französisch / englisch: **possible**
	énerver qn [enɛʀve]	jdn. aufregen, jdn. nerven	
	Ça m'énerve! [samenɛʀv]	Das regt mich auf!	
A8	**je veux dire** [ʒəvødiʀ]	ich will sagen, ich meine	
	tu peux [typø]	du kannst	**Tu peux répéter s'il te plaît?** Kannst du bitte wiederholen?
	Je n'ai pas compris. [ʒənepakɔ̃pʀi]	Ich habe nicht verstanden.	
Atelier B1	**qui** [ki]	der / die / das *(Relativpronomen)*	**Julien est un nouveau qui ne connaît pas le collège.** Julien ist ein Neuer (Schüler), der das Collège nicht kennt.
	que [kə]	den / die / das *(Relativpronomen)*	**Julien est un garçon que les autres ne connaissent pas et qu'Alex trouve sympa.** Julien ist ein Junge, den die Anderen nicht kennen und den Alex sympathisch findet.
B2	**quand** [kɑ̃]	wenn, als *(zeitlich)*	**Quand Léo, Alex et Julien arrivent dans la salle 18, …** Als Léo, Alex und Julien in dem Klassenraum 18 ankommen, …

penser à qn [pɑ̃se]	an jdn. denken	
tout à coup [tutaku]	plötzlich	
une **boulette** [ynbulɛt]	ein Kügelchen	
le **papier** [ləpapje]	das Papier	une **boulette de papier** ein Papierkügelchen
une **star** [ynstaʀ]	ein Star	**C'est une star qui a joué dans un film à la télé.** Das ist ein Star, der in einem Fernsehfilm gespielt hat. une **star:** Ob Mann oder Frau, im Französischen immer feminin.
Internet *(m.)* [ɛ̃tɛʀnɛt]	das Internet	Im Französischen steht **Internet** ohne Artikel.
sur Internet [syʀɛ̃tɛʀnɛt]	im Internet	französisch: **sur** Internet deutsch: **im** Internet
ce / cet / cette / ces [sə / sɛt / sɛt / se]	dieser / diese / dieses *(Demonstrativbegleiter)*	**!** **On regarde sur Internet cet après-midi.** Wir sehen heute Nachmittag im Internet nach. **ce soir / ce matin:** heute Abend / heute Morgen
timide / timide [timid / timid]	schüchtern	**Il a l'air timide.** Er sieht schüchtern aus.
lui [lɥi]	er *(betont)*	
un **acteur** / une **actrice** [ɛ̃naktœʀ / ynaktʀis]	ein Schauspieler / eine Schauspielerin	**Lui, un acteur?** Er ein Schauspieler?
la **poubelle** [lapubɛl]	der Mülleimer, der Abfall-eimer	**jeter / mettre à la poubelle** in den Abfalleimer werfen
continuer [kɔ̃tinɥe]	weitergehen; fortfahren	englisch: **to continue**
où [u]	wo *(Relativpronomen)*	**Alex et Léo vont à la cantine où ils retrouvent Marie et Mehdi.** Alex und Léo gehen in die Kantine, wo sie / in der sie Marie und Mehdi treffen.
avoir cours [awaʀkuʀ]	Unterricht haben	**Cet après-midi, Alex et Léo n'ont pas cours.** Heute Nachmittag haben Alex und Léo keinen Unterricht.
un **résultat** [ɛ̃ʀezylta]	ein Ergebnis	englisch: **result**
ressembler à qn / qc [ʀəsɑ̃ble]	jdm. / etw. ähnlich sein	**Il ressemble vraiment à Julien.** Er sieht wirklich wie Julien aus.
être né(e) [ɛtʀəne]	geboren werden / sein	
mille [mil]	tausend	
en deux mille [ɑ̃dømil]	im Jahr 2000	**Tristan Aldon est né en 2000.** Tristan Aldon ist (im Jahr) 2000 geboren.

AUF EINEN BLICK

La date de naissance – Das Geburtsdatum

– Quand est-ce-que tu es né(e)?	– Wann bist du geboren?
– Je suis né(e) le 3 mai 1986.	– Ich bin am 3. Mai 1986 geboren.
Je suis né(e) en 1986.	– Ich bin/wurde 1986 geboren.

Bei Jahreszahlen hast du zwei Möglichkeiten: 1986 < dix-neuf cent quatre-vingt-six / mille neuf-cent-quatre-vingt-six (Zahlen → S. 159)

un **cinéma** [ɛ̃sinema]	ein Kino	**Julien n'est pas cette star de cinéma.** Julien ist nicht dieser Kinostar.
B 6 une **devinette** [yndəvinɛt]	ein Rätsel	
décrire qn / qc [dekʀiʀ]	jdn. / etw. beschreiben	An den Stamm von **décrire (décri-)** hängt man dieselben Endungen wie bei **écrire: -s, -s, -t, -vons, -vez, -vent.**

deviner qc [dəvine]	etw. erraten	
un **homme** [ɛ̃nɔm]	ein Mann	! Achte auf die Aussprache: **un grand homme** [ɛ̃gʀɑ̃tɔm]
une **femme** [ynfam]	eine Frau	
un **œil** / des **yeux** [ɛ̃nœj / dezjø]	ein Auge / Augen	**Elle a les yeux bleus.** Sie hat blaue Augen.
marron / marron [maʀɔ̃]	braun	**marron** steht immer im Singular: Elle a les **yeux marron**.
un **cheveu** / des **cheveux** [ɛ̃ʃ(ə)vø / deʃ(ə)vø]	ein Haar / Haare	**Il a les cheveux noirs.** Er hat schwarze Haare.
blond / blonde [blɔ̃ / blɔ̃d]	blond	
brun / brune [bʀɛ̃ / bʀyn]	braun	**Elle a les cheveux bruns.** Sie hat braune Haare.
roux / rousse [ʀu / ʀus]	rothaarig	
présenter qn [pʀezɑ̃te]	jdn. vorstellen	**Mme Ducharme présente Julien à tout le monde.** Mme Ducharme stellt Julien allen vor.

AUF EINEN BLICK

Qu'est-ce que tu as?

Über Gefühle sprechen

– Il y a un problème?	– Gibt es ein Problem?
– Oui, je suis en colère.	– Ja, ich bin wütend.
– Pourquoi? – Parce qu'on n'est plus ensemble.	– Warum? –Weil wir nicht mehr zusammen sind.
– Ce n'est pas possible. / Ce n'est pas vrai, ça.	– Das ist nicht möglich. / Das ist wohl nicht wahr.
– C'est bête, ça.	– Das ist richtig blöd.
– Tu as l'air triste. – Je n'ai plus envie de …	– Du siehst traurig aus. – Ich habe keine Lust mehr …
– Tu as l'air timide. – Ce n'est pas drôle.	– Du siehst schüchtern aus. – Das ist nicht lustig.
– Aujourd'hui, tu as l'air content. – Oui, je vais bien.	– Heute siehst du zufrieden aus. – Ja, es geht mir gut.

MON DICO PERSONNEL

Je vais bien quand …

Es geht mir gut, es geht mir schlecht!

☺		**Je vais bien quand …**
passer le week-end avec …	das Wochenende mit … verbringen.	… je passe le week-end avec mes copains.
rester jusqu'à … heures chez qn	bis … Uhr bei jdm. bleiben	… je peux [ʒəpø] (ich kann) rester jusqu'à … heures chez mon copain/ma copine.
écouter le CD de son groupe préféré	die CD seiner Lieblingsband hören	… j'écoute le CD de mon groupe préféré.

☹		**Je suis en colère quand …**
ne pas fonctionner	nicht funktionieren	… mon portable ne fonctionne pas.
arriver en retard	zu spät kommen	… ma copine/mon copain arrive en retard.
perdre un match	ein Match/Spiel verlieren	… mon club a perdu un match.
être de mauvaise humeur	schlechte Laune haben	… tu es toujours de mauvaise humeur!

Das kennst du schon: Wörter in blauer Handschrift brauchst du nicht zu lernen, du kannst sie aber in dein **dico personnel** eintragen.

Unité 2 Paris mystérieux

TIPP

Neue Wörter prägen sich doppelt so gut ein, wenn man sie mit ihren Gegensätzen lernt, z. B. **là-bas** ≠ **ici**. In der folgenden *Unité* kannst du dir gleich fünf neue Wörter auf diese Weise merken.

TU TE RAPPELLES?

même	sogar	**là-bas**	da, dort
vraiment	wirklich	**désolé**	tut mir leid
surtout	vor allem	**après**	danach
des choses comme ça	solche Dinge	**oublier de faire qc**	vergessen etw. zu tun
dernier	letzter / letzte / letztes	**Je voudrais ...**	Ich möchte gern ...
de très loin	von sehr Weitem	**lire qc**	etw. lesen

mystérieux / mystérieuse [misterjø / misterjøz]	geheimnisvoll; seltsam	französisch: **mystérieux**, englisch: **mysterious**
une **visite** [ynvizit]	ein Besuch, eine Besichtigung	Das Verb **visiter qc** aus derselben Wortfamilie kennst du auch schon.
courageux / courageuse [kuraʒø / kuraʒøz]	mutig	**Des visites pour les courageux!** Besichtigungen für die Mutigen!
les **catacombes** *(f.)* [lekatakɔ̃b]	die Katakomben *(unterirdische Begräbnisstätte)*	
un **escalier** [ɛ̃nɛskalje]	eine Treppe	
un **souterrain** [ɛ̃sutɛrɛ̃]	ein unterirdischer Gang / Raum	
un **couloir** [ɛ̃kulwar]	ein Gang, ein Flur	**deux kilomètres de souterrains et de couloirs** zwei Kilometer unterirdische Gänge
l'**empire** *(m.)* [lɑ̃pir]	das Reich	
la **mort** [lamɔr]	der Tod	
une **pierre** [ynpjɛr]	ein Stein	
un **égout** [ɛ̃negu]	ein Abwasserkanal	
une **fois** [ynfwa]	einmal	une **fois par jour / mois / an** einmal pro Tag / Monat / Jahr

AUF EINEN BLICK

Une fois ... Wie viele Male?

une fois		einmal	des fois *(fam.)*	[defwa]	manchmal
deux fois	[døfwa]	zweimal	quelquefois	[kɛlkəfwa]	manchmal
encore une fois	[ɑ̃kɔrynfwa]	noch einmal	parfois	[parfwa]	manchmal
plusieurs fois	[plyzjœrfwa]	mehrere Male	à la fois	[alafwa]	gleichzeitig

un **voyage** [ɛ̃vwajaʒ]	eine Reise	
oublié / oubliée [ublije]	vergessen *(Adj.)*	

Atelier
A1

une **quiche** [ynkiʃ]	eine Quiche *(salziger Kuchen, meist mit Käse und Speck); hier:* ein Versager, eine Flasche *(ugs.)*	
souvent [suvɑ̃]	oft	
chatter avec qn [tʃate]	mit jdm. (im Internet) chatten	
une **discussion** [yndiskysjɔ̃]	eine Diskussion, eine Unterhaltung, ein Gespräch	französisch: **discussion**, deutsch: **Diskussion** Das Verb **discuter** kennst du auch schon.
voir qc [vwaʀ]	etw. sehen	**On voit quelque chose?** Kann man etwas sehen?
voir: je vois, tu vois, il / elle / on voit, nous vo**y**ons, vous vo**y**ez, ils / elles voient; *passé composé:* j'ai **vu**		
la **peur** [lapœʀ]	die Angst	**Tu as eu peur?** Hattest du Angst?
avoir peur [avwaʀpœʀ]	Angst haben	**Tu as peur des serpents?** Hast du Angst **vor** Schlangen?
un **vampire** [ɛ̃vɑ̃piʀ]	ein Vampir	
à propos de qc [apʀɔpodə]	a propos, etw. betreffend, bezüglich einer Sache	**A propos de vampires, …** A propos Vampire / Wo wir gerade von Vampiren sprechen …
une **souris** [ynsuʀi]	eine Maus	
depuis [dəpɥi]	seit	**Depuis des semaines, les élèves écrivent des choses comme ça.** Seit Wochen schreiben die Schüler solche Sachen.
Marignan [maʀiɲɑ̃]	*(Familienname)*	
sombre / sombre [sɔ̃bʀ]	dunkel	**Il fait sombre dans les catacombes.** Es ist dunkel in den Katakomben.
un **groupe** [ɛ̃gʀup]	eine Gruppe	französisch: **le** groupe, deutsch: **die** Gruppe
un **manga** [ɛ̃mɑ̃ga]	ein Manga *(japanischer Comicstil)*	
un **guide** / une **guide** [ɛ̃gid / yngid]	ein Führer / eine Führerin	Im Französischen und Englischen gleich geschrieben.
des **milliers** *(m.)* [demilje]	Tausende	
un **crâne** [ɛ̃kʀan]	ein Schädel, ein Totenkopf	
contre [kɔ̃tʀ]	gegen	≠ **pour**
des **idées noires** *(f., pl.)* [dezidenwaʀ]	düstere Gedanken	
une **sortie** [ynsɔʀti]	ein Ausgang	≠ **une entrée**
une **grille** [yngʀij]	eine Gittertür; ein Drahtzaun	
fermer qc [fɛʀme]	etw. schließen	
fermé / fermée [fɛʀme]	geschlossen, verschlossen	≠ **ouvert / ouverte**
un **moment** [ɛ̃mɔmɑ̃]	ein Moment	**moment** = englisch, französisch und deutsch (im Deutschen großgeschrieben)
à ce moment-là [asəmɔmɑ̃la]	in diesem Augenblick	

	le **bras** [ləbʀa]	der Arm	
A 3	**Qu'est-ce que tu en penses?** [kɛskətyɑ̃pɑ̃s]	Was hältst du davon?	
	que [kə]	dass	
	trouver que [tʀuve]	finden, dass	Im Französischen steht vor **que** kein Komma.
Atelier	**penser que** [pɑ̃se]	denken, dass	
B 1	**curieux / curieuse** [kyʀjø / kyʀjøz]	neugierig; merkwürdig	
	dangereux / dangereuse [dɑ̃ʒʀø / dɑ̃ʒʀøz]	gefährlich	englisch: **dangerous**
	malheureux / malheureuse [malœʀø / malœʀøz]	unglücklich	Viele Wörter lassen sich gut behalten, wenn man ein ähnliches aus einer anderen Sprache kennt; deutsch: das **Malheur**.
	heureux / heureuse [øʀø / øʀøz]	glücklich	
B 2	**ouvrir** qc [uvʀiʀ]	etw. öffnen	≠ **fermer qc**
!	**ouvrir:** j'ouvre, tu ouvres, il / elle / on ouvre, nous ouvrons, vous ouvrez, ils / elles ouvrent; *Passé composé:* j'ai **ouvert**		
	seul / seule [sœl / sœl]	allein	**Tu es seul?** Bist du allein?
	attendre qn [atɑ̃dʀ]	auf jdn. warten, jdn. erwarten	
!	**Regelmäßige Verben auf -dre:** j'attends, tu attends, il / elle / on attend, nous attendons, vous attendez, ils / elles attendent; *Passé composé:* j'ai attend**u**		
	quelqu'un [kɛlkɛ̃]	jemand	**Tu attends quelqu'un?** Wartest du auf jemanden?
	sans faire qc [sɑ̃]	ohne etwas zu tun	
	répondre à qn / à qc [ʀepɔ̃dʀ]	jdm. / auf etw. antworten	**Julien ne répond pas à l'homme aux cheveux longs.** Julien antwortet dem Mann mit den langen Haaren nicht.
	perdre qc [pɛʀdʀ]	etw. verlieren	**Tu as perdu ton groupe?** Hast du deine Gruppe verloren?
	un **dessinateur** / une **dessinatrice** [ɛ̃desinatœʀ / yndesinatʀis]	ein Zeichner / eine Zeichnerin	
	descendre [desɑ̃dʀ]	hinuntergehen; aussteigen	**C'est l'histoire d'une fille mystérieuse qui descend dans les catacombes.** Es ist die Geschichte eines seltsamen Mädchens, das in die Katakomben hinuntergeht / hinabsteigt. **Regarde, elle descend de la voiture.** Sieh mal, sie steigt aus dem Auto aus.
	un **dessin** [ɛ̃desɛ̃]	eine Zeichnung	→ **un dessinateur**
	une **page** [ynpaʒ]	eine Seite	
	ne ... rien [nə... ʀjɛ̃]	nichts	**– Qu'est-ce que tu as? – Je n'ai rien. Rien ne m'énerve.** – Was hast du? – Ich habe nichts. Nichts nervt mich.
	en avoir marre de qn / qc *(fam.)* [ɑ̃navwaʀmaʀ]	von jdm./etw. die Nase voll haben *(ugs.)*	**– Tu n'as plus envie de visiter les catacombes? – Non, j'en ai marre.** – Hast du keine Lust mehr, die Katakomben zu besichtigen? – Nein, ich hab die Nase (davon) voll.

respecter qn / qc [ʀɛspɛkte]	jdn. / etw. achten	
entendre qn / qc [ɑ̃tɑ̃dʀ]	jdn. / etw. hören	
appeler qn [aple]	jdn. (an)rufen	
! **appeler**: j'appe**ll**e, tu appe**ll**es, il appe**ll**e, nous appelons, vous appelez, ils appe**ll**ent; *Passé composé:* j'ai appelé		
monter [mɔ̃te]	hinaufgehen; einsteigen	 **Monte ici.** Geh hier hoch. **Les enfants montent dans le bus.** Die Kinder steigen in den Bus ein. ≠ **descendre**
presque [pʀɛsk]	fast, beinahe	
une **porte** [ynpɔʀt]	eine Tür	
la **chance** [laʃɑ̃s]	das Glück, die Chance	**Bonne chance!** Viel Glück!
expliquer qc (à qn) [ɛksplike]	(jdm.) etw. erklären	**Julien va expliquer son histoire aux professeurs.** Julien wird den Lehrern seine Geschichte erklären.
B 8 un **téléphone** [ɛ̃telefɔn]	ein Telefon	
un **coup de téléphone** [ɛ̃kudətelefɔn]	ein Telefonanruf	
rappeler (qn) [ʀaple]	(jdn.) wieder anrufen; zurückrufen	**Tu rappelles dans une heure?** Rufst du in einer Stunde wieder / noch einmal an?
plus tard [plytaʀ]	später	

AUF EINEN BLICK

Qu'est-ce qu'il y a? sprechen, denken …

– Qu'est-ce que tu fais sur ton ordinateur? **– Je chatte avec Marie et Alex.**	– Was machst du an deinem PC? – Ich chatte mit Marie und Alex.
– Demain, il y a la visite des catacombes! Cool, non? **– Oui, mais je connais déjà les catacombes.**	– Morgen besichtigen wir die Katakomben! Cool, was? – Ja aber ich kenne die Katakomben schon.
– A propos de vampires, on fait la visite avec les 5e demain. C'est des quiches, surtout Julien, le nouveau.	– A propos Vampire, morgen besichtigen wir die Katakomben mit den Siebt-Klässlern. Das sind Versager / Flaschen, besonders Julien, der Neue.
– Moi, une quiche? Qu'est-ce qu'ils ont contre moi?	– Ich ein Versager / eine Flasche? Was haben die gegen mich?
Ils sont vraiment nuls!	Die sind wirklich blöd.
– Qu'est-ce que tu as? **– Je n'ai rien. J'en ai marre. J'en ai vraiment marre.**	– Was hast du? – Ich habe nichts. Ich hab die Nase voll. Ich hab sie richtig voll.
Aïe, aïe, aïe, ça ne va pas être drôle pour moi! Je suis vraiment désolé …	Auweia, das wird für mich nicht lustig werden. Das tut mir wirklich leid.

AUF EINEN BLICK

dangereux ... gefährliche Adjektive auf *-eux*

dangereux / dangereuse	gefährlich	**heureux / heureuse**	glücklich
curieux / curieuse	neugierig; merkwürdig	**malheureux / malheureuse**	unglücklich
courageux / courageuse	mutig	**mystérieux / mystérieuse**	geheimnisvoll, seltsam

MON DICO PERSONNEL

D'abord, puis, après ... Eine Geschichte in die richtige Reihenfolge bringen

Diese Wörter kennst du schon!		Diese Wörter kannst du auch verwenden!	
d'abord ...		**au début ...** [odeby]	am Anfang
		tout d'abord ... [tudabɔʀ]	zuallererst
puis ...	dann	**ensuite ...** [ɑ̃sɥit]	danach, anschließend
après ...	danach	**peu après ...** [pøapʀɛ]	kurz darauf
à la fin ...	zum Schluss, am Ende	**enfin** [ɑ̃fɛ̃]	schließlich, endlich
... parce que ...	weil *(im Satz)*	**finalement** [finalmɑ̃]	schließlich, endlich
		comme ... [kɔm]	weil ... *(am Satzanfang)*

Auf eine Geschichte reagieren

- **Cool!** Cool!
- **Et alors?** Na und!
- **Tu parles d'une histoire!** Was für eine Geschichte!
- **C'est fou!** [sɛfu] Das ist der Wahnsinn!
- **Eh bien, dis donc!** [ebjɛ̃didɔ̃k] Sieh mal an!
- **C'est dingue!** [sɛdɛ̃g] Verrückt!
- **Ça ne me fait ni chaud ni froid!** Das lässt mich kalt!
- **Sans blagues?** [sɑ̃blag] Echt?

TIPP

Wenn du Vokabeln mit kleinen **Karteikarten** lernst, dann denke rechtzeitig daran, dir neue zu kaufen; nimm eine „alte" Karte mit, damit du das richtige Format auswählst.

Unité 3 La vie au collège

TU TE RAPPELLES?

le cours	die Unterrichtsstunde	**D'accord!**	Einverstanden!
avoir cours	Unterricht haben	**Bonne idée.**	Gute Idee.
faire ses devoirs	seine Hausaufgaben machen	**Ce n'est pas mon truc!**	Das ist nicht mein Ding!
la cour	der Hof	**content / contente**	zufrieden
l'interro(gation)	die Klassenarbeit	**devant lui**	vor ihm
la récré(ation)	die Pause	**derrière elle**	hinter ihr

la **vie** [lavi]	das Leben	
un **trimestre** [ɛ̃tʀimɛstʀ]	ein Trimester	

Vis-à-vis

Trimester: Das frz. Schuljahr ist in drei Trimester unterteilt. Am Ende jedes Trimesters gibt es ein Zeugnis. Der deutschen „1" entsprechen im Französischen 20 Punkte.

un **bulletin scolaire** [ɛ̃byltɛ̃skɔlɛʀ]	ein Schulzeugnis	
la **moyenne** [lamwajɛn]	der Durchschnitt *(10 von 20 Punkten im Zeugnis)*	

Vis-à-vis

In Frankreich gehen die Schulnoten von 0 bis 20; die beste ist die 20, die schlechteste die 0.

chaque [ʃak]	jeder / jede / jedes + *Nomen*	**chaque élève** jede(r) Schüler(in)
changer [ʃɑ̃ʒe]	wechseln, ändern	
changer de salle [ʃɑ̃ʒedəsal]	den Raum wechseln	**Après chaque cours, les élèves changent de salle.** Nach jeder Unterrichtsstunde wechseln die Schüler den Klassenraum. 1. Person Plural: nous **changeons**, wie bei **ranger** und **manger**.
une **permanence** [ynpɛʀmanɑ̃s]	*ein Raum für beaufsichtigte Freistunden*	**aller en permanence** in den Freistundenraum gehen Statt **permanence** kann man auch **perm** sagen.
une **chaise** [ynʃɛz]	ein Stuhl	
un **tableau** / des **tableaux** [ɛ̃tablo/detablo]	eine Tafel	
un **surveillant** / une **surveillante** [ɛ̃syʀvɛjɑ̃/ynsyʀvɛjɑ̃t]	eine Aufsichtsperson	

apprendre qc [apʀɑ̃dʀ]	etw. lernen, etw. erfahren	wird wie **prendre** konjugiert: j'apprends, tu apprends …
une **leçon** [ynləsɔ̃]	eine Lektion	**apprendre sa leçon** für die Schule lernen

noter qc [nɔte]	etw. aufschreiben	
un **cahier de textes** [ɛ̃kajedətɛkst]	ein Hausaufgabenheft	
un **carnet** [ɛ̃kaʀnɛ]	ein Heft, ein Notizbuch	Ein **carnet** ist in der Regel etwas kleiner als ein **cahier**.
un **carnet de correspondance** [ɛ̃kaʀnɛdəkɔʀɛspɔ̃dɑ̃s]	*ein Notizbuch zum Austausch von Informationen zwischen Eltern und Lehrern*	
un **message** [ɛ̃mɛsaʒ]	eine Mitteilung, eine Nachricht	

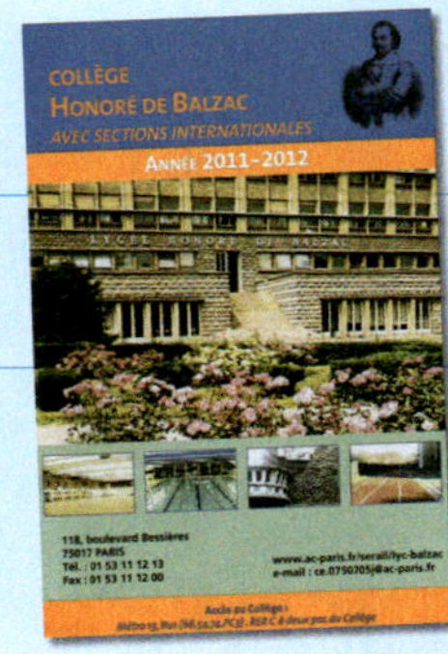

AUF EINEN BLICK

Tu as lu les infos? In der Kürze liegt die Würze.

une info	statt: une information	**les maths**	statt: les mathématiques
la perm	statt: la permanence	**le prof/la prof**	statt: le professeur, la professeure
l'ordi	statt: l'ordinateur	**la géo**	statt: la géographie
la récré	statt: la récréation	**le dico**	statt: le dictionnaire

Atelier

A1

vouloir [vulwaʀ]	wollen	**Je veux, tu veux, on veut chanter et être heureux.** Ich will, du willst, wir wollen singen und glücklich sein.
! **vouloir:** je veux, tu veux, il / elle / on veut, nous voulons, vous voulez, ils / elles veulent, *passé composé:* j'ai **voulu**		
pouvoir [puvwaʀ]	können	
! **pouvoir:** je peux, tu peux, il / elle / on peut, nous pouvons, vous pouvez, ils / elles peuvent; *passé composé:* j'**ai pu**		

A2

une **note** [ynnɔt]	eine Note	
sept sur vingt [sɛtsyʀvɛ̃]	sieben von zwanzig Punkten *(Schulnote: schlechter als der Durchschnitt)*	
la **géographie** [laʒeɔgʀafi]	die Geographie, die Erdkunde	**sept sur vingt à l'interro de géo** sieben von zwanzig (Punkten) in der Erdkundearbeit
plutôt [plyto]	eher, vielmehr, ziemlich	
un **exposé** [ɛ̃nɛkspoze]	ein Referat	**un exposé sur l'Allemagne** ein Referat **über** Deutschland
organiser qc [ɔʀganize]	etw. organisieren	Im Französischen mit **s**, im Englischen mit **z** (organize).
une **course** [ynkuʀs]	ein Lauf, ein Rennen	**Les surveillants veulent organiser une «course contre la faim», cette année.** Die Aufsichtspersonen wollen dieses Jahr einen „Lauf gegen den Hunger" organisieren.
proposer de faire qc [pʀɔpoze]	vorschlagen, etw. zu tun	
un **pays** [ɛ̃pei]	ein Land	Aussprache: [e] und [i] werden getrennt ausgesprochen.
pauvre / pauvre [povʀ]	arm	

	se retrouver [səʀətʀuve]	sich treffen	**On se retrouve au CDI après la récré!** Nach der Pause treffen wir uns im CDI.
	Je veux bien. [ʒəvøbjɛ̃]	(Ich möchte) gerne!	
	participer à qc [paʀtisipe]	an etw. teilnehmen	**Je veux bien participer à la course.** Ich möchte gern an dem Rennen teilnehmen.
	Ça ne me dit rien! [sanəmədiʀjɛ̃]	Das sagt mir nichts./ Das sagt mir nicht zu./ Ich habe keine Lust darauf.	
	ben *fam.* [bɛ̃]	nun	**Ben oui.** Aber ja (doch)!
A3	**se passer** [səpase]	geschehen, sich ereignen, sich abspielen	**Où est-ce que les scènes se passent?** Wo spielen die Szenen?
A8	**si** [si]	wenn, falls	
	Si tu veux. [sityvø]	Wenn du willst.	
	j'aimerais mieux ... [ʒɛmʀɛmjø]	ich würde lieber ...	
Atelier B1	**un sportif / une sportive** [ɛ̃spɔʀtif/ynspɔʀtiv]	ein Sportler / eine Sportlerin	Adjektiv: **sportif / sportive** = sportlich
	quelques *(pl.)* [kɛlk(ə)]	einige	Nach **quelques** muss ein Nomen im Plural stehen.
	une information [ynɛ̃fɔʀmasjɔ̃]	eine Information	**quelques informations** einige Informationen
	longtemps [lɔ̃tɑ̃]	lange *(Adv.)*	**Il veut continuer longtemps et faire beaucoup de kilomètres.** Er will lange durchhalten und viele Kilometer machen.
	arrêter qc [aʀete]	etw. anhalten, beenden; mit etw. aufhören	**Il ne veut pas arrêter la course avant les autres.** Er will nicht vor den anderen aufhören zu laufen.
	pendant [pɑ̃dɑ̃]	während	**pendant la course** während des Rennens
	une dispute [yndispyt]	ein Streit	
	retourner [ʀətuʀne]	zurückkehren	**retourner à la maison** nach Hause zurückkehren
	Vas-y! [vazi]	Los! / Mach schon! / Auf geht's!	
	avancer [avɑ̃se]	vorankommen	**Il avance toujours.** Er läuft immer noch weiter. **avancer** wird konjugiert wie **commencer:** j'avance, nous avan**ç**ons
	plusieurs *(inv.)* [plyzjœʀ]	mehrere	*inv.* steht für *invariable* und bedeutet, dass das Wort „unveränderlich" ist.
	ne ... que [nə ... kə]	nur	**Elle n'a que sept sur vingt à son interro.** Sie hat nur sieben von zwanzig Punkten in ihrer Arbeit.
	il n'y a plus que [ilnjaplykə]	es gibt nur noch, es sind nur noch	
	une piste [ynpist]	eine Piste, ein Pfad, *hier:* eine Bahn	
	l'**applaudissement** *(m.)* [laplodismɑ̃]	der Beifall, der Applaus	
	crier [kʀije]	schreien	
	venir [vəniʀ]	kommen	

! **venir:** je viens, tu viens, il / elle / on vient, nous venons, vous venez, ils / elles viennent; *passé composé:* il est **venu**, elle est **venue**

B 4

un **article** [ɛ̃naʀtikl]	ein Artikel	französisch / englisch: **article**, deutsch: **Artikel**
féliciter qn [felisite]	jdn. beglückwünschen, jdm. gratulieren	**Ils sont venus féliciter Sacha.** Sie sind gekommen, um Sascha zu gratulieren.
elle [ɛl]	sie *(betont)*	**La professeure est venue elle aussi.** Auch / Sogar die Lehrerin ist gekommen. Neben **elle** kennst du auch schon die betonten Formen **moi**, **toi** und **lui**: Moi, je m'appelle … et toi, tu t'appelles comment? Lui, il s'appelle … et elle, elle s'appelle …
revenir [ʀəvəniʀ]	zurückkommen	**revenir** wird wie **venir** konjugiert: je reviens, tu reviens, …
prochain / prochaine [pʀɔʃɛ̃ / pʀɔʃɛn]	nächster / nächste / nächstes	**l'année prochaine** nächstes Jahr, im nächsten Jahr
un **succès** [ɛ̃syksɛ]	ein Erfolg	Achte auf die Schreibung, französisch: **succès**, englisch: **success**

AUF EINEN BLICK

L'école, encore et toujours. Nicht für die Schule, sondern für das Leben lernst du.

– Encore une mauvaise note, qu'est-ce que tu vas faire?	– Noch eine/Schon wieder eine schlechte Note, was wirst du machen?
– Je ne sais pas, mes parents ne vont pas être contents.	– Ich weiß es nicht, meine Eltern werden nicht zufrieden sein.
– Je propose de faire un exposé sur un pays pauvre.	– Ich schlage vor, ein Referat über ein armes Land zu machen.
– Pourquoi pas? D'accord.	– Warum nicht? Einverstanden.
– Je veux bien participer à la course, mais un exposé, ça ne me dit rien.	– Ich möchte gern an einem Lauf teilnehmen, aber ein Referat, dazu habe ich überhaupt keine Lust.
– Mon truc, c'est plutôt le sport, quoi!	– Mein Ding ist eher der Sport.
– A quoi est-ce que tu penses?	– Woran denkst du?
– Je pense à mes notes, à mes parents. Mais cette fois, je vais rentrer avec un bon résultat.	– Ich denke an meine Noten, an meine Eltern. Aber dieses Mal werde ich mit einem guten Ergebnis nach Hause kommen.

MON DICO PERSONNEL

Préparer la journée franco-allemande Was man dafür besorgen kann.

les drapeaux [ledʀapo] allemands et français	*die Fahnen Deutschlands und Frankreichs*
de la musique des deux pays [pei]	*Musik aus beiden Ländern*
des jambons-beurres m. [deʒɑ̃bɔ̃bœʀ]	*Baguettes mit Butter und (gekochtem) Schinken*
… et des sucreries f. [sykʀəʀi]	*und Süßes*
des malabars m. [demalabaʀ]	*Kaugummis mit Tattoos in der Verpackung (mit ihnen kann man besonders große Blasen machen)*
des fraises tagada f. [defʀɛztagada]	*Schaum-Erdbeeren*
des carambars [dekaʀɑ̃baʀ]	*weiche Karamellstangen (8 cm lang und 8 Gramm schwer)*

TIPP

Keine Lust, Vokabeln zu lernen? Das kommt vor. Verschiebe es ausnahmsweise auf eine Stunde später, auf den Nachmittag oder Abend oder hole es am nächsten Tag nach. Auf jeden Fall solltest du **fit in die nächste Französischstunde** gehen, denn schaden wird es nie.

Unité 4 Fou de cuisine!

TU TE RAPPELLES?

le repas	das Essen; die Mahlzeit	**Vous désirez?**	Sie wünschen?
le marché	der Markt	**un courriel**	eine E-Mail
un gâteau	ein Kuchen	**prochain**	nächster, nächste, nächstes
une boulangerie	eine Bäckerei	**timide**	schüchtern
Je veux bien, mais ...	Ich möchte gern, aber ...	**tout le monde**	alle

fou / fol / folle [fu/fɔl]	verrückt	**Fou de cuisine!** Scharf auf / Verrückt nach Kochen!
faire les courses *(f.) (pl.)* [fɛʀlekuʀs]	einkaufen	**Carla et Grégoire vont au marché pour faire les courses.** Carla und Grégoire gehen zum Einkaufen auf den Markt. / Carla und Grégoire gehen auf dem Markt einkaufen. ! Papa fait **les courses**. Mon frère joue dans **la cour**. Et moi, j'ai **un cours** de français.
acheter qc [aʃte]	etw. kaufen	
! **acheter:** j'achète, tu achètes, il / elle / on achète, nous achetons, vous achetez, ils / elles achètent; il / elle a acheté		
un **fruit** [ɛ̃fʀɥi]	eine Frucht	**des fruits** Obst
des **légumes** *(m.)* [delegym]	Gemüse	
faire la cuisine [fɛʀlakɥizin]	kochen, Essen zubereiten	
difficile/difficile [difisil]	schwierig	französisch: diffi**cile**, englisch: diffi**cult**, deutsch: diffi**zil**.
une **tomate** [yntɔmat]	eine Tomate	
une **pomme de terre** [ynpɔmdətɛʀ]	eine Kartoffel	
un **citron** [ɛ̃sitʀɔ̃]	eine Zitrone	
une **salade** [ynsalad]	ein Salat	Im Französischen ist **der** Salat feminin: **la salade.**
le **lait** [ləlɛ]	die Milch	**le** lait = **die** Milch
la **viande** [lavjɑ̃d]	das Fleisch	
un **œuf** / des **œufs** [ɛ̃nœf/dezø]	ein Ei / Eier	Achte auf die Aussprache: **un œuf** [ɛ̃nœf] **des œufs** [dezø]
le **yaourt** [ləjauʀt]	der Joghurt	Achte bei der Aussprache darauf, dass du **au** in der phonetischen Klammer getrennt aussprichst: erst **a** und dann **u**.
le **sucre** [ləsykʀ]	der Zucker	
la **farine** [lafaʀin]	das Mehl	
un **supermarché** [ɛ̃sypɛʀmaʀʃe]	ein Supermarkt	

Vis-à-vis

Die großen französischen Supermärkte heißen **Carrefour** [kaʀfuʀ], **Géant** [ʒeɑ̃], **Leclerc** [ləklɛʀ] und **Auchan** [oʃɑ̃].

Atelier A1

un plat [ɛ̃pla]	ein Gericht, ein Gang *(beim Essen)*	**le plat du jour** das Tagesgericht
le petit-déjeuner [ləp(ə)tidеʒœne]	das Frühstück	
un collègue / une collègue [ɛ̃kɔlɛg / ynkɔlɛg]	ein Kollege / eine Kollegin	Wird im Unterschied zu **collège** am Ende mit **g** wie **gare** ausgesprochen.
Qu'est-ce que vous en pensez? [kɛskəvuzɑ̃pɑ̃se]	Was haltet ihr davon?	
un **steak-frites** [ɛ̃stɛkfʀit]	ein Steak mit Pommes frites	! Achte auf den Plural: des steak**s**-frites.
une entrée [ynɑ̃tʀe]	*hier:* eine Vorspeise	**Comme entrée, …** Als Vorspeise …
l'**huile** *(f.)* [lɥil]	das Öl	
une olive [ynɔliv]	eine Olive	**l'huile d'olive** das Olivenöl **olive** ohne **s**.
un saucisson [ɛ̃sosisɔ̃]	eine Salami	
une moule [ynmul]	eine Miesmuschel	**des moules-frites** gekochte Muscheln mit Pommes frites
il faut qc [ilfo]	man braucht etw.	**Il faut <u>du</u> sucre.** (Zucker, nicht zählbar) **Il faut <u>un</u> citron.** (eine Zitrone, zählbar)
un dessert [ɛ̃desɛʀ]	ein Nachtisch	
le chocolat [ləʃɔkɔla]	die Schokolade	

Vis-à-vis

Wenn man im Lokal **un chocolat** bestellt, bekommt man einen **Kakao**.

A2

la lune [lalyn]	der Mond	**être dans la lune** nicht bei der Sache sein
il faut faire qc [ilfofɛʀ]	man muss etw. tun	**Il faut tout préparer.** Alles muss vorbereitet werden. **Il ne faut pas oublier …** Man darf nicht vergessen …
C'est à qui? [sɛtaki]	Wer ist an der Reihe?	**– C'est à qui? – C'est à nous.** – Wer ist an der Reihe? – Wir (sind an der Reihe).
un kilo [ɛ̃kilo]	ein Kilo	Nach Mengenangaben wie **un kilo** steht immer **de**: **Je voudrais un kilo de tomates.** Ich hätte gern ein Kilo Tomaten.
un doigt [ɛ̃dwa]	ein Finger	
un rince-doigts [ɛ̃ʀɛ̃sdwa]	eine Wasserschale *(zum Reinigen der Finger beim Essen)*	
un litre [ɛ̃litʀə]	ein Liter	

Vis-à-vis

In Frankreich kauft man Muscheln häufig in Litern (**Un litre de moules, s.v.p.**), in Deutschland in Gramm, Pfund oder Kilo (1 ½ Kilo Muscheln, bitte.).
Moules-frites (Miesmuscheln mit Pommes frites) gelten in Belgien oft als Nationalgericht. In Frankreich ist das Gericht beliebt bei Franzosen und Touristen in Strandorten.

facile/facile [fasil]	leicht	**Les moules, c'est très facile …** Muscheln sind leicht zuzubereiten.

une **boisson** [ynbwasɔ̃]	ein Getränk
une **bouteille** [ynbutɛj]	eine Flasche
gratuit / gratuite [gʀatɥi / gʀatɥit]	kostenlos, gratis
boire qc [bwaʀ]	etw. trinken

! **boire:** je bois, tu bois, il / elle / on boit, nous **buv**ons, vous **buv**ez, ils / elles **boiv**ent; il a **bu**.

un **jus de fruit** [ɛ̃ʒydfʀɥi]	ein Fruchtsaft
aller chercher qc [aleʃɛʀʃe]	etw. (ab)holen
payer qc [peje]	etw. bezahlen

! **payer:** je pa**i**e, tu pa**i**es, il / elle / on pa**i**e, nous pa**y**ons, vous pa**y**ez, ils / elles pa**i**ent; j'ai pa**y**é

A4	**Combien est-ce qu'il en faut?** [kɔ̃bjɛ̃ɛskilɑ̃fo]	Wie viel brauchen wir davon?
A5	un **gramme** [ɛ̃gʀam]	ein Gramm

On achète deux bouteilles de jus d'orange et on a une bouteille gratuite.
Wir kaufen zwei Flaschen Orangensaft, dann haben wir eine Flasche gratis.

AUF EINEN BLICK

Ce soir, on va avoir des invités! Da gibt es viel zu bedenken.

– Qui va faire la cuisine?	– Wer wird kochen? / Wer wird das Essen zubereiten?
– Qu'est-ce qu'on fait/prépare comme entrée?/comme plat principal et comme dessert?	– Was machen wir als Vorspeise?/als Hauptgericht und als Nachspeise?
– On fait aussi un gâteau?	– Sollen wir auch einen Kuchen backen?
– Qu'est-ce qu'on propose comme boisson? **– Qu'est-ce qu'il y a encore à la cave?** **– Deux bouteilles de vin rouge. Qu'est-ce que tu en penses ?**	– Was bieten wir zum Trinken an? – Was haben wir noch im Keller? – Zwei Flaschen Rotwein. Was hältst du davon? / Reicht das aus?
– On boit de l'eau pendant le repas?	– Trinkt man Wasser zum Essen?
– C'est vrai qu'elle préfère le jus de fruit à l'eau?	– Ist es wahr, dass sie lieber Fruchtsaft als Wasser trinkt?
– Qu'est-ce qu'il faut encore acheter?	– Was müssen wir sonst noch einkaufen?
– Tu vas chercher le gâteau à la boulangerie, s'il te plaît?	– Holst du den Kuchen bitte in der Bäckerei?

Atelier

B1	**mettre la table** [mɛtʀlatabl]	den Tisch decken
	une **assiette** [ynasjɛt]	ein Teller
	une **fourchette** [ynfuʀʃɛt]	eine Gabel
	un **couteau** [ɛ̃kuto]	ein Messer
	une **cuillère** [ynkɥijɛʀ]	ein Löffel

Qu'est-ce qu'il faut pour mettre la table?
Was braucht man, um den Tisch zu decken?

	un verre [ɛ̃vɛʀ]	ein Glas	Achte auf den Unterschied: un verre **à** eau, un verre **à** vin = ein Wasserglas, ein Weinglas un verre **d'**eau, un verre **de** vin = ein Glas Wasser, ein Glas Wein.
	une serviette [ynsɛʀvjɛt]	eine Serviette	
	le pain [ləpɛ̃]	das Brot	
B2	**un invité / une invitée** [ɛ̃nɛ̃vite / ynɛ̃vite]	Gast	**Et voilà, les invités sont arrivés.** Nun sind die Gäste angekommen.
	espérer [ɛspeʀe]	hoffen	
!	**espérer**: j'esp**è**re, tu esp**è**res, il / elle / on esp**è**re, nous esp**é**rons, vous esp**é**rez, ils / elles esp**è**rent; j'ai esp**é**ré		
	sûr / sûre [syʀ / syʀ]	sicher	**– J'espère que tu vas aimer, Lena.** **– Mais oui, j'en suis sûre.** – Ich hoffe, du wirst es mögen, Lena. – Aber ja, da bin ich mir sicher.
	le beurre [ləbœʀ]	die Butter	**Voilà aussi du pain et du beurre.** Da sind auch Brot und Butter.
	le silence [ləsilɑ̃s]	die Ruhe, die Stille	
	concentré / concentrée [kɔ̃sɑ̃tʀe]	konzentriert	französisch: **c**on**c**entré, deutsch: **k**on**z**entriert
	ne … jamais [nə … ʒamɛ]	nie, niemals	**Il n'a jamais mangé de moules.** Er hat noch nie Muscheln gegessen.
	ne … pas encore [nə … pazɑ̃kɔʀ]	noch nicht	
	préférer qc [pʀefeʀe]	etw. vorziehen, lieber mögen	
!	**préférer**: je préf**è**re, tu préf**è**res, il / elle / on préf**è**re, nous préf**é**rons, vous préf**é**rez, ils / elles préf**è**rent; j'ai préf**é**ré		
	avoir le temps de faire qc [avwaʀlətɑ̃]	Zeit haben, etw. zu tun	**Ils n'ont pas le temps de répondre.** Sie haben keine Zeit zu antworten.
	grave/grave [gʀav]	schlimm	**Ce n'est pas grave!** Das ist nicht schlimm!
	goûter qc [gute]	etw. probieren	**Tiens, je vais goûter ça.** Halt, ich werde das probieren.
	rigoler *(fam.)* [ʀigɔle]	lachen	
B4	**le plat principal** [ləplapʀɛ̃sipal]	das Hauptgericht	**Après l'entrée, il y a le plat principal.** Nach der Vorspeise gibt es das Hauptgericht.
	le fromage [ləfʀɔmaʒ]	der Käse	

Vis-à-vis

Le fromage: In Frankreich gibt es hunderte verschiedene Käsesorten. Oft wird Käse nach dem Hauptgang gegessen.

B6	**passer** qc à qn [pase]	jdm. etw. reichen, jdm. etw. (weiter)geben	**Tu me passes le pain, s'il te plaît?** Gibst du mir bitte das Brot?
	reprendre qc [ʀəpʀɑ̃dʀ]	*hier:* von etw. noch einmal, noch mehr nehmen	wird wie **prendre** konjugiert: je reprends, tu reprends …
	le plat préféré [ləplapʀefeʀe]	das Lieblingsessen	

une tasse [yntas]	eine Tasse
le café [ləkafe]	der Kaffee

Der Unterschied ist derselbe wie bei **un verre**:
une tasse **de** café = eine Tasse Kaffee,
une tasse **à** café = eine Kaffeetasse.

AUF EINEN BLICK

Hier, aujourd'hui et demain. Gestern, heute und morgen.

hier matin	gestern Morgen	**ce matin**	heute Morgen
demain soir	morgen Abend	**ce midi**	heute Mittag
vendredi prochain	nächsten Freitag	**cet après-midi**	heute Nachmittag
vendredi dernier	letzten Freitag	**ce soir**	heute Abend

AUF EINEN BLICK

100 und mehr.

100	cent	**1000**	mille
101	cent-un/-une	**1001**	mille-un/-une
200	deux-cents	**1100**	mille-cent
202	deux-cent-deux	**2000**	deux-mille
300	trois-cents	**2200**	deux-mille-deux-cents
333	trois-cent-trente-trois	**2202**	deux-mille-deux-cent-deux
400	quatre-cents	**10 000**	dix-mille
900	neuf-cents	**200 000**	deux-cent-mille

MON DICO PERSONNEL

Des fruits et des légumes Obst und Gemüse sind gesund! Eine kleine Auswahl …

une banane [ynbanan]

un ananas [ɛ̃nanana]

un melon [ɛ̃məlɔ̃]

une poire [ynpwaʀ]

un poivron [ɛ̃pwavʀɔ̃]

un abricot [ɛ̃nabʀiko]

un champignon [ɛ̃ʃɑ̃piɲɔ̃]

des fruits et des légumes

une aubergine [ynobɛʀʒin]

un chou-fleur [ɛ̃ʃuflœʀ]

une fraise [ynfʀɛz]

un avocat [ɛ̃navɔka]

une pêche [ynpɛʃ]

une carotte [ynkaʀɔt]

de l'ail *(m.)* [dəlaj]

Unité 5 Une semaine à Arcachon

TIPP

Benutzt du zum Vokabellernen auch die rechte Spalte? Prima! Wenn nicht, dann schau mal rein; denn dort findest du nicht nur die **Übersetzungen kniffliger Sätze** aus den *Unités*, sondern auch hilfreiche Tipps für das Anwenden des neu Gelernten.

TU TE RAPPELLES?

le voyage	die Reise	**énerver qn**	jdn. nerven
froid / froide	kalt	**la dispute**	der Streit
avoir de la chance	Glück haben	**Arrête!**	Stopp!, Halt!
Il n'a jamais de chance.	Er hat nie Glück!	**Tu as mal?**	Tut dir etwas weh?, Geht's dir schlecht?
avoir l'air triste	traurig aussehen	**Ça va, Alex?**	Wie geht's Alex?, Alles klar, Alex?

Arcachon [aʀkaʃɔ̃]	*Stadt an der Atlantikküste in Südwestfrankreich*
le **printemps** [ləpʀɛ̃tɑ̃]	der Frühling

C'est les vacances de printemps.
Es sind Frühlingsferien.

Vis-à-vis

Die **Frühlingsferien** in Frankreich entsprechen in etwa den **Osterferien** in Deutschland und dauern zwei Wochen. Sie liegen in der Regel im April und können bis in den Mai hineinreichen.

au bord de qc [obɔʀdə]	am Rande, am Ufer von etw.
la **mer** [lamɛʀ]	das Meer
le **sud-ouest** [ləsydwɛst]	der Südwesten

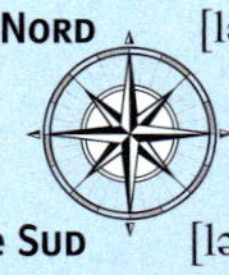

une **plage** [ynplaʒ]	ein Strand

Dans le sud-ouest de la France, il y a des jolies plages.
Im Südwesten Frankreichs gibt es schöne Strände.

französisch: **sur** la plage, deutsch: **am** Strand

une **dune** [yndyn]	eine Düne
la **dune du Pilat** [ladyndypila]	die Düne von Pilat

la dune du Pilat

Vis-à-vis

Die **dune du Pilat** ist Europas größte Wanderdüne; sie ist bis zu 108 m hoch, 500 m breit und 2,7 km lang.

la **Normandie** [lanɔʀmɑ̃di]	die Normandie *(Region im Nordwesten Frankreichs)*
un **hôtel** [ɛ̃notɛl]	ein Hotel
un **gîte** [ɛ̃ʒit]	eine Ferienunterkunft
Atelier A1 **intéresser** qn [ɛ̃teʀɛse]	jdn. interessieren

– Les voyages, ça t'intéresse? – Oh oui, ça m'intéresse.
– Verreist du gern? – Oh ja, sehr.

un **bateau** / des **bateaux** [ɛ̃bato / debato]	ein Boot, ein Schiff / Boote, Schiffe
un **phare** [ɛ̃faʀ]	ein Leuchtturm

un skimboard [ɛ̃skimbɔʀd]	ein Skimboard *(ähnelt einem kleinen Surfbrett)*	Kurzform: **un skim**
A2 **le départ** [lədepaʀ]	die Abfahrt, der Aufbruch	**le départ ≠ l'arrivée**
une valise [ynvaliz]	ein Koffer	**faire sa valise** den Koffer packen
A4 **En voiture!** [ɑ̃vwatyʀ]	Einsteigen!	
une autoroute [ynotoʀut]	eine Autobahn	
le péage [ləpeaʒ]	die Mautstelle	**une autoroute à péage** eine mautpflichtige Autobahn

Vis-à-vis

In Frankreich muss man fast überall eine Gebühr bezahlen, wenn man die Autobahn nimmt. Dafür gibt es spezielle Kassenhäuschen, wo man nur noch selten einer Person das Geld gibt; ansonsten bezahlt man mit Geld oder Karte an einem Automaten.

une station de péage

un bouchon [ɛ̃buʃɔ̃]	ein Korken; *hier:* ein Verkehrsstau	
normal / normale [nɔʀmal / nɔʀmal]	normal	
envoyer qc à qn [ɑ̃vwaje]	jdm. etw. schicken	wie bei **payer**

! **envoyer:** j'env**oi**e, tu env**oi**es, il / elle / on env**oi**e, nous envo**y**ons, vous envo**y**ez, ils / elles env**oi**ent; j'ai envo**y**é

un MMS [ɛ̃ɛmɛmɛs]	eine MMS *(eine Bildnachricht)*	
un baladeur mp3 [ɛ̃baladœʀɛmpetʀwa]	ein MP3-Player	**Tu me passes ton baladeur mp3?** Gibst du mir deinen MP3-Player?
la radio [laʀadjo]	das Radio	**Papa, je voudrais mettre la radio.** Papa, ich möchte gern das Radio einschalten.
plaire à qn [plɛʀ]	jdm. gefallen	**Ça ne vous plaît pas?** Gefällt euch das nicht? **plaire** kommt meistens in der 3. Person vor: ton idée me pla**ît** / tes idées me plai**sent** „bitte" bei Fragen: **s'il te plaît / s'il vous plaît**
une aire de repos [ynɛʀdəʀəpo]	ein Rastplatz *(an der französischen Autobahn)*	
une pause [ynpoz]	eine Pause	
un sandwich [ɛ̃sɑ̃dwi(t)ʃ]	ein Sandwich	deutsch / englisch / französisch: gleiche Schreibweise; die Aussprache weicht im Französischen ab (siehe eckige Klammern links)
un arbre [ɛ̃naʀbʀ]	ein Baum	
le soleil [ləsɔlɛj]	die Sonne	**Il fait très chaud au soleil.** In der Sonne ist es sehr heiß.
laisser qc [lese]	etw. (zurück)lassen	
une erreur [ynɛʀœʀ]	ein Irrtum	
un animal / des **animaux** [ɛ̃nanimal / dezanimo]	ein Tier / Tiere	Leicht zu merken: Im Singular dieselbe Schreibweise im Französischen und Englischen.
A7 **Pile ou face?** [pilufas]	Kopf oder Zahl?	
un canapé [ɛ̃kanape]	ein Sofa	Wird auch im Deutschen gelegentlich zur Bezeichnung eines Sofas verwendet, die Schreibweise ist eingedeutscht: **Kanapee**.

une fenêtre [ynfənɛtʀ]	ein Fenster	
donner sur qc [dɔnesyʀ]	zu etw. hin liegen / gehen	
un jardin [ɛ̃ʒaʀdɛ̃]	ein Garten	**Dans la petite chambre, il y a une fenêtre qui donne sur un petit jardin.** In dem kleinen Zimmer gibt es ein Fenster mit Blick auf einen kleinen Garten.
si [si]	ob	**si + il** mit Apostroph: **s'il**; **si + elle** ohne Apostroph: **si elle**
dire qc (à qn) [diʀ]	(jdm.) etw. sagen	
! **dire:** je dis, tu dis, il / elle / on dit, nous **disons**, vous **dites**, ils / elles **disent**; j'ai **dit**		
jouer à qc [ʒwea]	etw. (ein Spiel) spielen	**Ils disent qu'il faut jouer à pile ou face.** Sie sagen, dass man „Kopf oder Zahl" spielen muss.
juste / juste [ʒyst]	gerecht; richtig	**Jérôme dit que ce n'est pas juste et que Malou et lui, ils n'ont jamais de chance.** Jérôme sagt, dass das nicht gerecht ist und dass Malou und er nie Glück haben.
A9 **Bordeaux** [bɔʀdo]	*Stadt in Südwestfrankreich*	
Atelier B1 **une saison** [ynsɛzɔ̃]	eine Jahreszeit	
nager [naʒe]	schwimmen	**Au printemps, l'eau est froide et ce n'est pas encore la bonne saison pour nager.** Im Frühling ist das Wasser (noch) kalt und es ist noch nicht die richtige Jahreszeit zum Schwimmen.
une vague [ynvag]	eine Welle	
un ballon [ɛ̃balɔ̃]	ein Ball	**Sur la plage, les gens jouent au ballon.** Am Strand spielen die Leute Ball.
essayer qc [eseje]	etw. versuchen / ausprobieren; anprobieren	wie bei **payer** und **envoyer**: j'essaie, nous essa**y**ons; j'ai **essayé**
lancer qc [lɑ̃se]	etw. werfen	
dessus [d(ə)sy]	darauf	
le sable [ləsabl]	der Sand	**Alex lance son skim, monte dessus et ... tombe sur le sable.** Alex wirft ihr Skimboard ins Wasser, steigt drauf und ... fällt in den Sand.
debout [d(ə)bu]	stehend, im Stehen	**rester debout** stehen bleiben
emporter qc [ɑ̃pɔʀte]	etw. mitnehmen, wegtragen	**Et maintenant, les vagues emportent son skimboard.** Und jetzt nehmen die Wellen sein / ihr Skimboard mit.
la jambe [laʒɑ̃b]	das Bein	
le dos [ledo]	der Rücken	**J'ai mal à la jambe et au dos.** Mein Bein und mein Rücken tun mir weh.
tout de suite [tudsɥit]	sofort	
une région [ynʀeʒjɔ̃]	eine Region, eine Gegend	**Tu n'es pas de la région?** Bist du nicht von hier?
un drapeau [ɛ̃dʀapo]	eine Fahne, eine Flagge	

Vis-à-vis

Weht am Meer eine grüne Fahne, dann kann man bedenkenlos baden. Bei oranger Fahne sollte man nur unter Aufsicht baden, bei roter Fahne überhaupt nicht ins Wasser gehen.

	une glace [ynglas]	ein Eis
B3	**une huître** [ynɥitʀ]	eine Auster
B4	**l'hiver** *(m.)* [livɛʀ]	der Winter
	l'été *(m.)* [lete]	der Sommer
	l'automne *(m.)* [lotɔn]	der Herbst

! **au** printemps im Frühling — **en** été im Sommer
en automne im Herbst — **en** hiver im Winter

AUF EINEN BLICK

Bonnes vacances! Ferien machen ist nicht immer einfach!

– Où est-ce que vous allez passer les vacances? Au bord de la mer ou à la montagne [alamɔ̃taɲ]?	– Wohin fahrt ihr in die Ferien? Ans Meer oder in die Berge?
– Nous avons loué [lue] un gîte en Provence. Mon copain et moi, nous voulons apprendre à faire de l'escalade [fɛʀdəlɛskalad].	– Wir haben in der Provence eine Ferienunterkunft gemietet. Mein Freund und ich wollen Klettern lernen.
– Faire du surf [fɛʀdusœʀf], ça t'intéresse?	– Interessiert dich Surfen?
– Oh oui, mais j'aime surtout faire de la voile [fɛʀdəlavwal].	– Oh ja, aber vor allem mag ich Segeln.
– Vous restez en France ou est-ce que vous allez à l'étranger [aletʀɑ̃ʒe]?	– Bleibt ihr in Frankreich oder fahrt ihr ins Ausland?
– Cette année, nous allons dans un camping [syʀɛ̃kɑ̃piŋ] au bord d'un lac [lak], en Bavière [bavjɛʀ].	– Dieses Jahr fahren wir auf einen Campingplatz an einem See in Bayern.
– Tu vas m'envoyer des SMS des vacances?	– Wirst du aus den Ferien simsen?
– Oui, mais pas trop souvent parce que c'est très cher de la France en Allemagne.	– Ja, aber nicht zu oft, weil es von Frankreich nach Deutschland teuer ist.
– Quand est-ce que tu rentres?	– Wann kommst du zurück?
– Je ne sais pas encore. S'il fait beau, nous allons prolonger [pʀɔlɔ̃ʒe] d'une semaine.	– Ich weiß es noch nicht. Wenn schönes Wetter ist, werden wir um eine Woche verlängern.

MON DICO PERSONNEL

Des sports nautiques Wassersport ist super!

faire de la natation

faire du surf [fɛʀdusœʀf]

faire de la planche à voile [fɛʀdəlaplɑ̃ʃavwal]

faire de la voile [fɛʀdəlavwal]

faire du kayak [fɛʀdykajak]

faire du jet-ski [fɛʀdyʒɛtski]

faire de la plongée [fɛʀdəlaplɔ̃ʒe]

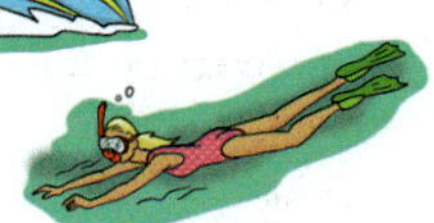

faire du ski nautique [fɛʀdyskinotik]

faire du pédalo [fɛʀdypedalo]

faire du bateau à moteur [fɛʀdubatoamɔtœʀ]

Unité 6 Notre journal

TIPP

Beim Vokabellernen wirst du immer mal wieder darauf hingewiesen, dass du zu einem **neuen Wort** schon ein anderes aus **derselben Familie** gelernt hast. Warum? Bereits bekannte Wörter helfen dir neue Wörter zu behalten, wenn beide miteinander „verwandt" sind. In der folgenden *Unité 6* gibt es drei von solchen neuen Wörtern, achte mal darauf!

TU TE RAPPELLES?

J'ai 13 ans.	Ich bin 13.	**une question**	eine Frage
adorer qn / qc	jdn. / etw. sehr mögen	**une réponse**	eine Antwort
raconter sa vie	von seinem Leben erzählen	**une histoire**	eine Geschichte
participer à qc	an etw. teilnehmen	**le succès**	der Erfolg
Ça me plaît!	Das gefällt mir!	**fantastique**	fantastisch
Ça ne me dit rien.	Das sagt mir nichts./ Ich habe keine Lust darauf.	**ressembler à qn / à qc**	jdm. / einer Sache ähneln

une **équipe** [ynekip]	eine Mannschaft, ein Team	**Coralie est dans l'équipe du journal «Boléro».** Coralie ist im / gehört zum Team der Zeitung «Boléro».
voici [vwasi]	hier ist	
une **édition** [ynedisjɔ̃]	eine Ausgabe, eine Veröffentlichung	**Voici notre dernière édition.** Hier ist unsere letzte / neueste Ausgabe.
spécial / spéciale [spesjal]	speziell, Spezial-, Sonder-	une **édition spéciale** eine Sonderausgabe
les **médias** *(m., pl.)* [lemedja]	die Medien	**Spécial médias** Sonderheft „Medien"
un **coin** [ɛ̃kwɛ̃]	eine Ecke; *hier:* eine Rubrik	
nouveau / nouvel / nouvelle [nuvo / nuvɛl / nuvɛl]	neu	! un **nouveau** copain, une **nouvelle** copine, un **nouvel** ami
un **style** [ɛ̃stil]	ein Stil	
préféré / préférée [prefere]	bevorzugt, Lieblings-	
un **festival** [ɛ̃fɛstival]	ein Festival	
court / courte [kur / kurt]	kurz	≠ **long / longue** un **court(-métrage)** = ein Kurzfilm

Vis-à-vis

Auf dem **Festival des Très Courts** werden Filme aus der ganzen Welt von maximal drei Minuten Länge gezeigt, aus denen der beste zum „Sieger" gekürt wird.

un **sujet** [ɛ̃syʒɛ]	ein Thema	**Est-ce que vous avez envie de faire un journal à ce sujet?** Habt ihr Lust, zu diesem Thema eine Zeitung zu machen?
le **courage** [ləkuraʒ]	der Mut	**Bon courage!** Viel Erfolg! / Viel Glück!
un **rédacteur** / une **rédactrice** [ɛ̃redaktœr / ynredaktris]	ein Redakteur, eine Redakteurin	

TIPP

Die Stationen können in beliebiger Reihenfolge bearbeitet werden. Deshalb werden einige neue Wörter in mehreren Stationen erklärt.

Station 1 Le coin Internet

un site [ɛ̃sit]	eine Website	**Quels sont vos sites Internet préférés?** Welche sind eure bevorzugten Websites im Internet?
un jeune / une jeune [ɛ̃ʒœn/ynʒœn]	ein Jugendlicher, eine Jugendliche	**jeune / jeune** = jung 
utiliser qc	etw. benutzen, etw. verwenden	
le net [lənɛt]	das Netz (Abkürzung für *Internet*)	
un avis [ɛ̃navi]	eine Meinung	
surfer [sœʀfe]	surfen; *hier:* im Internet surfen	**J'adore surfer sur Internet et chatter avec mes amis.** Ich liebe es, im Internet zu surfen und mit meinen Freunden zu chatten.
un blog [ɛ̃blɔg]	ein Blog *(ein Tagebuch oder Journal im Internet)*	**J'ai mon blog à moi où je raconte ma vie.** Ich habe einen eigenen Blog, in dem ich aus meinem Leben erzähle.
le contact [ləkɔ̃takt]	der Kontakt	**rester en contact avec qn** mit jdm. im Kontakt bleiben
un portable [ɛ̃pɔʀtabl]	*hier:* ein Laptop	*hier:* Kurzform von **ordinateur portable.** **un (téléphone) portable** = ein Handy
le droit [lədʀwa]	das Recht	
avoir le droit de faire qc [avwaʀlədʀwa]	das Recht haben, etw. zu tun	
parfois [paʀfwa]	manchmal	
une invitation [ynɛ̃vitasjɔ̃]	eine Einladung	**J'ai souvent des invitations pour le chat.** Ich werde oft zum Chatten eingeladen.
important / importante [ɛ̃pɔʀtɑ̃/ɛ̃pɔʀtɑ̃t]	wichtig	
sortir [sɔʀtiʀ]	hinausgehen, weggehen; *hier:* ausgehen	≠ **entrer**

! **sortir**: je sor**s**, tu sor**s**, il / elle / on sor**t**, nous sortons, vous sortez, ils / elles sortent; **je suis sorti(e)**

la réalité [laʀealite]	die Wirklichkeit	**en réalité** [ɑ̃ʀealite] in Wirklichkeit **Pour moi, il est important de sortir et de discuter avec mes copains en réalité.** Für mich ist es wichtig auszugehen und mit meinen Freunden direkt (= nicht übers Internet) zu diskutieren.
passer son temps à faire qc [pasesɔ̃tɑ̃]	seine Zeit damit verbringen, etw. zu tun	**Ils passent la nuit à chatter sur Internet.** Sie verbringen die Nacht damit, im Internet zu chatten.
c'est pourquoi [sɛpuʀkwa]	deshalb	
dormir [dɔʀmiʀ]	schlafen	

! **dormir:** je dor**s**, tu dor**s**, il / elle / on dor**t**, nous dormons, vous dormez, ils / elles dorment; j'ai **dormi**

partir [paʀtiʀ]	weggehen, abfahren	**Partir** gehört zu derselben Wortfamilie wie **le départ.**

! **partir:** je par**s**, tu par**s**, il / elle / on par**t**, nous partons, vous partez, ils / elles partent; **je suis parti(e)**

Station 2 Le coin musique

une mélodie [ynmelɔdi]	eine Melodie	
imaginer qc [imaʒine]	sich etw. vorstellen	**Une vie sans musique, c'est difficile à imaginer.** Es ist schwer, sich ein Leben ohne Musik vorzustellen.
c'est pourquoi [sɛpuʀkwa]	deshalb	
différent / différente [difeʀɑ̃ / difeʀɑ̃t]	anders	Im Französischen mit ***accent aigu*** auf dem ersten ***e***: **différent**; englisch: **different**
une fiche [fiʃ]	Blatt (Papier)	
un jeune / une jeune [ɛ̃ʒœn / ynʒœn]	ein Jugendlicher / eine Jugendliche	**(un) jeune:** Nomen und Adjektiv haben dieselbe Form.
un prénom [ɛ̃pʀenɔ̃]	ein Vorname	
la naissance [lanɛsɑ̃s]	die Geburt	**Quelle est votre date de naissance?** Was ist Ihr Geburtsdatum?
un métier [ɛ̃metje]	ein Beruf	 
un instrument [ɛ̃nɛ̃stʀymɑ̃]	ein Instrument	
le violon [ləvjɔlɔ̃]	die Violine	
la batterie [labatʀi]	das Schlagzeug	
l'**harmonica** *(m.)* [laʀmɔnika]	die Mundharmonika	
un album [ɛ̃nalbɔm]	ein Album; *hier:* ein Musikalbum, eine CD	
jouer de qc [ʒwedə]	etw. spielen *(Instrument)*	**Christophe Maé joue de la guitare, du violon, de la batterie et de l'harmonica.** Christophe Maé spielt Gitarre, Violine, Schlagzeug und Mundharmonika. ! **jouer de** – *ein Instrument spielen:* Je joue de la guitare. **jouer à** – *ein Spiel spielen:* Nous jouons aux cartes.
beau / bel / belle [bo / bɛl / bɛl]	schön	un **beau** film, un **bel** acteur, une **belle** chanson
important / importante [ɛ̃pɔʀtɑ̃ / ɛ̃pɔʀtɑ̃t]	wichtig	**Dans la vie, beaucoup de questions importantes restent sans réponses.** Im Leben bleiben viele Fragen unbeantwortet.
la voix [lavwa]	die Stimme	**Sa voix est belle et très cool.** Seine / ihre Stimme ist schön und sehr cool.
le rythme [ləʀitm]	der Rhythmus	
gagner [gaɲe]	gewinnen; *hier:* (Geld) verdienen	
l'**argent** *(m.)* [laʀʒɑ̃]	das Geld	**Ce n'est pas important pour elle de gagner beaucoup d'argent.** Für sie ist es nicht wichtig, viel Geld zu verdienen.
l'**amour** *(m.)* [lamuʀ]	die Liebe	**L'amour** gehört zu derselben Wortfamilie wie **aimer**.
la joie [laʒwa]	die Freude	**Zaz préfère avoir de l'amour et de la joie.** Viel lieber würde Zaz die Liebe finden und Freude haben.
vieux / vieil / vieille [vjø / vjɛj / vjɛj]	alt	un **vieux** chanteur, un **vieil** instrument, une **vieille** mélodie
connu / connue [kɔny]	bekannt	≠ **inconnu,e** unbekannt

un **saxophone** [ɛ̃saksɔfɔn]	ein Saxophon	**Il sait jouer du saxophone.** Er kann Saxophon spielen.
la **musique pop** [lamyzikpɔp]	die Popmusik	

Station 3 Le coin BD

résumer qc [ʀezyme]	etw. zusammenfassen	Aus **résumer** ist das Nomen **un résumé** abgeleitet und bedeutet „eine Zusammenfassung".
c'est mon tour [sɛmɔ̃tuʀ]	ich bin dran, ich bin an der Reihe	
différent / différente [difeʀɑ̃ / difeʀɑ̃t]	anders	Im Französischen mit ***accent aigu*** auf dem ersten ***e***: **différent**; englisch: **different**
un **projet** [ɛ̃pʀɔʒɛ]	ein Projekt, ein Vorhaben	
car [kaʀ]	denn	
un **atelier** [ɛ̃natəlje]	eine Werkstatt; *hier:* ein Workshop, eine AG	
simple / simple [sɛ̃pl]	einfach	französisch: **simple**, deutsch: **simpel**
un **facteur** / une **factrice** [ɛ̃faktœʀ / ynfaktʀis]	ein Briefträger / eine Briefträgerin	
devoir faire qc [devwaʀfɛʀ]	etw. tun müssen	

! **devoir:** je d**oi**s, tu d**oi**s, il / elle / on d**oi**t, nous devons, vous devez, ils / elles d**oi**vent; j'ai **dû**

apporter qc à qn [apɔʀte]	jdm. etw. (mit)bringen	Zu derselben Wortfamilien gehören **porter qc** (tragen) und **emporter qc** (mitnehmen). **Pizzas à emporter!** Pizzas zum Mitnehmen!
une **lettre** [ynlɛtʀ]	ein Brief	
au début [odeby]	am Anfang	≠ **à la fin** am Ende
recevoir qc [ʀəsəvwaʀ]	etw. empfangen, etw. bekommen	**Tu as reçu ma lettre?** Hast du meinen Brief bekommen?

! **recevoir :** je re**ç**ois, tu re**ç**ois, il / elle / on re**ç**oit, nous recevons, vous recevez, ils / elles re**ç**oivent; j'ai **reçu**

un **prix** [ɛ̃pʀi]	ein Preis	
Angoulême [ɑ̃gulɛm]	*Stadt in Westfrankreich*	

Vis-à-vis

Das alljährliche **Festival d'Angoulême** (Festival International de la Bande Dessinée) gilt als das bedeutendste Comicfestival Europas. Seit 1974 vergibt eine Jury Preise in verschiedenen Kategorien.

belge / belge [bɛlʒ]	belgisch	
la **réalité** [laʀeɑlite]	die Wirklichkeit	**un monde fantastique qui ressemble à la réalité** eine fantastische Welt, die der Wirklichkeit ähnelt
la **Belgique** [labɛlʒik]	Belgien	**en** Belgique = **in** Belgien, **de** Belgique = **aus** Belgien
les **Schtroumpfs** [leʃtʀumf]	die Schlümpfe	

Vis-à-vis

Entworfen von dem belgischen Zeichner Peyo, waren die Schlümpfe in Deutschland vor allem in den 1970er und 1980er Jahren sehr beliebte Comicfiguren.

la **mode** [lamɔd]	die Mode	Achte auf die Aussprache des **o**: im Französischen wie „c**o**mment", im Deutschen wie „L**o**ch".
à la mode [alamɔd]	modern, „in"	
le **Canada** [ləkanada]	Kanada	**au** Canada = **in** Kanada, **du** Canada = **aus** Kanada

Station 4 Le coin cinéma

au maximum [omaksimɔm]	höchstens	**C'est un festival de films très courts (au maximum 3 minutes).** Das ist ein Festival sehr kurzer Filme (von höchstens drei Minuten Länge).
avoir lieu [avwaʀljø]	stattfinden	
une **image** [ynimaʒ]	ein Bild	
le **sourire** [ləsuʀiʀ]	das Lächeln	
Girard [ʒiʀaʀ]	*Familienname*	
l'**argent** *(m.)* [laʀʒɑ̃]	das Geld	**L'homme demande de l'argent ... ou un sourire.** Der Mann bittet um Geld ... oder um ein Lächeln.
sourire [suʀiʀ]	lächeln	
un **avis** [ɛ̃navi]	eine Meinung	
original / originale [ɔʀiʒinal]	originell	Der Plural von **original** lautet **originaux**.
quotidien / quotidienne [kɔtidjɛ̃ / kɔtidjɛn]	täglich	
l'**humour** *(m.)* [lymuʀ]	der Humor	**C'est un film original et drôle qui parle de la vie quotidienne avec humour.** Das ist ein origineller (gut gemachter) und lustiger Film, der humorvoll vom Alltagsleben erzählt.
une **série télévisée** [ynseʀitelevize]	eine Fernsehserie	
un **dessin animé** [ɛ̃desɛ̃anime]	ein Zeichentrickfilm	
une **comédie** [ynkɔmedi]	eine Komödie	

un film d'horreur [ɛ̃filmdɔʀœʀ]	ein Horrorfilm
un film policier [ɛ̃filmpɔlisje]	ein Kriminalfilm, ein Krimi
passer [pase]	*hier:* laufen, spielen
se dérouler [sədeʀule]	sich abspielen, ablaufen
le suspense [ləsyspɛns]	die Spannung *(Film, Roman, Erzählung)*

Ce film passe cette semaine au cinéma.
Dieser Film läuft diese Woche im Kino.

L'histoire se déroule dans le métro.
Die Geschichte spielt in der Metro.

Das Verb kommt fast nur in der 3. Person Singular vor.

AUF EINEN BLICK

Parler de musique et de BD Musik und Comics, darüber lohnt es sich zu sprechen.

– Pourquoi est-ce que tu aimes cette chanson/BD?	– Warum magst du dieses Lied/diesen Comic?
– Quel style de musique/BD est-ce que tu aimes?	– Welchen Musik-/BD-Stil magst du?
– Quel / Quelle est ton groupe préféré/ta BD préférée?	– Welche Gruppe/BD magst du besonders?
– De quoi est-ce que cette chanson/BD parle?	– Wovon handelt dieses Lied/dieser Comic?
– Quelle est l'histoire de cette BD?	– Was ist die Geschichte/Handlung dieses Comics?
– De quel instrument est-ce que tu sais jouer?	– Welches Musikinstrument kannst du spielen?
– C'est une BD en noir et blanc ou en couleurs?	– Ist das ein schwarz-weiß- oder ein farbiger Comic?

MON DICO PERSONNEL

La musique, le cinéma et la BD, j'aime! Musik, Kino und Comics finde ich gut!

le dernier album de … [lədɛʀnjealbɔm]	die letzte Ausgabe/das letzte Album von …
un magazine de musique/musical [mysikal]	eine Musikzeitschrift
un tube [ɛ̃tyb]	ein Hit
le top ten [lətɔptɛn]	die Hitparade
un DJ [ɛ̃didʒe]	ein DJ
un couplet [ɛ̃kuple]	eine (Lied-)Strophe
le refrain [ləʀəfʀɛ̃]	der Refrain
une planche de BD [ynplɑ̃ʃ]	eine BD-Seite
un strip [ɛ̃stʀip]	eine Reihe von Zeichnungen
une bulle [ynbyl]	eine Sprechblase
le rôle principal [ləʀolpʀɛ̃sipal]	die Hauptrolle
un rôle secondaire [ɛ̃ʀolsəgɔ̃dɛʀ]	eine Nebenrolle
un personnage [ɛ̃pɛʀsɔnaʒ]	eine Person, eine Rolle
l'action *(f.)* [laksjɔ̃]	die Handlung
une scène [ynsɛn]	eine Szene
la première [lapʀəmjɛʀ]	die Premiere
avoir un grand succès [avwaʀɛ̃gʀɑ̃syksɛ]	großen Erfolg haben
un film fantastique [ɛ̃filmfɑ̃tastik]	ein Fantasyfilm

Jean Dujardin, Oscarpreisträger für die Hauptrolle in *The Artist*, 2012

Unité 7 On peut toujours rêver!

TIPP
Am Ende von Band 2 wirst du dich vielleicht nicht an alle Wörter erinnern. Daher gibt es ab S. 173 zwei **alphabetische Wortlisten** (französisch/deutsch und deutsch/französisch). Diese kannst du wie ein Wörterbuch zum Nachschlagen verwenden.

TU TE RAPPELLES?

plusieurs	mehrere	**essayer (de faire qc)**	versuchen (etw. zu tun)
plus tard	später	**demander à qn de faire qc**	jdn. bitten, etw. zu tun
plutôt	eher, vielmehr; ziemlich	**être en retard**	verspätet sein
un cadeau	ein Geschenk	**Il est là lui aussi.**	Auch er ist da.
une clé	ein Schlüssel	**regarder l'heure**	nach der Uhrzeit sehen
Ça a l'air facile.	Das sieht einfach aus.	**ranger ses affaires**	seine Sachen aufräumen

rêver (de qc) [ʀeve]	(von etw.) träumen	→ **un rêve**
l'**art** *(m.)* [laʀ]	die Kunst	Die Schreibung ist im Englischen und Französischen dieselbe, das **t** wird im Französischen nicht ausgesprochen.
le **cirque** [ləsiʀk]	der Zirkus	 
les **arts du cirque** *(m.)* [lezaʀdysiʀk]	die Zirkuskünste	
le **parachutisme** [ləpaʀaʃytism]	das Fallschirmspringen	
le **saut à l'élastique** [ləsoalelastik]	das Bungee-Jumping	
Atelier A1 **Vincennes** [vɛ̃sɛn]	*Stadt im Südosten von Paris*	
choisir qc [ʃwaziʀ]	etw. wählen, etw. aussuchen	**Alors vous choisissez les activités que vous voulez essayer.** Dann sucht die Aktivitäten aus, die ihr ausprobieren möchtet.
! **choisir**: je choisis, tu choisis, il / elle / on choisit, nous choisi**ss**ons, vous choisi**ss**ez, ils / elles choisi**ss**ent; j'ai choisi		
un **trampoline** [ɛ̃tʀɑ̃pɔlin]	ein Trampolin	
finir [finiʀ]	etw. beenden	→ **la fin**
! **finir** wird konjugiert wie **choisir**: je finis, tu finis, il / elle / on finit, nous fini**ss**ons, vous fini**ss**ez, ils / elles fini**ss**ent; j'ai fini		
un **parcours** [ɛ̃paʀkuʀ]	ein Parcours, eine Runde; ein Durchgang	
réussir à faire qc [ʀeysiʀ]	gelingen etw. zu tun, etw. fertigbringen	**Les enfants qui réussissent à le faire reçoivent un petit cadeau.** Die Kinder, denen es gelingt, ihn (den Parcours) erfolgreich zu machen, bekommen ein kleines Geschenk.
! **réussir** wird konjugiert wie **choisir** und **finir**: je réussis, tu réussis, il / elle / on réussit, nous réussi**ss**ons, vous réussi**ss**ez, ils / elles réussi**ss**ent; j'ai réussi		
le **monde** [ləmɔ̃d]	die Welt	
beaucoup de monde [bokudəmɔ̃d]	viele Leute	**Ici, il y a beaucoup de monde.** Hier sind viele Leute.
un **clown** [ɛ̃klun]	ein Clown	
l'**équilibre** *(m.)* [lekilibʀ]	das Gleichgewicht	**faire de l'équilibre** balancieren
sauter [sote]	springen	**Des enfants mettent des vêtements de clown, d'autres apprennent à faire de l'équilibre sur les mains ou sautent sur le trampoline.** Kinder ziehen Clownskostüme an, andere lernen, auf den Händen zu balancieren, oder springen auf dem Trampolin.

	un atelier [ɛ̃natəlje]	eine Werkstatt, *hier:* ein Workshop	
	une corde [ynkɔʀd]	ein Seil, eine Leine, *hier:* ein Band	
	mou / mol / molle [mu / mɔl]	weich	
	la corde molle [lakɔʀdmɔl]	die Slackline *(gespanntes Band, auf dem man balanciert)*	**Sacha est là lui aussi pour proposer avec Léo un atelier de corde molle.** Sacha ist auch da, um mit Léo einen Slackline-Workshop anzubieten.
	Qu'est-ce qui se passe? [kɛskispas]	Was ist los?	
	à propos [apʀɔpo]	übrigens	
	sonner [sɔne]	klingeln	
	il nous faut qc [ilfo]	wir brauchen etw.	**Il nous faut une corde!** Wir brauchen ein Seil. **il faut faire qc** man muss etw. tun
	une solution [ynsɔlysjɔ̃]	eine Lösung	**Ecoute, il faut trouver une solution!** Hör zu, wir müssen eine Lösung finden.
	un club [ɛ̃klœb]	ein Klub, ein Verein	
	réfléchir [ʀefleʃiʀ]	nachdenken, überlegen	**réfléchir** wird konjugiert wie finir: je réfléchis, nous réfléchi**ss**ons; j'ai réfléch**i**
	une balle [ynbal]	ein (kleiner) Ball	Une **balle** ist kleiner als un **ballon**. Une **balle** verwendet man z. B. beim Tennis oder Tischtennis. Un **ballon** wird z. B. beim Fußball, Handball oder Basketball benutzt.
	jongler [ʒɔ̃gle]	jonglieren	
	De rien. [dəʀjɛ̃]	Keine Ursache.	
A 3	**sérieux / sérieuse** [seʀjø / seʀjøz]	ernst(haft), seriös	**Ce n'est pas sérieux!** Das ist nicht ernst! / Das kann doch nicht wahr sein!
	Ne t'en fais pas. *(fam.)* [nətɑ̃fɛpa]	Mach dir nichts draus.	
A 4	**une phrase** [ynfʀaz]	ein Satz	
	bouger [buʒe]	sich bewegen	
!	**bouger:** je bouge, tu bouges, il / elle / on bouge, nous boug**e**ons, vous bougez, ils / elles bougent; j'ai bougé		
Atelier B 3	**plein / pleine** (de qc) [plɛ̃ / plɛn]	voll (mit etw.)	**des rêves plein la tête** den Kopf voller Träume
	fini / finie [fini]	beendet, zu Ende	
	l'**herbe** *(f.)* [lɛʀb]	das Gras	
	tout / toute [tu / tut]	ganz *(+ Nomen)*	**toute la journée** den ganzen Tag (lang)
	tous / toutes [tu / tut]	alle *(+ Nomen)*	**tous les jours** jeden Tag
	tous les deux / toutes les deux [tu … / tutledø …]	(alle) beide	**Nous avons fait tout le parcours et nous avons eu des cadeaux toutes les deux.** Wir haben den ganzen Parcours gemacht und haben alle beide Geschenke bekommen.
	snif [snif]	schnief, schluchz	

l'**escrime** *(f.)* [lɛskʀim]	das Fechten	**faire de l'escrime** = fechten 
le **tirage au sort** [lətiʀaʒosɔʀ]	die Verlosung	
un **cheval** / des **chevaux** [ɛ̃ʃəval / deʃəvo]	ein Pferd / Pferde	
seulement [sœlmɑ̃]	nur	
la **campagne** [lakɑ̃paɲ]	das Land	**habiter à la campagne** auf dem Land leben ! Nicht mit **le pays** (das Land, der Staat, die Nation) verwechseln.
un **biologiste** / une **biologiste** [ɛ̃bjɔlɔʒist / ynbjɔlɔʒist]	ein Biologe / eine Biologin	**J'aimerais bien <u>être</u> biologiste.** Ich möchte gern Biologe <u>werden</u>. **Aber: Il <u>est</u> biologiste.** Er <u>ist</u> Biologe.
plus (de) [plysdə]	mehr + *Nomen*	
l'**argent** *(m.)* **de poche** [laʀʒɑ̃dəpɔʃ]	das Taschengeld	**Mais pour ça, il me faut plus d'argent de poche.** Aber dafür brauche ich mehr Taschengeld.
un **voisin** / une **voisine** [ɛ̃vwazɛ̃ / ynvwazin]	ein Nachbar / eine Nachbarin	**Alors il aide ses voisins.** Also hilft er seinen Nachbarn.
B7 un **argument** [ɛ̃naʀgymɑ̃]	ein Argument	**un argument contre** ein Gegenargument
assez (de) [ase]	genug, genügend (von)	**Je n'ai pas assez de ...** Ich habe nicht genug ...
une **raison** [ynʀɛzɔ̃]	ein Grund	**avoir raison** recht haben
à mon avis [amɔ̃navi]	meiner Meinung nach	
Je suis de ton avis. [ʒəsɥidətɔ̃navi]	Ich bin deiner Meinung.	
B8 une **annonce** [ynanɔ̃s]	eine Anzeige, eine Annonce	

AUF EINEN BLICK

De quoi est-ce que tu rêves? / Qu'est-ce que tu sais faire?

– **faire du saut sur trampoline**	– Trampolin springen
– **sauter en parachute**	– Fallschirm springen
– **faire du saut à l'élastique**	– Bungee-Jumping (springen)
– **jongler**	– jonglieren
– **jouer au rugby**	– Rugby spielen
– **jouer de la batterie**	– Schlagzeug spielen
– **marcher en équilibre sur les mains**	– auf den Händen (im Handstand) laufen

MON DICO PERSONNEL

On peut toujours rêver! ... und noch mehr Träume!

faire un voyage sur la lune	eine Reise zum Mond machen	*passer ses vacances dans une cabane dans un arbre*	seine Ferien in einem Baumhaus verbringen
rencontrer une star de foot	einen Fußballstar treffen	*devenir une vedette [vədɛt] du ciné*	ein Filmstar werden
passer ses vacances sur une île tropicale	seine Ferien auf einer Tropeninsel verbringen	*devenir pilote [pilɔt]*	Pilot werden

Liste des mots

Die *Liste des mots* enthält den Lernwortschatz aus den *Unités*. Wörter, die innerhalb von *Lire*-Aufgaben erschlossen werden sollen, grammatische Basiswörter wie z. B. die Subjektpronomen *je, tu …* sowie Zahlen werden in der folgenden Liste nicht aufgeführt.
Die Fundstellen verweisen auf das erstmalige Vorkommen der Wörter wie z. B.:

une **affaire** **I 3 A,** 3

Band **1**, Unité **3**, Atelier **A**, Nummer **3**.

Weitere Abkürzungen:
DE = Einstiegsseite *Découvertes*;
A = Atelier A
B = Atelier B
C = Atelier C
Grau gesetzte Wörter sind fakultativ und brauchen nicht gelernt zu werden.

A

à (Paris) [a] in, nach (Paris) **I2DE**
A tout à l'heure! [atutalœʀ] Bis gleich! ⟨**I1P**⟩
A plus! *(fam.)* [aplys] Bis später! **I5A,** 1
à propos de qc [apʀɔpodə] apropos, etw. betreffend, bezüglich einer Sache **II2A,** 1
Il / Elle est à qui? [ilɛtaki / ilɛtaki] Wem gehört er / sie / es? **I4A,** 3
un **abricot** [ɛ̃abʀiko] eine Aprikose ⟨**II4P**⟩
l'**accrobranche** *(m.)* [lakʀɔbʀɑ̃ʃ] ein Hochseilgarten ⟨**II5P**⟩
acheter qc [aʃte] etw. kaufen **II4DE**
un **acteur** / une **actrice** [ɛ̃aktœʀ / ynaktʀis] ein Schauspieler / eine Schauspielerin **II1B,** 2
l'**action** *f.* [laksjɔ̃] eine Handlung ⟨**II6P**⟩
une **activité** [ynaktivite] eine Freizeitbeschäftigung **I5DE**
adorer qn / qc [adɔʀe] jdn. / etw. sehr gern mögen **I7C,** 1
une **affaire** [ynafɛʀ] eine Sache, eine Angelegenheit **I3A,** 3
une **affiche** [ynafiʃ] ein Plakat, ein Poster **I2DE**
l'**âge** *(m.)* [laʒ] das Alter **I3B,** 9
Tu as quel âge? [tyakɛlaʒ] Wie alt bist du? **I3B,** 9
aider qn [ede] jdm. helfen **I6B,** 1
Aïe! [aj] Aua! **I4DE**
de l'**ail** [dəlaj] Knoblauch ⟨**II4P**⟩
aimer qn / qc [eme] jdn. / etw. lieben, jdn. / etw. mögen **I2B,** 2
j'aimerais mieux … [ʒɛmʀɛmjø] ich würde lieber … **II3A,** 8
ainsi [ɛ̃si] so, auf diese Weise ⟨**II2P**⟩
l'**air** *(m.)* [lɛʀ] die Luft; *hier:* das Aussehen **II1A,** 1
avoir l'air [avwaʀlɛʀ] aussehen **II1A,** 1

une **aire de repos** [ynɛʀdəʀəpo] ein Rastplatz *(an der französischen Autobahn)* **II5A,** 4
un **album** [ɛ̃nalbɔm] ein Album; *(hier:)* ein Musikalbum, eine CD **II6B**
l'**allemand** *(m.)* [lalmɑ̃] Deutsch **I4DE**
allemand / allemande [almɑ̃ / almɑ̃d] deutsch **I3A,** 3
aller [ale] gehen, fahren **I4A,** 3
aller bien [alebjɛ̃] gut gehen **II1A,** 7
aller chercher qc [aleʃɛʀʃe] etw. (ab)holen **II4A,** 2
aller faire qc [alefɛʀ] etw. tun werden **I5A,** 1
Allô ? [alo] Hallo? *(am Telefon)* **I3A,** 3
alors [alɔʀ] nun, jetzt, dann **I2B,** 2
un **ami** / une **amie** [ɛ̃nami / ynami] ein Freund / eine Freundin **I2A,** 3
l'**amour** *(m.)* [lamuʀ] die Liebe **II6B**
un **an** [ɛ̃nɑ̃] ein Jahr **I3B,** 1
un **ananas** [ɛ̃nanana] eine Ananas ⟨**II4P**⟩
l'**anglais** *(m.)* [lɑ̃glɛ] Englisch ⟨**I4P**⟩
un **animal** / des **animaux** [ɛ̃nanimal / dezanimo] ein Tier / Tiere **II5A,** 4
une **année** [ynane] ein Jahr **I3B,** 7
un **anniversaire** [ɛ̃nanivɛʀsɛʀ] ein Geburtstag **I3DE**
une **annonce** [ynanɔ̃s] eine Anzeige, eine Annonce **II7B,** 8
un **anorak** [ɛ̃nanɔʀak] ein Anorak **I6B,** 8
août *(m.)* [ut] August **I3B,** 7
un **appartement** [ɛ̃napaʀtəmɑ̃] eine Wohnung **I5A,** 3
appeler qn [aple] jdn. (an)rufen **II2B,** 2
je m'appelle [ʒəmapɛl] ich heiße **I1A,** 1
il s'appelle [ilsapɛl] er heißt **I3B,** 9
Tu t'appelles comment? [tytapɛlkɔmɑ̃] Wie heißt du? **I1A,** 1
l'**applaudissement** *(m.)* [laplodismɑ̃] der Beifall, der Applaus **II3B,** 1
apporter qc à qn [apɔʀte] jdm. etw. (mit)bringen **II6C**
apprendre qc [apʀɑ̃dʀ] etw. lernen, etw. erfahren **II3DE**
après [apʀɛ] nach; danach **I4A,** 1
peu après [pøapʀɛ] kurz darauf ⟨**II2P**⟩
l'**après-midi** *(m. / f.)* [lapʀɛmidi] der Nachmittag **I5A,** 3
un **arbre** [ɛ̃naʀbʀ] ein Baum **II5A,** 4
l'**argent** *(m.)* [laʀʒɑ̃] das Geld **II6B**
gagner de l'argent [gaɲe] Geld verdienen **II6B**
l'argent *(m.) de poche* [laʀʒɑ̃dəpɔʃ] das Taschengeld **II7B,** 3
un **argument** [ɛ̃naʀgymɑ̃] ein Argument **II7B,** 7
arrêter qc [aʀete] etw. anhalten, beenden; mit etw. aufhören **II3B,** 1
l'**arrivée** *(f.)* [laʀive] die Ankunft **I6A,** 2
arriver [aʀive] (an)kommen **I2DE**
un **arrondissement** [ɛ̃naʀɔ̃dismɑ̃] ein Arrondissement *(ein Verwaltungsbezirk)* **I5DE**
l' **art** *(m.)* [laʀ] die Kunst **II7DE**
les arts plastiques *(m.)* [lezaʀplastik] Kunst *(als Schulfach)* ⟨**I4P**⟩
les arts du cirque *(m.)* [lezaʀdysiʀk] die Zirkuskünste **II7DE**

un **article** [ɛ̃naʀtikl] ein Artikel **II3B,** 4
assez (de) [ase] genug, genügend (von) **II7B,** 7
une **assiette** [ynasjɛt] ein Teller **II4B,** 1
un **assistant** / une **assistante** [ɛ̃nasistɑ̃ / ynasistɑ̃t] ein Assistent / eine Assistentin **I7DE**
un **atelier** [ɛ̃natəlje] eine Werkstatt, *hier:* ein Workshop **II6C**
l'**athlétisme** *(m.)* [latletism] die Leichtathletik **I5A,** 3
attendre qn [atɑ̃dʀ] auf jdn. warten, jdn. erwarten **II2B,** 2
Attention! [atɑ̃sjɔ̃] Achtung!, Vorsicht! **I1A,** 1
une **aubergine** [ynobɛʀʒin] eine Aubergine ⟨**II4P**⟩
aujourd'hui [oʒuʀdɥi] heute **I3A,** 3
aussi [osi] auch **I1B,** 1
l'**automne** *(m.)* [lotɔn] der Herbst **II5B,** 4
une **autoroute** [ynotoʀut] eine Autobahn **II5A,** 4
autre / autre [otʀ] anderer / andere / anderes **I6B,** 1
avancer [avɑ̃se] vorankommen **II3B,** 1
avant [avɑ̃] vor **I6B,** 1
avec [avɛk] mit **I2DE**
une **avenue** [ynavəny] eine Straße **I5DE**
un **avion** [ɛ̃navjɔ̃] ein Flugzeug **I7B,** 3
un **avis** [ɛ̃navi] eine Meinung **II6A**
à mon avis [amɔ̃navi] meiner Meinung nach **II7B,** 7
Je suis de ton avis. [ʒəsɥidətɔ̃navi] Ich bin deiner Meinung. **II7B,** 7
un **avocat** [ɛ̃navɔka] eine Avokado ⟨**II4P**⟩
avoir [avwaʀ] haben **I3B,** 1
avoir raison [avwaʀʀɛzɔ̃] recht haben **I4B,** 4
avoir cours [awaʀkuʀ] Unterricht haben **II1B,** 2
avoir envie de faire qc [avwaʀɑ̃vi] Lust haben, etw. zu tun **I3B,** 1
avoir faim [avwaʀfɛ̃] Hunger haben **I3B,** 1
avoir le droit de faire qc [avwaʀlədʀwa] das Recht haben, etw. zu tun **II6A**
avoir le temps de faire qc [avwaʀlətɑ̃] Zeit haben, etw. zu tun **II4B,** 2
avoir lieu [avwaʀljø] stattfinden ⟨**II6D**⟩
avoir l'air [avwaʀlɛʀ] aussehen **II1A,** 1
avoir mal [avwaʀmal] Schmerzen haben **I5B,** 3
en avoir marre de qn / qc (fam.) [ɑ̃navwaʀmaʀ] von etw. die Nase voll haben *(ugs.)* **II2B,** 2
avoir peur [avwaʀpœʀ] Angst haben **II2A,** 1
avoir soif [avwaʀswaf] Durst haben **I5C,** 1
avril *(m.)* [avʀil] April **I3B,** 7

B

un **bal** [ɛ̃bal] ein Ball, ein Fest **I6DE**
un **baladeur mp3** [ɛ̃baladœʀɛmpetʀwa] ein MP3-Player **II5A,** 4
une **balle** [ynbal] ein (kleiner) Ball **II7A,** 1
un **ballon** [ɛ̃balɔ̃] ein Ball **II5B,** 1
une **banane** [ynbanan] eine Banane ⟨**II4P**⟩
le **baptême** [ləbatɛm] die Taufe ⟨**I3P**⟩

une **basket** [ynbaskɛt] ein Turnschuh I6B, 8
le **basket(ball)** [ləbaskɛtbol] Basketball ⟨I2P⟩; ⟨I5A, 5⟩
un **bateau** / des **bateaux** [ɛ̃bato/debato] ein Boot, ein Schiff / Boote, Schiffe II5A, 1
un bateau à moteur [ɛ̃batoamɔtœʀ] ein Motorboot ⟨II5P⟩
la **batterie** [labatʀi] das Schlagzeug II6B
une **planche de BD** [ynplɑ̃ʃ] eine Comic-Seite ⟨II6P⟩
une **BD** [ynbede] ein Comic I2DE
beau / bel / belle [bo/bɛl/bɛl] schön II6B
Il fait beau. [ilfɛbo] Es ist schönes Wetter. / Das Wetter ist schön. I7A, 1
beaucoup [boku] viel I5B, 2
beaucoup de [bokudə] viel(e) I7A, 1; I7C, 2
belge / belge [bɛlʒ] belgisch II6C
ben *fam.* [bɛ̃] nun, … II3A, 2
bête / bête [bɛt] dumm II1A, 1
le **beurre** [ləbœʀ] die Butter II4B, 2
une **bibliothèque** [ynbiblijɔtɛk] eine Bücherei ⟨I5P⟩
bien *(adv.)* [bjɛ̃] gut *(Adv.)* I1B, 1
bien sûr [bjɛ̃syʀ] Sicherlich!, Na klar!, Selbstverständlich! I3A, 2
bientôt [bjɛ̃to] bald I3A, 1
Bienvenue! [bjɛ̃vny] Willkommen! ⟨I0⟩
un **biologiste** / une **biologiste** [ɛ̃bjɔlɔʒist/ynbjɔlɔʒist] ein Biologe / eine Biologin II7B, 3
une **bise** *(fam.)* [ynbiz] ein Kuss, ein Küsschen I7A, 4
bizarre [bizaʀ] komisch, merkwürdig I1B, 1
une **blague** [ynblag] ein Scherz, ein Streich II1A, 1
blanc / blanche [blɑ̃/blɑ̃ʃ] weiß I6B, 6
bleu / bleue [blø] blau I6B, 6
un **blog** [ɛ̃blɔg] ein Blog *(ein Tagebuch im Internet)* II6A
blond / blonde [blɔ̃/blɔ̃d] blond II1B, 6
un **blouson** [ɛ̃bluzɔ̃] ein Blouson, eine Jacke ⟨I6B, 8⟩
Bof! [bɔf] Na ja., Ach. I1B, 7
boire qc [bwaʀ] etw. trinken II4A, 2
une **boisson** [ynbwasɔ̃] ein Getränk II4A, 2
bon / bonne [bɔ̃/bɔn] gut I6A, 4
Ah, bon? [abɔ̃] Ach ja? / Wirklich? I3A, 1
Bonne journée! [bɔnʒuʀne] Einen schönen Tag! I5C, 5
un **bonbon** [ɛ̃bɔ̃bɔ̃] ein Bonbon ⟨I0, 5⟩
Bonjour! [bɔ̃ʒuʀ] Guten Tag! I1DE
au bord de qc [obɔʀdə] am Rande, am Ufer von etw. II5DE
un **bouchon** [ɛ̃buʃɔ̃] ein Korken; *hier:* ein Verkehrsstau II5A, 4
bouger [buʒe] sich bewegen II7A, 4
une **bougie** [ynbuʒi] eine Kerze I3A, 3
une **boulangerie** [ynbulɑ̃ʒʀi] eine Bäckerei I5B, 1
une **boulette** [ynbulɛt] ein Kügelchen II1B, 2
une **bouteille** [ynbutɛj] eine Flasche II4A, 2
une **boutique** [ynbutik] eine Boutique, ein Ladengeschäft I7A, 1
le **bras** [ləbʀa] der Arm II2A, 1
le **bruit** [ləbʀɥi] das Geräusch, der Lärm I5A, 3
brun / brune [bʀɛ̃/bʀyn] braun II1B, 6
une **bulle** [ynbyl] eine Sprechblase ⟨II6P⟩
un **bulletin scolaire** [ɛ̃byltɛ̃skɔlɛʀ] ein Schulzeugnis II3DE
un **bureau** [ɛ̃byʀo] ein Büro; ein Schreibtisch; *hier:* ein Arbeitszimmer I7A, 1
un **bureau de poste** [ɛ̃byʀodəpɔst] ein Postamt ⟨I0, 8⟩
un **bus** [ɛ̃bys] ein Bus I7B, 1

C

ça [sa] das I2B, 2
un **cadeau** [ɛ̃kado] ein Geschenk I3A, 1
un **café** [ɛ̃kafe] ein Café I5B, 1
le **café** [ləkafe] der Kaffee II4B, 6
un **cahier** [ɛ̃kaje] ein Heft I2A, 1
un **cahier de textes** [ɛ̃kajedətɛkst] ein Hausaufgabenheft II3DE
la **campagne** [lakɑ̃paɲ] das Land II7B, 3
un **camping** [ɛ̃kɑ̃piŋ] ein Campingplatz ⟨II5P⟩
un **canapé** [ɛ̃kanape] ein Sofa II5A, 7
un **canari** [ɛ̃kanaʀi] ein Kanarienvogel ⟨I1P⟩
un **canoë** [ɛ̃kanɔe] ein Kanu ⟨II5P⟩
une **cantine** [ynkɑ̃tin] eine Kantine, eine Mensa I4DE
car [kaʀ] denn II6C
un **carnet** [ɛ̃kaʀnɛ] ein Heft, ein Notizbuch II3DE
une **carotte** [ynkaʀɔt] eine Karotte, eine Möhre ⟨II4P⟩
un **carrefour** [ɛ̃kaʀfuʀ] eine Kreuzung I5B, 1
un **cartable** [ɛ̃kaʀtabl] eine Schultasche ⟨I2A, 1⟩
une **carte** [ynkaʀt] eine Karte I7A, 1
une carte postale [ynkaʀtpɔstal] eine Postkarte, eine Ansichtskarte I7A, 1
un **carton** [ɛ̃kaʀtɔ̃] ein Karton I2A, 3
une **casquette** [ynkaskɛt] eine Kappe, eine Schirmmütze I6B, 1
les **catacombes** *(f.)* [lekatakɔ̃b] die Katakomben *(unterirdische Begräbnisstätte)* II2DE
une **catastrophe** [ynkatastʀɔf] eine Katastrophe I2A, 3
une **cathédrale** [ynkatedʀal] eine Kathedrale I7DE
Ça va? [sava] Wie geht's? I1A, 1
un **CD** / des **CD** [ɛ̃sede/desede] eine CD / CDs I3A, 1
un **CDI** [ɛ̃sedei] ein CDI I4DE
ce / c' [sə] das *(z.B. in „c'est" = das ist …)* I1A, 1
ce soir [səswaʀ] heute Abend I5A, 1
ce / cet / cette / ces [sə/sɛt/sɛt/se] dieser / diese / dieses *(Demonstrativbegleiter)* II1B, 2
un **centime** [ɛ̃sɑ̃tim] ein Cent I5C, 1
C'est à qui? [sɛtaki] Wer ist an der Reihe? II4A, 2
C'est ça? [sɛsa] Stimmt's? I3B, 1
une **chaise** [ynʃɛz] ein Stuhl II3DE
une **chambre** [ynʃɑ̃bʀ] ein (Schlaf-)Zimmer I3A, 3
un **champignon** [ɛ̃ʃɑ̃piɲɔ̃] ein Champignon ⟨II4P⟩
un **champion** / une **championne** [ɛ̃ʃɑ̃pjɔ̃/ynʃɑ̃pjɔn] ein Champion, ein Meister / eine Meisterin I5B, 3
la **chance** [laʃɑ̃s] das Glück; die Chance II2B, 2
changer [ʃɑ̃ʒe] wechseln, ändern II3DE
changer de salle [ʃɑ̃ʒedəsal] den Raum wechseln II3DE
une **chanson** [ynʃɑ̃sɔ̃] ein Lied I2B, 7
chanter [ʃɑ̃te] singen I3B, 1
un **chanteur** / une **chanteuse** [ɛ̃ʃɑ̃tœʀ/ynʃɑ̃tøz] ein Sänger / eine Sängerin I6A, 4
un **chapeau** [ɛ̃ʃapo] ein Hut I6A, 4
chaque [ʃak] jeder / jede / jedes + *Nomen* II3DE
un **chat** [ɛ̃ʃa] eine Katze I1B, 1
chatter avec qn [tʃate] mit jdm. (im Internet) chatten II2A, 1
chaud / chaude [ʃo/ʃod] warm, heiß I7A, 1
Il fait chaud. [ilfɛʃo] Es ist warm / heiß. I7A, 1
j'ai eu chaud *(fam.)* [ʒeyʃo] Ich hatte ganz schön Bammel. *(ugs.)* ⟨II2P⟩
une **chaussure** [ynʃosyʀ] ein Schuh I6B, 8
une **chemise** [ynʃəmiz] ein Hemd I6B, 8
Cher … / Chère … [ʃɛʀ] Lieber … / Liebe … *(Anrede)* I7A, 4
cher / chère [ʃɛʀ] teuer I7C, 1
chercher qn / qc [ʃɛʀʃe] jdn. / etw. suchen I2DE
un **cheval** / des **chevaux** [ɛ̃ʃəval/deʃəvo] ein Pferd / Pferde ⟨I1P⟩; II7B, 3
faire du cheval [fɛʀdyʃəval] reiten ⟨II5P⟩
un **cheveu** / des **cheveux** [ɛ̃ʃ(ə)vø/deʃ(ə)vø] ein Haar / Haare II1B, 6
chez qn [ʃe] bei jdm. I4A, 1
un **chien** [ɛ̃ʃjɛ̃] ein Hund I1B, 1
des **chips** *(f.)* [deʃips] Chips ⟨I6P⟩
un **choc** [ɛ̃ʃɔk] ein Schock ⟨II2P⟩
le **chocolat** [ləʃɔkɔla] die Schokolade II4A, 1
choisir qc [ʃwaziʀ] etw. wählen, etw. aussuchen II7A, 1
une **chose** [ynʃoz] eine Sache / ein Ding I7C, 1
quelque chose [kɛlkəʃoz] etw. I4B, 4
un **chou-fleur** [ɛ̃ʃuflœʀ] ein Blumenkohl ⟨IIP⟩
Chut! [ʃyt] Pst! I2A, 3
un **cinéma** [ɛ̃sinema] ein Kino II1B, 2
la **5ᵉ (A)** / la **cinquième (A)** [lasɛ̃kjɛm] die Fünfte, die Fünf A II1DE
le **cirque** [ləsiʀk] der Zirkus II7DE
un **citron** [ɛ̃sitʀɔ̃] eine Zitrone II4DE
une **classe** [ynklas] eine Klasse I4A, 3
un **classeur** [ɛ̃klasœʀ] ein Ordner ⟨I2A, 1⟩
une **clé** [ynkle] ein Schlüssel I4A, 3
une clé USB [ynkleyɛsbe] ein USB-Stick I4A, 3
un **client** / une **cliente** [ɛ̃klijɑ̃/ynklijɑ̃t] ein Kunde / eine Kundin I5C, 5
cliquer [klike] klicken I4B, 4
un **clown** [ɛ̃klun] ein Clown II7A, 1
un **club** [ɛ̃klœb] ein Klub, ein Verein II7A, 1
un club de foot [ɛ̃klœbdəfut] ein Fußballverein ⟨I5P⟩

un club sportif [ɛ̃klœbspɔʀtif] ein Sportverein ⟨I5P⟩
un **coca** [ɛ̃koka] eine Cola **I5C**, 1
un **cochon** [ɛ̃kɔʃɔ̃] ein Schwein ⟨**I1P**⟩
un **cochon d'Inde** [ɛ̃kɔʃɔ̃dɛ̃d] ein Meerschweinchen ⟨**I1P**⟩
un **coiffeur** / une **coiffeuse** [ɛ̃kwafœʀ/ynkwaføz] ein Frisör, eine Frisörin ⟨**I5P**⟩
un **coin** [ɛ̃kwɛ̃] eine Ecke, *hier:* eine Rubrik **II6DE**
la **colère** [lakɔlɛʀ] der Zorn, die Wut **II1A**, 1
un **collège** [ɛ̃kɔlɛʒ] ein „Collège" **I4DE**
un **collègue** / une **collègue** [ɛ̃kɔlɛg/ynkɔlɛg] ein Kollege / eine Kollegin **II4A**, 1
un **combat** [ɛ̃kɔ̃ba] ein Kampf **I5B**, 3
combien (de) [kɔ̃bjɛ̃] wie viel **I5C**, 1
Ça fait combien? [safɛ̃tkɔ̃bjɛ̃] Wie viel kostet das? **I5C**, 1
Ça coûte combien? [sakutkɔ̃bjɛ̃] Wie viel kostet das? **I5C**, 1
une **comédie** [ynkɔmedi] eine Komödie ⟨**II6D**⟩
comme [kɔm] als **I5A**, 6; wie **I4B**, 4
comme [kɔm] weil ⟨**II2P**⟩
comme ça [kɔmsa] so, auf diese Weise **I4B**, 4
commencer [kɔmɑ̃se] anfangen, beginnen **I4A**, 1
comment? [kɔmɑ̃] wie? *(Fragewort)* **I1A**, 1
Comment allez-vous? [kɔmɑ̃talevu] Wie geht es euch / Ihnen? **I7A**, 4
comprendre qc [kɔ̃pʀɑ̃dʀ] etw. verstehen **II1A**, 1
Je n'ai pas compris. [ʒənepakɔ̃pʀi] Ich habe nicht verstanden. **II1A**, 8
concentré / concentrée [kɔ̃sɑ̃tʀe] konzentriert **II4B**, 2
connaître qn / qc [kɔnɛtʀ] jdn. / etw. kennen **II1A**, 1
connu / connue [kɔny] bekannt **II6B**
le **contact** [ləkɔ̃takt] der Kontakt **II6A**
content / contente [kɔ̃tɑ̃/kɔ̃tɑ̃t] zufrieden **I6A**, 4
continuer [kɔ̃tinɥe] weitermachen; fortfahren **II1B**, 2
contre [kɔ̃tʀ] gegen **II2A**, 1
cool *(fam.) (inv.)* [kul] cool **I4B**, 4
un **copain** / une **copine** *(fam.)* [ɛ̃kɔpɛ̃/ynkɔpin] ein Freund / eine Freundin **I1B**, 2
une **copie** [ynkɔpi] eine Kopie **I4B**, 4
une **corde** [ynkɔʀd] ein Seil; eine Leine; *hier:* ein Band **II7A**, 1
la corde molle [lakɔʀdmɔl] die Slackline *(gespanntes Band, auf dem man balanciert)* **II7A**, 1
à **côté** [akote] daneben, nebenan **II1A**, 1
à côté de [akotedə] neben **II1A**, 1
Coucou! [kuku] Kuckuck! / Hallo! **I7A**, 4
une **couleur** [ynkulœʀ] eine Farbe **I6B**, 6
un **couloir** [ɛ̃kulwaʀ] ein Gang, ein Flur **II2DE**
un **coup de téléphone** [ɛ̃kudətelefɔn] ein Telefonanruf **II2B**, 8
un **couplet** [ɛ̃kuple] eine (Lied-)Strophe ⟨**II6P**⟩
une **cour** [ynkuʀ] ein (Schul-)Hof **I4DE**
le **courage** [ləkuʀaʒ] der Mut **II6DE**
courageux / courageuse [kuʀaʒø/kuʀaʒøz] mutig **II2DE**
un **courriel** [ɛ̃kuʀjɛl] eine E-Mail **I6B**, 6
un **cours** [ɛ̃kuʀ] eine Unterrichtsstunde **I4DE**
avoir cours [awaʀkuʀ] Unterricht haben **II1B**, 2
en cours [ɑ̃kuʀ] im Unterricht **II1A**, 1
une **course** [ynkuʀs] ein Lauf, ein Rennen **II3A**, 2
faire les courses *(f.) (pl.)* [fɛʀlekuʀs] einkaufen **II4DE**
court / courte [kuʀ/kuʀt] kurz **II6DE**
un **cousin** / une **cousine** [ɛ̃kuzɛ̃/ynkuzin] ein Cousin / eine Cousine **I3A**, 9
un **couteau** [ɛ̃kuto] ein Messer **II4B**, 1
coûter [kute] etw. kosten **I5C**, 1
Ça coûte combien? [sakutkɔ̃bjɛ̃] Wie viel kostet das? **I5C**, 1
un **crâne** [ɛ̃kʀan] ein Schädel, ein Totenkopf **II2A**, 1
un **crayon** [ɛ̃kʀɛjɔ̃] ein Bleistift ⟨**I0**, 5⟩; **I2A**, 1
une **crêpe** [ynkʀɛp] eine Crêpe **I5DE**
crier [kʀije] schreien **II3B**, 1
un **croissant** [ɛ̃kʀwasɑ̃] ein Croissant *(Hörnchen)* ⟨**I0**, 5⟩
une **cuillère** [ynkɥijɛʀ] ein Löffel **II4B**, 1
une **cuisine** [ynkɥizin] eine Küche **I5A**, 3
faire la cuisine [fɛʀlakɥizin] kochen, Essen zubereiten **II4DE**
curieux / curieuse [kyʀjø/kyʀjøz] neugierig; merkwürdig **II2B**, 1
le **cyclisme** [ləsiklism] Radfahren ⟨**I5A**, 5⟩

D

d'abord [dabɔʀ] zuerst **I3A**, 2
tout d'abord [tudabɔʀ] zuallererst ⟨**II2P**⟩
d'accord [dakɔʀ] einverstanden, o.k. **I2B**, 2
une **dame** [yndam] eine Dame **I1B**, 4
dangereux / dangereuse [dɑ̃ʒʀø/dɑ̃ʒʀøz] gefährlich **II2B**, 1
dans [dɑ̃] in **I2A**, 3
dans la rue [dɑ̃laʀy] auf der Straße **I2A**, 3
la **danse** [ladɑ̃s] der Tanz, das Tanzen **I5A**, 5
danser [dɑ̃se] tanzen **I6DE**
un **dauphin** [ɛ̃dofɛ̃] ein Delfin ⟨**II7P**⟩
de / d' [də] aus; von **I1B**, 1
de ... à [dəa] von ... bis **I4A**, 2
debout [d(ə)bu] stehend, im Stehen **II5B**, 1
un **début** [ɛ̃deby] ein Anfang **II6C**
au début [odeby] am Anfang **II6C**
décembre *(m.)* [desɑ̃bʀ] Dezember **I3B**, 1
décrire qn / qc [dekʀiʀ] jdn. / etw. beschreiben **II1B**, 6
déjà [deʒa] schon **I5A**, 3
demain [dəmɛ̃] morgen **I3A**, 3
demander (qc) à qn [dəmɑ̃de] jdn. (nach etw.) fragen; jdn. (um etw.) bitten **I6B**, 1
demi / demie [dəmi] halb **I4A**, 1
sept heures et demie [sɛtœʀedəmi] halb acht **I4A**, 1
un **demi-frère** [ɛ̃d(ə)mifʀɛʀ] ein Halbbruder ⟨**I3A**, 9⟩
une **demi-sœur** [ynd(ə)misœʀ] eine Halbschwester ⟨**I3A**, 9⟩
le **départ** [lədepaʀ] die Abfahrt, der Aufbruch **II5A**, 2
depuis [dəpɥi] seit **II2A**, 1
dernier / dernière [dɛʀnje/dɛʀnjɛʀ] letzter / letzte / letztes **I6A**, 4
se dérouler [sədeʀule] sich abspielen ⟨**II6D**⟩
derrière [dɛʀjɛʀ] hinter **I4B**, 10
descendre [desɑ̃dʀ] hinuntergehen; aussteigen **II2B**, 2
désirer qc [deziʀe] etw. wünschen **I7C**, 2
(je suis) **désolé / désolée** [dezɔle] es tut mir leid **I7C**, 2
un **dessert** [ɛ̃desɛʀ] ein Nachtisch **II4A**, 1
un **dessin** [ɛ̃desɛ̃] eine Zeichnung **II2B**, 2; ⟨**I2P**⟩
un dessin animé [ɛ̃desɛ̃anime] ein Zeichentrickfilm ⟨**II6D**⟩
un **dessinateur** / une **dessinatrice** [ɛ̃desinatœʀ/yndesinatʀis] ein Zeichner / eine Zeichnerin **II2B**, 2
dessus [d(ə)sy] darauf **II5B**, 1
détester qn / qc [detɛste] jdn. / etw. verabscheuen **I2B**, 2
devant [dəvɑ̃] vor *(örtlich)* **I2B**, 2
devenir pilote [dəvəniʀpilɔt] Pilot werden ⟨**II7P**⟩
devenir une vedette du ciné [dəvəniʀynvədɛtdysine] ein Kinostar werden ⟨**II7P**⟩
deviner qc [dəvine] etw. erraten **II1B**, 6
une **devinette** [yndəvinɛt] ein Rätsel **II1B**, 6
devoir faire qc [devwaʀfɛʀ] etw. tun müssen **II6C**
les **devoirs** *(m., pl.)* [ledəvwaʀ] die (Haus) Aufgaben **I4B**, 4
un **diabolo menthe** [ɛ̃djabɔlomɑ̃t] ein Diabolo Menthe **I5C**, 1
différent / différente [difeʀɑ̃/difeʀɑ̃t] anderer, andere **II6B**; anders **II6C**
difficile [difisil] schwierig **II4DE**
dimanche *(m.)* [dimɑ̃ʃ] Sonntag, am Sonntag **I4B**, 1
dire qc (à qn) [diʀ] (jdm.) etw. sagen **II5A**, 7
il dit / elle dit [ildi/ɛldi] er sagt / sie sagt **I2A**, 3
Ça ne me dit rien! [sanəmediʀjɛ̃] Das sagt mir nichts. / Das sagt mir nicht zu. / Ich habe keine Lust darauf. **II3A**, 2
une **discussion** [yndiskysjɔ̃] eine Diskussion, eine Unterhaltung, ein Gespräch **II2A**, 1
discuter (de qc) [diskyte] (über etw.) diskutieren, sich (über etw.) unterhalten **I4A**, 3
une **dispute** [yndispyt] ein Streit **II3B**, 1
un **DJ** [ɛ̃didʒe] ein DJ ⟨**II6P**⟩
un **doigt** [ɛ̃dwa] ein Finger **II4A**, 2
C'est dommage. [sɛdɔmaʒ] Das ist schade. **I3A**, 3
donner qc à qn [dɔne] jdm. etw. geben **I6B**, 1
donner sur qc [dɔnesyʀ] zu etw. hin liegen, gehen **II5A**, 7
dormir [dɔʀmiʀ] schlafen **II6A**
le **dos** [lədo] der Rücken **II5B**, 1

un **drapeau** [ɛ̃dʀapo] eine Fahne, eine Flagge ⟨II3P⟩; **II5B,** 1
le **droit** [lədʀwa] das Recht **II6A**
avoir le droit de faire qc [avwaʀlədʀwa] das Recht haben, etw. zu tun **II6A**
à **droite** [adʀwat] (nach) rechts **I5B,** 1
drôle / drôle [dʀol] lustig **II1A,** 1
une **dune** [yndyn] eine Düne **II5DE**
un **DVD** [ɛ̃devede] eine DVD **I3B,** 1

E

l'**eau** *(f.)* [lo] das Wasser **I5C,** 1
une eau minérale [ynomineʀal] ein Mineralwasser **I5C,** 1
éclater de rire [eklatedəʀiʀ] in Gelächter ausbrechen ⟨II2P⟩
une **école** [ynekɔl] eine Schule **I2A,** 3
une **école de musique** [ynekɔldəmyzik] eine Musikschule ⟨I5P⟩
écologique [ekɔlɔʒik] ökologisch, umweltfreundlich **I7B,** 2
écouter qn / qc [ekute] jdm. zuhören, etw. anhören **I2A,** 2
écrire qc à qn [ekʀiʀ] jdm. etw. schreiben **I7A,** 1
une **édition** [ynedisjɔ̃] eine Ausgabe **II6DE**
l'**éducation musicale** *(f.)* [ledykasjɔ̃myzikal] Musik *(als Schulfach)* ⟨I4P⟩
un **égout** [ɛ̃negu] ein Abwasserkanal **II2DE**
un **élève** / une **élève** [ɛ̃nelɛv / ynelɛv] ein Schüler / eine Schülerin **I4DE**
l'**empire** *(m.)* [lɑ̃piʀ] das Reich **II2DE**
l' **emploi** *(m.)* **du temps** [lɑ̃plwadytɑ̃] *(der Stundenplan)* **I4B,** 1
emporter qc [ɑ̃pɔʀte] etw. mitnehmen, wegtragen **II5B,** 1
en [ɑ̃] davon; darüber **II2A,** 1
Combien est-ce qu'il en faut? [kɔ̃bjɛ̃eskilɑ̃fo] Wie viel brauchen wir davon? **II4A,** 4
Ne t'en fais pas. *(fam.)* [nətɑ̃fɛpa] Mach' dir nichts draus. **II7A,** 3
Qu'est-ce que tu en penses? [kɛskətyɑ̃pɑ̃s] Wie denkst du darüber? **II2A,** 3
en [ɑ̃] *(verschiedene Bedeutungen)* **I3A,** 3
en cinquième [ɑ̃sɛ̃kjɛm] in der fünften Klasse **II1DE**
en Allemagne [ɑ̃nalmaɲ] in Deutschland **I3A,** 3
en cours [ɑ̃kuʀ] im Unterricht **II1A,** 1
en deux mille [ɑ̃dømil] im Jahr 2000 **II1B,** 2
en français [ɑ̃fʀɑ̃sɛ] auf Französisch **I2A,** 1
encore [ɑ̃kɔʀ] noch **I3B,** 1
encore une fois [ɑ̃kɔʀynfwa] noch einmal ⟨II2DE⟩
un **endroit** [ɛ̃nɑ̃dʀwa] ein Ort **I7DE**
énerver qn [eneʀve] jdn. aufregen, jdn. nerven **II1A,** 7
Ça m'énerve! [samenɛʀv] Das regt mich auf! **II1A,** 7
un **enfant** [ɛ̃nɑ̃fɑ̃] ein Kind **I3A,** 9
enfin [ɑ̃fɛ̃] schließlich **I6A,** 4
ensemble [ɑ̃sɑ̃bl] gemeinsam, zusammen **I3A,** 1
ensuite [ɑ̃sɥit] danach, anschließend ⟨II2P⟩
entendre qn / qc [ɑ̃tɑ̃dʀ] jdn. / etw. hören **II2B,** 2
entre [ɑ̃tʀ] zwischen **I6B,** 1
une **entrée** [ynɑ̃tʀe] ein Eingang **I5A,** 1; *hier:* eine Vorspeise **II4A,** 1
entrer [ɑ̃tʀe] eintreten, hereinkommen **I2A,** 3
l'**envie** *(f.)* [lɑ̃vi] die Lust; das Verlangen **I3B,** 1
avoir envie de faire qc [avwaʀɑ̃vi] Lust haben, etw. zu tun **I3B,** 1
envoyer qc à qn [ɑ̃vwaje] jdm. etw. schicken **II5A,** 4
l'E.P.S. (Education physique et sportive) *(f.)* [ləpeɛs] Sport *(als Schulfach)* ⟨I4P⟩
l'**équilibre** *(m.)* [lekilibʀ] das Gleichgewicht **II7A,** 1
une **équipe** [ynekip] eine Mannschaft, ein Team **II6DE**
l'**équitation** *(f.)* [lekitasjɔ̃] das Reiten ⟨I5A, 5⟩
une **erreur** [yneʀœʀ] ein Irrtum **II5A,** 4
l'**escalade** *(f.)* [lɛskalad] das Klettern ⟨II5P⟩
un **escalier** [ɛ̃nɛskalje] eine Treppe **II2DE**
l'**escrime** *(f.)* [lɛskʀim] das Fechten **II7B,** 3
espérer [ɛspeʀe] hoffen **II4B,** 2
essayer qc [eseje] etw. versuchen, ausprobieren; anprobieren **II5B,** 1
l'**est** *(m.)* [lɛst] der Osten **II5DE**
et [e] und **I1A,** 1
l'**été** *(m.)* [lete] der Sommer **II5B,** 4
à l'étranger [aletʀɑ̃ʒe] im Ausland ⟨II5P⟩
être [ɛtʀ] sein **I2B,** 2
être né(e) [ɛtʀəne] geboren werden / sein **II1B,** 2
être en retard [ɛtʀɑ̃ʀətaʀ] zu spät kommen **I4DE**
euh ... [ø] äh ... **I2A,** 3
un **euro** / des **euros** [ɛ̃nøʀo / dezøʀo] ein Euro / Euros **I5C,** 1
Excuse-moi. [ɛkskyzmwa] Entschuldige bitte. **I4A,** 3
Excusez-moi. [ɛkskyzemwa] Entschuldigen Sie. / Entschuldigung! **I4A,** 3
un **exemple** [ɛ̃nɛgzɑ̃pl] ein Beispiel **I7C,** 1
par exemple [paʀɛgzɑ̃pl] zum Beispiel **I7C,** 1
un **exercice** [ɛ̃nɛgzɛʀsis] eine Übung **I4B,** 4
expliquer qc (à qn) [ɛksplike] (jdm.) etw. erklären **II2B,** 2
un **exposé** [ɛ̃nɛkspoze] ein Referat **II3A,** 2

F

facile / facile [fasil] leicht **II4A,** 2
un **facteur** / une **factrice** [ɛ̃faktœʀ / ynfaktʀis] ein Briefträger / eine Briefträgerin **II6C**
la **faim** [lafɛ̃] der Hunger **I3B,** 1
avoir faim [avwaʀfɛ̃] Hunger haben **I3B,** 1
faire qc [fɛʀ] etw. machen **I4B,** 4
Il fait chaud. [ilfɛʃo] Es ist warm / heiß. **I7A,** 1
faire de l'escalade [fɛʀdəlɛkalad] klettern **I7A,** 1
Il fait beau. [ilfɛbo] Es ist schönes Wetter. / Das Wetter ist schön. **I7A,** 1
faire du judo [fɛʀdyʒydo] Judo betreiben **I5A,** 3
Il fait froid. [ilfɛfʀwa] Es ist kalt. **I7A,** 2
faire la cuisine [fɛʀlakɥizin] kochen, Essen zubereiten **II4DE**
faire les courses *(f.) (pl.)* [fɛʀlekuʀs] einkaufen **II4DE**
faire mal [fɛʀmal] weh tun **I5B,** 3
Il fait mauvais. [ilfɛmovɛ] Es ist schlechtes Wetter. **I7A,** 2
Ne t'en fais pas. *(fam.)* [nətɑ̃fɛpa] Mach' dir nichts draus. **II7A,** 3
une **famille** [ynfamij] eine Familie **I3A,** 9
fantastique [fɑ̃tastik] fantastisch, toll **I1B,** 1
la **farine** [lafaʀin] das Mehl **II4DE**
fatigué / fatiguée [fatige] müde **I7B,** 1
il **faut** qc [ilfo] man braucht etw. **II4A,** 1
il faut faire qc [ilfofɛʀ] man muss etw. tun **II4A,** 2
il nous faut qc [ilnufo] wir brauchen etw. **II7A,** 1
féliciter qn [felisite] jdn. beglückwünschen, jdm. gratulieren **II3B,** 4
une **femme** [ynfam] eine Frau **II1B,** 6
une **fenêtre** [ynfənɛtʀ] ein Fenster **II5A,** 7
une **ferme** [ynfɛʀm] ein Bauernhof ⟨II5P⟩
fermer qc [fɛʀme] etw. schließen **II2A,** 1
fermé / fermée [fɛʀme] geschlossen, verschlossen **II2A,** 1
un **festival** [ɛ̃festival] ein Festival **II6DE**
une **fête** [ynfɛt] ein Fest, eine Party **I6DE**
une fête nationale [ynfɛtnasjɔnal] ein Nationalfeiertag **I6DE**
un **feu** / des **feux** [ɛ̃fø / defø] ein Feuer, Feuer (Plural) **I6DE**
un **feu d'artifice** [ɛ̃fødaʀtifis] ein Feuerwerk **I6DE**
une **feuille** [ynfœj] ein Blatt ⟨I2A, 1⟩
février *(m.)* [fevʀije] Februar **I3B,** 7
une **fiche** [fiʃ] Blatt (Papier) **II6B**
une **fille** [ynfij] ein Mädchen, eine Tochter **I1B,** 1
un **film** [ɛ̃film] ein Film **I5C,** 1
un film fantastique [ɛ̃filmfɑ̃tastik] ein Fantasyfilm ⟨II6P⟩
un film d'horreur [ɛ̃filmdɔʀœʀ] ein Horrorfilm ⟨II6D⟩
un film policier [ɛ̃filmpɔlisje] ein Kriminalfilm, ein Krimi ⟨II6D⟩
un **fils** [ɛ̃fis] ein Sohn **I3A,** 9
la **fin** [lafɛ̃] das Ende, der Schluss **I4B,** 5
finalement [finalmɑ̃] schließlich, endlich ⟨II2P⟩
finir [finiʀ] etw. beenden **II7A,** 1
fini / finie [fini] beendet, zu Ende **II7B,** 3
la **FNAC** [lafnak] die FNAC **I3A,** 1
une **fois** [ynfwa] einmal **II2DE**
des fois (fam.) [defwa] manchmal ⟨II2DE⟩
encore une fois [ɑ̃kɔʀynfwa] noch einmal ⟨II2DE⟩
à la fois [alafwa] gleichzeitig ⟨II2DE⟩
fonctionner [fɔ̃ksjɔne] funktionieren ⟨II1P⟩
le **foot(ball)** [ləfut(bɔl)] der Fußball *(Sportart)* **I2B,** 7
la **forme** [lafɔʀm] die Form **II1A,** 7

être en forme [ɛtʀɑ̃fɔʀm] in Form sein, fit sein **II1A**, 7
fou / fol / folle [fu/fɔl] verrückt **II4DE**
une **fourchette** [ynfuʀʃɛt] eine Gabel **II4B**, 1
une **fraise** [ynfʀɛz] eine Erdbeere ⟨**II4P**⟩
français / française [fʀɑ̃sɛ/fʀɑ̃sɛz] französisch **I2A**, 1
en français [ɑ̃fʀɑ̃sɛ] auf Französisch **I2A**, 1
un **frère** [ɛ̃fʀɛʀ] ein Bruder **I2B**, 2
les **fringues** *(f.) (fam.)* [lefʀɛ̃g] die Klamotten ⟨**I6B**, 8⟩
froid / froide [fʀwa/fʀwad] kalt **I7A**, 2
Il fait froid. [ilfɛfʀwa] Es ist kalt. **I7A**, 2
le **fromage** [ləfʀɔmaʒ] der Käse **II4B**, 4
un **fruit** [ɛ̃fʀɥi] eine Frucht **II4DE**

G

gagner (qc) [gaɲe] (etw.) gewinnen **I5B**, 3
gagner de l'argent [gaɲe] Geld verdienen **II6B**
un **garçon** [ɛ̃gaʀsɔ̃] ein Junge **I1B**, 1
une **gare** [yngaʀ] ein Bahnhof **I6A**, 4
un **gâteau** / des **gâteaux** [ɛ̃gato/degato] ein Kuchen / Kuchen **I3A**, 3
à **gauche** [agoʃ] (nach) links **I5B**, 1
une **gaufre** [yngofʀ] eine Waffel **I5C**, 1
génial / géniale [ʒenjal] super, genial **I7A**, 4
C'était génial. [setɛʒenjal] Das war super. ⟨**II2P**⟩
les **gens** *(m., pl.)* [leʒɑ̃] die Leute **I6DE**
la **géographie** [laʒeɔgʀafi] die Geografie, die Erdkunde **II3A**, 2
un **gîte** [ɛ̃ʒit] eine Ferienunterkunft **II5DE**
une **glace** [ynglas] ein Eis **II5B**, 1
un **glacier** [ɛ̃glasje] ein Eisverkäufer; eine Eisdiele ⟨**I5P**⟩
une **gomme** [yngɔm] ein Radiergummi **I2A**, 1
gonflé / gonflée *(fam.)* [gɔ̃fle] dreist, frech ⟨**II3A**, 2⟩
goûter qc [gute] etw. probieren **II4B**, 2
un **gramme** [ɛ̃gʀam] ein Gramm **II4A**, 5
grand / grande [gʀɑ̃/gʀɑ̃d] groß **I6DE**
un **grand huit** [ɛ̃gʀɑ̃ɥit] eine Achterbahn ⟨**I7D**, 1⟩
une **grand-mère** [yngʀɑ̃mɛʀ] eine Großmutter **I2A**, 3
un **grand-père** [ɛ̃gʀɑ̃pɛʀ] ein Großvater **I3A**, 9
les **grands-parents** [legʀɑ̃paʀɑ̃] die Großeltern **I3A**, 9
un **gratin** [ɛ̃gʀatɛ̃] ein Auflauf *(Speise, Gericht)* ⟨**I0**, 5⟩
gratuit / gratuite [gʀatɥi/gʀatɥit] kostenlos, gratis **II4A**, 2
grave / grave [gʀav] schlimm **II4B**, 2
une **grille** [yngʀij] eine Gittertür; ein Drahtzaun **II2A**, 1
gris / grise [gʀi/gʀiz] grau **I6B**, 8
une **grotte** [yngʀɔt] eine Höhle ⟨**II5P**⟩
un **groupe** [ɛ̃gʀup] eine Gruppe **II2A**, 1
un **guide** / une **guide** [ɛ̃gid/yngid] ein Führer / eine Führerin **II2A**, 1
une **guitare** [yngitaʀ] eine Gitarre **I5A**, 5
un **gymnase** [ɛ̃ʒimnaz] eine Turnhalle **I4B**, 3
la **gymnastique** [laʒimnastik] das Turnen, die Gymnastik **I2B**, 7

H

habiter [abite] wohnen **I2B**, 2
un **hamster** [ɛ̃amstɛʀ] ein Hamster ⟨**I1P**⟩
le **hand-ball** [ləɑ̃dbal] Handball ⟨**I5A**, 5⟩
l'**harmonica** *(m.)* [laʀmɔnika] die Mundharmonika **II6B**
l'**herbe** *(f.)* [lɛʀb] das Gras **II7B**, 3
une **heure** [ynœʀ] eine Stunde **I4A**, 1
à quelle heure? [akɛlœʀ] um wie viel Uhr? **I4A**, 2
Quelle heure est-il? [kɛlœʀɛtil] Wie viel Uhr ist es? / Wie spät ist es? **I4A**, 2
sept heures [sɛtœʀ] sieben Uhr **I4A**, 1
sept heures et demie [sɛtœʀedəmi] halb acht **I4A**, 1
sept heures et quart [sɛtœʀekaʀ] Viertel nach sieben **I4A**, 1
heureux / heureuse [øʀø/øʀøz] glücklich **II2B**, 1
hier [jɛʀ] gestern **I6A**, 2
une **histoire** [ynistwaʀ] eine Geschichte **I3A**, 1
l'histoire-géo (f.) [listwaʀʒeo] Geschichte und Erdkunde *(als Schulfach)* ⟨**I4P**⟩
l'**hiver** *(m.)* [livɛʀ] der Winter **II5B**, 4
un **homme** [ɛ̃nɔm] ein Mann **II1B**, 6
l'**horreur** *(f.)* [lɔʀœʀ] der Schrecken ⟨**II6D**⟩
un **hôtel** [ɛ̃notɛl] ein Hotel **II5DE**
l'**huile** *(f.)* [lɥil] das Öl **II4A**, 1
une **huître** [ynɥitʀ] eine Auster **II5B**, 3
être de mauvaise humeur [ɛtʀdəmovɛzymœʀ] schlechter Laune sein ⟨**II1P**⟩
l'**humour** *(m.)* [lymuʀ] der Humor ⟨**II6D**⟩

I

ici [isi] hier, hierher **I1B**, 1
une **idée** [ynide] eine Idee, ein Gedanke **I3A**, 1
des idées noires *(f., pl.)* [dezidenwaʀ] düstere Gedanken **II2A**, 1
il y a [ilja] es gibt, es ist, es sind **I3A**, 1
Il y a du vent. [iljadyvɑ̃] Es ist windig. **I7A**, 1
une **image** [ynimaʒ] ein Bild ⟨**II6D**⟩
imaginer qc [imaʒine] sich etw. vorstellen **II6B**
important / importante [ɛ̃pɔʀtɑ̃/ɛ̃pɔʀtɑ̃t] wichtig **II6B**; **II6A**
une **infirmerie** [ynɛ̃fiʀməʀi] eine Krankenstation **I4DE**
une **information** [ynɛ̃fɔʀmasjɔ̃] eine Information **II3B**, 1
un **instrument** [ɛ̃nɛ̃stʀymɑ̃] ein Instrument **II6B**
intéressant / intéressante [ɛ̃teʀɛsɑ̃/ɛ̃teʀɛsɑ̃t] interessant **I6A**, 4
intéresser qn [ɛ̃teʀɛse] jdn. interessieren **II5A**, 1
Internet *(m.)* [ɛ̃tɛʀnɛt] das Internet ⟨**I7D**, 1⟩; **II1B**, 2
sur Internet [syʀɛ̃tɛʀnɛt] im Internet ⟨**I7D**, 1⟩; **II1B**, 2
une **interrogation** [ynɛ̃teʀɔgasjɔ̃] eine Klassenarbeit **I4B**, 4
une **interview** [ynɛ̃tɛʀvju] ein Interview **I5B**, 3
inventer qc [ɛ̃vɑ̃te] etw. erfinden **I7C**, 1
une **invitation** [ynɛ̃vitasjɔ̃] eine Einladung **II6A**
un **invité** / une **invitée** [ɛ̃nɛ̃vite/ynɛ̃vite] ein Gast **II4B**, 2
inviter qn [ɛ̃vite] jdn. einladen **I3A**, 3

J

une **jambe** [ynʒɑ̃b] das Bein **II5B**, 1
un **jambon** [ɛ̃ʒɑ̃bɔ̃] ein Schinken ⟨**II4P**⟩
janvier *(m.)* [ʒɑ̃vje] Januar **I3B**, 7
un **jardin** [ɛ̃ʒaʀdɛ̃] ein Garten **II5A**, 7
jaune / jaune [ʒon] gelb **I6B**, 6
un **jean** [ɛ̃dʒin] eine Jeans **I6B**, 8
le **jet-ski** [lədʒɛtski] der Jet-Ski ⟨**II5P**⟩
un **jeu** / des **jeux** [ɛ̃ʒø] ein Spiel / Spiele **I3B**, 1
un jeu vidéo / des jeux vidéo [ɛ̃ʒøvideo/deʒøvideo] ein Computerspiel / Computerspiele **I3B**, 1
jeudi *(m.)* [ʒødi] Donnerstag, am Donnerstag **I4B**, 1
un **jeune** / une **jeune** [ɛ̃ʒœn/ynʒœn] ein Jugendlicher, eine Jugendliche **II6A**; **II6B**
la **joie** [laʒwa] die Freude **II6B**
joli / jolie [ʒɔli] hübsch, nett **I6A**, 4
jongler [ʒɔ̃gle] jonglieren **II7A**, 1
jouer [ʒwe] spielen **I4DE**
jouer à qc [ʒwea] etw. (ein Spiel) spielen **II5A**, 7
jouer de qc [ʒwedə] etw. spielen *(Instrument)* **II6B**
un **jour** [ɛ̃ʒuʀ] ein Tag **I5A**, 1
par jour [paʀʒuʀ] pro Tag / täglich **I7B**, 1
un **journal** [ɛ̃ʒuʀnal/deʒuʀno] eine Zeitung; *(hier:)*ein Tagebuch **I6A**, 4
un journal [ɛ̃ʒuʀnal] eine Zeitung **I2DE**
une **journée** [ynʒuʀne] ein Tag **I4A**, 1
Bonne journée! [bɔnʒuʀne] Einen schönen Tag! **I5C**, 5
le **judo** [ləʒydo] das Judo **I2B**, 2
faire du judo [fɛʀdyʒydo] Judo betreiben **I5A**, 3
juillet *(m.)* [ʒɥijɛ] Juli **I3B**, 7
le 14 Juillet [ləkatɔʀzʒɥijɛ] der 14. Juli *(französischer Nationalfeiertag)* ⟨**I3P**⟩
juin *(m.)* [ʒɥɛ̃] Juni **I3B**, 7
une **jupe** [ynʒyp] ein Rock **I6B**, 8
un **jus** [ɛ̃ʒy] ein Saft **I5C**, 1
un **jus de fruit** [ɛ̃ʒydfʀɥi] ein Obstsaft, ein Fruchtsaft **II4A**, 2
un **jus de pomme** [ɛ̃ʒydpɔm] ein Apfelsaft **I5C**, 1
juste / juste [ʒyst] gerecht; richtig **II5A**, 7

K

le **kayak** [ləkajak] das Kajakfahren ⟨**II5P**⟩
le **kebab** [ləkebab] Kebab *(Fleischgericht)* ⟨**II4P**⟩

un **kilo** [ɛ̃kilo] ein Kilo **II4A,** 2
un **kilomètre** [ɛ̃kilɔmɛtʀ] ein Kilometer **I7B**
un **kiosque** [ɛ̃kjɔsk] ein Kiosk **⟨I5P⟩**

L

là [la] da, dort **I2A,** 3
là-bas [laba] dort(hin), da(hin) **II1A,** 1
laisser qc [lese] etw. (zurück)lassen **II5A,** 4
le **lait** [lәlɛ] die Milch **II4DE**
lancer qc [lɑ̃se] etw. werfen **II5B,** 1
un **lapin** [ɛ̃lapɛ̃] ein Kaninchen **⟨I0,** 5⟩
une **leçon** [ynlәsɔ̃] eine Lektion **II3DE**
un **lecteur** / une **lectrice** [ɛ̃lɛktœʀ/ynlɛktʀis] ein Leser / eine Leserin **⟨I7D,** 1⟩
la **lecture** [lalɛktyʀ] Lesen **⟨I2P⟩**
des **légumes** *(m.)* [delegym] Gemüse **II4DE**
une **lettre** [ynlɛtʀ] ein Brief **II6C**
un **lieu** [ɛ̃ljø] ein Ort **⟨II6D⟩**
avoir lieu [avwaʀljø] stattfinden **⟨II6D⟩**
lire qc / qc à qn [liʀ] etw. lesen, jdm. etw. vorlesen **I7A,** 3
une **liste** [ynlist] eine Liste **⟨I7D,** 1⟩; **II1DE**
un **lit** [ɛ̃li] ein Bett **I4A,** 1
un **litre** [ɛ̃litʀ] ein Liter **II4A,** 2
un **livre** [ɛ̃livʀ] ein Buch **I2A,** 1
loin [lwɛ̃] weit *(Adv.)* **I5A,** 1
long / longue [lɔ̃/lɔ̃g] lang **I6A,** 4
longtemps [lɔ̃tɑ̃] lange *(Adv.)* **II3B,** 1
lundi *(m.)* [lɛ̃di] Montag, am Montag **I4A,** 3
la **lune** [lalyn] der Mond **II4A,** 1
être dans la lune *(fam.)* zerstreut sein, nicht bei der Sache sein **II4A,** 1

M

madame … [madam] Frau … **I1B,** 7
un **magasin** [ɛ̃magazɛ̃] ein Geschäft, ein Laden **I2DE**
un grand magasin [ɛ̃gʀɑ̃magazɛ̃] ein Kaufhaus **⟨I5P⟩**
faire les magasins [fɛʀlemagazɛ̃] shoppen, die Geschäfte abklappern *(ugs.)* **⟨II5P⟩**
un **magazine de musique / musical** [ɛ̃magazindәmyzik] eine Musikzeitschrift **⟨II6P⟩**
mai *(m.)* [mɛ] Mai **I3B,** 7
la **main** [lamɛ̃] die Hand **I4A,** 3
maintenant [mɛ̃tnɑ̃] jetzt **I3A,** 3
mais [mɛ] aber **I1B,** 1
une **maison** [ynmɛzɔ̃] ein Haus **I2DE**
une maison des jeunes [ynmɛzɔ̃deʒœn] ein Jugendzentrum **⟨I5P⟩**
à la maison [alamɛzɔ̃] zu Hause, nach Hause **I4A,** 1
une maison de la presse [ynmɛzɔ̃dәlapʀɛs] ein Zeitschriften- und Schreibwarengeschäft **I2DE**
avoir **mal** [avwaʀmal] Schmerzen haben **I5B,** 3
faire mal [fɛʀmal] weh tun **I5B,** 3
malheureux / malheureuse [maløʀø/maløʀøz] unglücklich **II2B,** 1
maman *(f.)* [mamɑ̃] Mama, Mutti **I3A,** 3
mamie [mami] Omi **I7A,** 4
un **manga** [ɛ̃mɑ̃ga] ein Manga *(japanischer Comicstil)* **II2A,** 1
manger qc [mɑ̃ʒe] etw. essen **I3B,** 1
un **marché** [ɛ̃maʀʃe] ein Markt **I7C**
un marché aux puces [ɛ̃maʀʃeopys] ein Flohmarkt **I7C**
mardi *(m.)* [maʀdi] Dienstag, am Dienstag **I4B,** 1
le **mariage** [lәmaʀjaʒ] die Hochzeit **⟨I3P⟩**
en **avoir marre** de qn / qc *(fam.)* [ɑ̃navwaʀmaʀ] von jdm./etw. die Nase voll haben *(ugs.)* **II2B,** 2
marron / marron [maʀɔ̃] braun **II1B,** 6
mars *(m.)* [maʀs] März **I3B,** 7
les **mathématiques** *(f.)* [lematematik] Mathematik **⟨I4P⟩**
le **matin** [lәmatɛ̃] der Morgen **I5A,** 3
mauvais / mauvaise [movɛ/movɛz] schlecht **I6B,** 1
Il fait mauvais. [ilfɛmovɛ] Es ist schlechtes Wetter. **I7A,** 2
un **maximum** [ɛ̃maksimɔm] ein Maximum **⟨II6D⟩**
au maximum [omaksimɔm] höchstens **⟨II6D⟩**
les **médias** *(m., pl.)* [lemedja] die Medien **II6DE**
une **médiathèque** [ynmedjatɛk] eine Mediathek **⟨I0,** 8⟩
une **mélodie** [ynmelɔdi] eine Melodie **II6B**
un **melon** [ɛ̃mәlɔ̃] eine Melone **⟨II4P⟩**
le **même** / la **même** [lәmɛm/lamɛm] derselbe / dieselbe / dasselbe **II1A,** 1
même [mɛm] sogar **I5B,** 3
la **mer** [lamɛʀ] das Meer **II5DE**
merci [mɛʀsi] danke **I1B,** 1
Merci beaucoup! [mɛʀsiboku] Vielen Dank! **I5B,** 2
mercredi *(m.)* [mɛʀkʀәdi] Mittwoch, am Mittwoch **I4B,** 1
une **mère** [ynmɛʀ] eine Mutter **I3A,** 9
un **message** [ɛ̃mɛsaʒ] eine Mitteilung, eine Nachricht **II3DE**
un **métier** [ɛ̃metje] ein Beruf **II6B**
le **métro** [lәmetʀo] die Metro, die U-Bahn **I7B,** 1
mettre qc [mɛtʀ] etw. legen / setzen / stellen; etw. anziehen **I6B,** 1
mettre la table [mɛtʀlatabl] den Tisch decken **II4B,** 1
midi [midi] zwölf Uhr (mittags) **I4A,** 1
mille [mil] tausend **II1B,** 2
en deux mille [ɑ̃dømil] im Jahr 2000 **II1B,** 2
des **milliers** *(m.)* [demilje] Tausende **II2A,** 1
un **million** [ɛ̃miljɔ̃] eine Million **I7B**
minuit *(m.)* [minɥi] Mitternacht, 12 Uhr nachts **I5A,** 3
une **minute** [ynminyt] eine Minute **I4A,** 3
un **MMS** [ɛ̃ɛmɛmɛs] eine MMS *(eine Bildnachricht)* **II5A,** 4
la **mode** [lamɔd] die Mode **II6C**
à la mode [alamɔd] modern, „in" **II6C**
moderne [mɔdɛʀn] modern **I7DE**
un **mois** [ɛ̃mwa] ein Monat **I3B,** 7
un **moment** [ɛ̃mɔmɑ̃] ein Moment **II2A,** 1
à ce moment-là [asәmɔmɑ̃la] in diesem Augenblick **II2A,** 1
le **monde** [lәmɔ̃d] die Welt **II7A,** 1
beaucoup de monde [bokudәmɔ̃d] viele Leute **II7A,** 1
le tour du monde [lәtuʀdymɔ̃d] die Weltreise **⟨II7P⟩**
tout le monde [tulmɔ̃d] alle, jeder **I5DE**
un **monsieur** [ɛ̃mәsjø] ein Herr, ein Mann **I1B,** 4
une **montagne** [lamɔ̃taɲ] das Gebirge **⟨II5P⟩**
monter [mɔ̃te] hinaufgehen; einsteigen **II2B,** 2
montrer qc à qn [mɔ̃tʀe] jdm. etw. zeigen **I6B,** 1
la **mort** [lamɔʀ] der Tod **II2DE**
un **mot** [ɛ̃mo] ein Wort **I4B,** 3
mou / mol / molle [mu/mɔl] weich **II7A,** 1
une **moule** [ynmul] eine Miesmuschel **II4A,** 1
une **mousse au chocolat** [ynmusoʃɔkɔla] *(typischer französischer Nachtisch)* **⟨II4P⟩**
un **moyen de transport** [ɛ̃mwajɛ̃dәtʀɑ̃spɔʀ] ein Verkehrsmittel **I7B,** 1
la **moyenne** [lamwajɛn] der Durchschnitt *(10 von 20 Punkten im Zeugnis)* **II3DE**
un **musée** [ɛ̃myze] ein Museum **I7DE**
la **musique** [lamyzik] die Musik **I2B,** 2
la musique pop [lamyzikpɔp] die Popmusik **II6B**
mystérieux / mystérieuse [misteʀjø/misteʀjøz] geheimnisvoll; seltsam **II2DE**

N

nager [naʒe] schwimmen **II5B,** 1
la **naissance** [lanɛsɑ̃s] die Geburt **II6B**
être **né(e)** [ɛtʀәne] geboren werden / sein **II1B,** 2
la **natation** [lanatasjɔ̃] das Schwimmen **I5A,** 5
ne … pas [nә … pa] nicht **I4A,** 3
ne … pas de [nә … padә] kein / keine **I7C,** 1
ne … pas encore [nә … pazɑ̃kɔʀ] noch nicht **II4B,** 2
neiger [neʒe] schneien **I7A,** 2
ne … jamais [nә … ʒamɛ] nie, niemals **II4B,** 2
ne … plus [nә … ply] nicht mehr **I7C,** 1
ne … plus de [nә … plydә] kein / keine mehr **I7C,** 1
ne … que [nә … kә] nur **II3B,** 1
ne … rien [nә … ʀjɛ̃] nichts **⟨I7D,** 1⟩; **II2B,** 2
le **net** [lәnɛt] das Netz (Abkürzung für *Internet)* **II6A**
Noël *(m.)* [nɔɛl] Weihnachten **⟨I3P⟩**
noir / noire [nwaʀ] schwarz **I6B,** 8
un **nom** [ɛ̃nɔ̃] ein Name **II1DE**
non [nɔ̃] nein **I1A,** 1
le **nord** [lәnɔʀ] der Norden **II5DE**
normal / normale [nɔʀmal] normal **II5A,** 4
une **note** [ynnɔt] eine Note **II3A,** 2
noter qc [nɔte] etw. aufschreiben **II3DE**
un **nouveau** / une **nouvelle** [ɛ̃nuvo/ynnuvɛl] ein Neuer, eine Neue **II1A,** 1
nouveau / nouvel / nouvelle [nuvo/nuvɛl/nuvɛl] neu **II6DE**
le **nouvel an** [lәnuvɛlɑ̃] Neujahr **⟨I3P⟩**

novembre *(m.)* [nɔvɑ̃bʀ] November **I3B**, 7
la **nuit** [lanɥi] die Nacht **I5A**, 1
nul / nulle [nyl] blöd **I5B**, 3
C'est trop nul! *(fam.)* [sɛtʀonyl] Das ist zu blöd! *(ugs.)* **I5B**, 3

O

octobre *(m.)* [ɔktɔbʀ] Oktober **I3B**, 7
un **œil** / des **yeux** [ɛ̃nœj/dezjø] ein Auge / Augen **II1B**, 6
un **œuf** / des **œufs** [ɛ̃nœf/dezø] ein Ei / Eier **II4DE**
une **olive** [ynɔliv] eine Olive **II4A**, 1
un **oncle** [ɛ̃nɔ̃kl] ein Onkel **I3A**, 9
une **orange** [ynɔʀɑ̃ʒ] eine Orange **I5C**, 1
un **ordinateur** [ɛ̃nɔʀdinatœʀ] ein Computer **I3A**, 1
organiser qc [ɔʀganize] etw. organisieren **II3A**, 2
original / originale [ɔʀiʒinal] originell ⟨**II6D**⟩
ou [u] oder **I3A**, 1
où [u] wo; wohin **I2B**, 2
où [u] wo *(Relativpronomen)* **II1B**, 2
oublié / oubliée [ublije] vergessen *(Adj.)* **II2DE**
oublier qc [ublije] etw. vergessen **I6A**, 4
l'**ouest** *(m.)* [lwɛst] der Westen **II5DE**
Ouf! [uf] Uff! **I2B**, 2
oui [wi] ja **I1B**, 1
ouvrir qc [uvʀiʀ] etw. öffnen **II2B**, 2
ouvert / ouverte [uvɛʀ/uvɛʀt] offen; geöffnet **I7C**, 1

P

une **page** [ynpaʒ] eine Seite **II2B**, 2
le **pain** [ləpɛ̃] das Brot **II4B**, 1
un **pantalon** [ɛ̃pɑ̃talɔ̃] eine Hose **I6A**, 4
papa [papa] Papa **I1A**, 1
une **papeterie** [ynpapɛtʀi] ein Schreibwarengeschäft ⟨**I5P**⟩
papi / papy *(fam.)* [papi] Opi **I7A**, 4
le **papier** [ləpapje] das Papier **II1B**, 2
Pâques *(f.)* [pak] Ostern ⟨**I3P**⟩
par jour [paʀʒuʀ] pro Tag / täglich **I7B**, 1
par exemple [paʀɛgzɑ̃pl] zum Beispiel **I7C**, 1
le **parachutisme** [ləpaʀaʃytism] das Fallschirmspringen **II7DE**
un **parc** [ɛ̃paʀk] ein Park **I5DE**
un parc d'attractions [ɛ̃paʀkdatʀaksjɔ̃] ein Freizeitpark / ein Erlebnispark ⟨**I7D**, 1⟩
parce que [paʀskə] weil **I5B**, 3
un **parcours** [ɛ̃paʀkuʀ] ein Parcours, eine Runde; ein Durchgang **II7A**, 1
Pardon. [paʀdɔ̃] Entschuldigung. **I1A**, 1
les **parents** *(m.)* [lepaʀɑ̃] die Eltern **I3A**, 9
parfois [paʀfwa] manchmal **II6A**
parler à qn [paʀle] mit jdm. sprechen **I6B**, 1
parler [paʀle] sprechen **I2DE**
participer à qc [paʀtisipe] an etw. teilnehmen **II3A**, 2
une **partie** [ynpaʀti] ein Teil **I4B**, 5
partir [paʀtiʀ] weggehen, abfahren **II6A**
passer qc [pase] etw. verbringen **I5A**, 1; jdm. etw. reichen, jdm. etw. (weiter)geben **II4B**, 6
passer [pase] *(hier:)* laufen, spielen ⟨**II6D**⟩
passer son temps à faire qc [pasesɔ̃tɑ̃] seine Zeit damit verbringen, etw. zu tun **II6A**
se passer [səpase] geschehen, sich ereignen, sich abspielen **II3A**, 3
des **pâtes** *(f.) (pl.)* [depat] Nudeln ⟨**II4P**⟩
une **pause** [ynpoz] eine Pause **II5A**, 4
pauvre / pauvre [povʀ] arm **II3A**, 2
payer qc [peje] etw. bezahlen **II4A**, 2
un **pays** [ɛ̃pei] ein Land **II3A**, 2
le **péage** [ləpeaʒ] die Mautstelle **II5A**, 4
une **pêche** [ynpɛʃ] ein Pfirsich ⟨**II4P**⟩
un **pédalo** [fɛʀdypedalo] ein Tretboot ⟨**II5P**⟩
la **peinture** [lapɛ̃tyʀ] die Malerei ⟨**II5P**⟩
pendant [pɑ̃dɑ̃] während **II3B**, 1
pendant que *(Konjunktion)* [pɑ̃dɑ̃kə] während ⟨**II2P**⟩
penser à qn [pɑ̃sea] an jdn. denken **II1B**, 2
Qu'est-ce que tu en penses? [kɛskətyɑ̃pɑ̃s] Wie denkst du darüber?; Was hältst du davon? **II2A**, 3
la Pentecôte [lapɑ̃tkot] Pfingsten ⟨**I3P**⟩
perdre qc [pɛʀdʀ] etw. verlieren **II2B**, 2
perdre un match [pɛʀdʀɛ̃matʃ] ein Spiel verlieren ⟨**II1P**⟩
un **père** [ɛ̃pɛʀ] ein Vater **I3A**, 9
une **permanence** [ynpɛʀmanɑ̃s] eine beaufsichtigte Freistunde **II3DE**
un **perroquet** [ɛ̃pɛʀɔkɛ] ein Papagei ⟨**I1P**⟩
une **perruche** [ynpɛʀyʃ] ein Wellensittich ⟨**I1P**⟩
un **personnage** [ɛ̃pɛʀsɔnaʒ] eine Person *(Film, Theater)* ⟨**II6P**⟩
une **personne** [ynpɛʀsɔn] eine Person **I6A**, 1
petit / petite [pəti/pətit] klein **I6A**, 4
le **petit-déjeuner** [ləp(ə)tideʒœne] das Frühstück **II4A**, 1
un peu [ɛ̃pø] ein wenig **I7B**, 1
peu après [pøapʀɛ] kurz darauf ⟨**II2P**⟩
peu de [pødə] wenig(e) **I7C**, 2
la **peur** [lapœʀ] die Angst **II2A**, 1
avoir peur [avwaʀpœʀ] Angst haben **II2A**, 1; **II2A**, 1
peut-être [pøtɛtʀ] vielleicht **I6A**, 4
un **phare** [ɛ̃faʀ] ein Leuchtturm **II5A**, 1
une **pharmacie** [ynfaʀmasi] eine Apotheke ⟨**I0**, 8⟩
une **photo** [ynfɔto] ein Foto **I5DE**
une **phrase** [ynfʀaz] ein Satz **II7A**, 4
un **piano** [ɛ̃pjano] ein Klavier, ein Piano ⟨**I2P**⟩
une **pièce** [ynpjɛs] ein Zimmer **I5A**, 3
un **pied** [ɛ̃pje] ein Fuß **I4DE**
à pied [apje] zu Fuß **I5A**, 1
une **pierre** [ynpjɛʀ] ein Stein **II2DE**
Pile ou face? [pilufas] Kopf oder Zahl? **II5A**, 7
piquer qc *(fam.)* [pike] klauen *(ugs.)* ⟨**II3A**, 2⟩
une **piscine** [ynpisin] ein Schwimmbad **I5B**, 2
une **piste** [ynpist] eine Piste, ein Pfad, *hier:* eine Bahn **II3B**, 1
une **pizza** [ynpidza] eine Pizza ⟨**I6P**⟩
une **place** [ynplas] ein Platz **I4A**, 3
une **plage** [ynplaʒ] ein Strand **II5DE**
plaire à qn [plɛʀ] jdm. gefallen **II5A**, 4
la **planche à voile** [laplɑ̃ʃavwal] das Windsurfen ⟨**II5P**⟩
un **plat** [ɛ̃pla] ein Gericht, ein Gang *(beim Essen)* **II4DE**
le plat préféré [ləplapʀefeʀe] das Lieblingsessen **II4B**, 6
le plat principal [ləplapʀɛ̃sipal] das Hauptgericht **II4B**, 4
plein / pleine (de qc) [plɛ̃/plɛn] voll (mit etw.) **II7B**, 3
pleuvoir [pløvwaʀ] regnen **I7A**, 2
Il pleut. [ilplø] Es regnet. **I7A**, 2
la **plongée** [laplɔ̃ʒe] das Tauchen ⟨**II5P**⟩
plus (de) [plysdə] mehr + *Nomen* **II7B**, 3
plus tard [plytaʀ] später **II2B**, 8
plusieurs *(inv.)* [plyzjœʀ] mehrere **II3B**, 1
plutôt [plyto] eher, vielmehr, ziemlich **II3A**, 2
la **poche** [lapɔʃ] die Tasche, die Hosentasche **I6B**, 1
un **poème** [ɛ̃pɔɛm] ein Gedicht **I6B**, 11
une **poire** [ynpwaʀ] eine Birne ⟨**II4P**⟩
un **poisson** [ɛ̃pwasɔ̃] ein Fisch ⟨**I1P**⟩
un **poivron** [ɛ̃pwavʀɔ̃] eine Paprika ⟨**II4P**⟩
une **pomme** [ynpɔm] ein Apfel **I5C**, 1
une **pomme de terre** [ynpɔmdətɛʀ] eine Kartoffel **II4DE**
un **portable** [ɛ̃npɔʀtabl] *(hier:)* ein Laptop **II6A**
un portable [ɛ̃pɔʀtabl] ein Handy **I5C**, 1
une **porte** [ynpɔʀt] eine Tür **II2B**, 2
porter qc [pɔʀte] etw. tragen **I2A**, 2
poser qc [poze] etw. setzen / stellen / legen **I5B**, 3
possible / possible [pɔsibl] möglich **II1A**, 7
la **poste** [lapɔst] die Post **I5B**, 2
la **poubelle** [lapubɛl] der Mülleimer, der Abfalleimer **II1B**, 2
un **poulet** [ɛ̃pulɛ] ein Huhn, ein Hühnchen ⟨**II4P**⟩
pour [puʀ] für **I2A**, 3
pour faire qc [puʀfɛʀ] um etw. zu tun **I5B**, 2
pourquoi? [puʀkwa] warum? **I5B**, 3
c'est pourquoi [sɛpuʀkwa] deshalb **II6B**; **II6A**
pouvoir [puvwaʀ] können **II3A**, 1
tu peux [typø] du kannst **II1A**, 8
on peut [ɔ̃pø] man kann **I7C**, 1
pratique [pʀatik] praktisch **I7C**, 1
préférer qc [pʀefeʀe] etw. vorziehen, lieber mögen **II4B**, 2
préféré / préférée [pʀefeʀe] bevorzugt, Lieblings- **II6DE**
le **premier** / la **première** [ləpʀəmje] der erste **I3B**, 7
prendre qc [pʀɑ̃dʀ] etw. nehmen; *hier*: essen **I5C**, 1
un **prénom** [ɛ̃pʀenɔ̃] ein Vorname **II6B**
préparer qc [pʀepaʀe] etw. vorbereiten **I3A**, 3
présenter qn [pʀezɑ̃te] jdn. vorstellen **II1B**, 6
presque [pʀɛsk] fast, beinahe **II2B**, 2
le **printemps** [ləpʀɛ̃tɑ̃] der Frühling **II5DE**

un **prix** [ɛ̃pʀi] ein Preis **II6C**
un **problème** [ɛ̃pʀɔblɛm] ein Problem **I6A**, 2
prochain / prochaine [pʀɔʃɛ̃/pʀɔʃɛn] nächster / nächste / nächstes **II3B**, 4
un **professeur** / une **professeure** [ɛ̃pʀɔfesœʀ/ynpʀɔfesœʀ] ein Lehrer / eine Lehrerin **I4A**, 3
un **projet** [ɛ̃pʀɔʒɛ] ein Projekt **II6C**
prolonger qc [pʀɔlɔ̃ʒe] etw. verlängern *(zeitlich)* ⟨**II5P**⟩
à propos [apʀɔpo] übrigens **II7A**, 1
à propos de qc [apʀɔpodə] a propos, etw. betreffend, bezüglich einer Sache **II2A**, 1
proposer de faire qc [pʀɔpoze] vorschlagen, etw. zu tun **II3A**, 2
ma **puce** *(fam.)* [mapys] meine Kleine *(wörtl.: mein Floh)* **I5A**, 1
puis [pɥi] dann **I3B**, 1
un **pull** [ɛ̃pyl] ein Pulli **I6B**, 8

Q

quand [kɑ̃] wenn, als *(zeitlich)* **II1B**, 2
quand [kɑ̃] wann **I3B**, 7
un **quart** [ɛ̃kaʀ] ein Viertel **I4A**, 1
sept heures et quart [sɛtœʀekaʀ] Viertel nach sieben **I4A**, 1
un **quartier** [ɛ̃kaʀtje] ein Stadtviertel **I5DE**
la quatrième [lakatʀijɛm] die Vierte, die vierte Klasse **II1DE**
que [kə] was **I2DE**
Que fait Léo? [kəfɛleo] Was macht Léo? **I2DE**
que [kə] dass *(Konjunktion)* **II2A**, 3
quel / quelle / quels / quelles [kɛl] welcher / welche / welches *(Fragebegleiter)* **II1A**, 1
Quel temps fait-il? [kɛltɑ̃fɛtil] Wie ist das Wetter? **I7A**, 2
Quelle heure est-il? [kɛlœʀɛtil] Wie viel Uhr ist es? / Wie spät ist es? **I4A**, 2
Tu as quel âge? [tyakɛlaʒ] Wie alt bist du? **I3B**, 9
quelque chose [kɛlkəʃoz] etwas **I4B**, 4
quelquefois [kɛlkəfwa] manchmal ⟨**II2DE**⟩
quelques *(pl.)* [kɛlk(ə)] einige **II3B**, 1
quelqu'un [kɛlkɛ̃] jemand **II2B**, 2
Qu'est-ce que … ? [kɛskə] Was … ? **I2B**, 2
Qu'est-ce que c'est? [kɛskəsɛ] Was ist das? **I2DE**
Qu'est-ce qu'il y a? [kɛskilja] Was gibt es? **I3A**, 2
Qu'est-ce qui se passe? [kɛskispas] Was ist los? **II7A**, 1
une **question** [ynkɛstjɔ̃] eine Frage **I5B**, 3
qui [ki] der / die / das *(Relativpronomen)* **II1B**, 1
qui *(Fragepronomen)* [ki] wer **I1A**, 1
C'est à qui? [sɛtaki] Wer ist an der Reihe? **II4A**, 2
Qui est-ce? [kiɛs] Wer ist das? **I1A**, 1
une **quiche** [ynkiʃ] eine Quiche *(salziger Kuchen, meist mit Käse und Speck); hier:* ein Versager, eine Flasche *(ugs.)* **II2A**, 1
quitter qc [kite] etw. verlassen **I5A**, 3
Quoi? [kwa] Was? **I6B**, 1

quotidien / quotidienne [kɔtidjɛ̃/kɔtidjɛn] täglich ⟨**II6D**⟩

R

raconter qc [ʀakɔ̃te] etw. erzählen **I4A**, 3
la **radio** [laʀadjo] das Radio **II5A**, 4
une **raison** [ynʀɛzɔ̃] ein Grund **II7B**, 7
avoir raison [avwaʀʀɛzɔ̃] recht haben **I4B**, 4
une **randonnée** [ynʀɑ̃dɔne] eine Wanderung ⟨**II5P**⟩
ranger qc [ʀɑ̃ʒe] etw. aufräumen **I3A**, 3
le **rap** [ləʀap] Rap *(Musikstil)* **I2B**, 7
rappeler (qn) [ʀaple] (jdn.) wieder anrufen; zurückrufen **II2B**, 8
un **rat** [ɛ̃ʀa] eine Ratte ⟨**I1P**⟩
la **réalité** [laʀealite] die Wirklichkeit **II6C**; **II6A**
recevoir qc [ʀəsəvwaʀ] etw. empfangen, etw. bekommen **II6C**
la **récréation** [laʀekʀeasjɔ̃] die Pause **I4A**, 3
un **rédacteur** / une **rédactrice** [ɛ̃ʀedaktœʀ/ynʀedaktʀis] ein Redakteur, eine Redakteurin **II6DE**
réfléchir [ʀefleʃiʀ] nachdenken, überlegen **II7A**, 1
le **refrain** [ləʀəfʀɛ̃] der Refrain ⟨**II6P**⟩
regarder qc [ʀəgaʀde] etw. ansehen, etw. betrachten **I2DE**
une **région** [ynʀeʒjɔ̃] eine Region, eine Gegend **II5B**, 1
rencontrer qn [ʀɑ̃kɔ̃tʀe] jdn. treffen, jdm. begegnen **I6B**, 1
la **rentrée** [laʀɑ̃tʀe] der Schul(jahres)beginn **II1DE**
rentrer [ʀɑ̃tʀe] zurückkommen, nach Hause gehen **I4A**, 1
un **repas** [ɛ̃ʀəpa] eine Mahlzeit **I5A**, 3
répondre à qn / à qc [ʀepɔ̃dʀ] jdm. / auf etw. antworten **II2B**, 2
une **réponse** [ynʀepɔ̃s] eine Antwort ⟨**I7D**, 1⟩
un **reportage** [ɛ̃ʀəpɔʀtaʒ] eine Reportage **I7DE**
respecter qn / qc [ʀɛspɛkte] jdn. / etw. achten **II2B**, 2
ressembler à qn / qc [ʀəsɑ̃ble] jdm. / etw. ähnlich sein **II1B**, 2
un **restaurant** [ɛ̃ʀɛstɔʀɑ̃] ein Restaurant **I7A**, 1
rester [ʀɛste] bleiben **I6A**, 2
un **résultat** [ɛ̃ʀeʒylta] ein Ergebnis **II1B**, 2
résumer qc [ʀezyme] etw. zusammenfassen **II6C**
un **retard** [ɛ̃ʀətaʀ] eine Verspätung **I4DE**
arriver en retard [aʀiveɑ̃ʀətaʀ] zu spät kommen ⟨**II1P**⟩
être en retard [ɛtʀɑ̃ʀətaʀ] zu spät kommen **I4DE**
retourner [ʀətuʀne] zurückkehren **II3B**, 1
se retrouver [səʀətʀuve] sich treffen **II3A**, 2
retrouver qn / qc [ʀətʀuve] jdn. treffen; etw. wiederfinden **I4A**, 3
réussir à faire qc [ʀeysiʀ] gelingen etw. zu tun, etw. fertigbringen **II7A**, 1
un **rêve** [ɛ̃ʀɛv] ein Traum **I4B**, 4

revenir [ʀəvəniʀ] zurückkommen **II3B**, 4
rêver (de qc) [ʀeve] (von etw.) träumen **II7DE**
Au **revoir!** [ɔʀvwaʀ] Auf Wiedersehen! **I1B**, 7
De rien. [dəʀjɛ̃] Keine Ursache. **II7A**, 1
rigoler *(fam.)* [ʀigɔle] lachen **II4B**, 2
un **rince-doigts** [ɛ̃ʀɛ̃sdwa] eine Wasserschale *(zum Reinigen der Finger beim Essen)* **II4A**, 2
éclater de rire [eklatedəʀiʀ] in Gelächter ausbrechen ⟨**II2P**⟩
le **riz** [ləʀi] der Reis ⟨**II4P**⟩
une **robe** [ynʀɔb] ein Kleid **I6A**, 4
le **rock** [ləʀɔk] Rock, die Rockmusik **I2B**, 7
le **rôle principal** [ləʀolpʀɛ̃sipal] die Hauptrolle ⟨**II6P**⟩
un rôle secondaire [ɛ̃ʀolsəgɔ̃dɛʀ] eine Nebenrolle ⟨**II6P**⟩
le **roller** [ləʀɔlœʀ] das Inlinerfahren **I5DE**
le roller [ləʀɔlœʀ] der Rollerskate, der Inliner ⟨**I2P**⟩
rouge / rouge [ʀuʒ] rot **I6B**, 6
roux / rousse [ʀu/ʀus] rothaarig **II1B**, 6
une **rue** [ynʀy] die Straße **I2A**, 3
dans la rue [dɑ̃laʀy] auf der Straße **I2A**, 3
le **rugby** [ləʀygbi] das Rugby *(Ballspiel)* **I2B**, 2
le **rythme** [ləʀitm] der Rhythmus **II6B**

S

le **sable** [ləsabl] der Sand **II5B**, 1
un **sac** [ɛ̃sak] eine Tasche **I4B**, 4
un sac à dos [ɛ̃sakado] ein Rucksack ⟨**I2A**, 1⟩
une **saison** [ynsɛzɔ̃] eine Jahreszeit **II5B**, 1
une **salade** [ynsalad] ein Salat **II4DE**
une **salle de bains** [ynsaldəbɛ̃] ein Badezimmer **I5A**, 3
une **salle à manger** [ynsalamɑ̃ʒe] ein Esszimmer ⟨**I5A**, 3⟩
une **salle de cours** [ynsaldəkuʀ] ein Klassenraum **I4A**, 3
un **salon** [ɛ̃salɔ̃] ein Wohnzimmer **I5A**, 3
Salut! *(fam.)* [saly] Hallo! / Grüß dich! **I1A**, 1
samedi *(m.)* [samdi] Samstag, am Samstag **I4B**, 1
le samedi [ləsamdi] samstags **I5A**, 3
un **sandwich** [ɛ̃sɑ̃dwi(t)ʃ] ein Sandwich ⟨**I6P**⟩; **II5A**, 4
sans [sɑ̃] ohne **II1A**, 1
sans faire qc [sɑ̃fɛʀ] ohne etw. zu tun **II2B**, 2
une **saucisse** [ynsosis] ein Würstchen ⟨**II4P**⟩
un **saucisson** [ɛ̃sosisɔ̃] eine Salami **II4A**, 1
le **saut à l'élastique** [ləsoalelastik] das Bungee-Jumping **II7DE**
sauter [sote] springen **II7A**, 1
savoir [savwaʀ] wissen **II1A**, 1
Je ne sais pas. [ʒənəsɛpa] Ich weiß nicht. **I4A**, 3
savoir faire qc [savwaʀfɛʀ] etw. tun können *(wissen, wie etw. geht)* **II1A**, 1
un **saxophone** [ləsaksɔfɔn] ein Saxophon ⟨**I2P**⟩; **II6B**
une **scène** [ynsɛn] eine Szene ⟨**II6P**⟩

une **semaine** [ynsəmɛn] eine Woche **I7DE**
septembre *(m.)* [sɛptɑ̃bʀ] September **I3B,** 7
une **série télévisée** [ynseʀitelevize] eine Fernsehserie ⟨**II6D**⟩
sérieux / sérieuse [seʀjø / seʀjøz] ernst(haft), seriös **II7A,** 3
un **serpent** [ɛ̃sɛʀpɑ̃] eine Schlange ⟨**I1P**⟩
une **serviette** [ynsɛʀvjɛt] eine Serviette **II4B,** 1
seul / seule [sœl] allein **II2B,** 2
seulement [sœlmɑ̃] nur **II7B,** 3
un **short** [ɛ̃ʃɔʀt] Shorts ⟨**I6B,** 8⟩
si [si] doch **I4B,** 4
si [si] ob **II5A,** 7; wenn, falls **II3A,** 8
le **silence** [ləsilɑ̃s] die Ruhe, die Stille **II4B,** 2
s'il te plaît [siltəplɛ] bitte *(wenn man jdn. duzt)* **I3A,** 3
s'il vous plaît [silvuplɛ] bitte *(wenn man jdn. siezt)* **I3A,** 3
simple / simple [sɛ̃pl] einfach **II6C**
un **site** [ɛ̃sit] eine Website **II6A**
la sixième [lasizjɛm] die Sechs, die sechste Klasse **II1DE**
un **sketch** [ɛ̃skɛtʃ] ein Sketch ⟨**I6P**⟩
le **ski** [ləski] Ski fahren ⟨**I5A,** 5⟩
le ski nautique [fɛʀdyskinotik] das Wasserskifahren ⟨**I5P**⟩
un **skimboard** [ɛ̃skimbɔʀd] ein Skimboard *(ähnelt einem kleinen Surfbrett)* **II5A,** 1
un **SMS** [ɛ̃ɛsɛmɛs] eine SMS **I5C,** 1
snif [snif] schnief, schluchz **II7B,** 3
une **sœur** [ynsœʀ] eine Schwester **I2B,** 2
la **soif** [laswaf] der Durst **I5C,** 1
avoir soif [avwaʀswaf] Durst haben **I5C,** 1
le **soir** [ləswaʀ] der Abend **I5A,** 1
ce soir [səswaʀ] heute Abend **I5A,** 1
le **soleil** [ləsɔlɛj] die Sonne **II5A,** 4
une **solution** [ynsɔlysjɔ̃] eine Lösung **II7A,** 1
sombre / sombre [sɔ̃bʀ] dunkel **II2A,** 1
son / sa / ses *+ Nomen* [sɔ̃ / sa / se] sein / seine; ihr / ihre **I3B,** 1
sonner [sɔne] klingeln **II7A,** 1
une **sortie** [ynsɔʀti] ein Ausgang **II2A,** 1
sortir [sɔʀtiʀ] hinausgehen; *(hier:)* ausgehen **II6A**
souffler qc [sufle] etw. ausblasen **I3B,** 1
le **sourire** [ləsuʀiʀ] das Lächeln ⟨**II6D**⟩
une **souris** [ynsuʀi] eine Maus ⟨**I1P**⟩; **II2A,** 1
sous [su] unter **I4A,** 3
un **souterrain** [ɛ̃sutɛʀɛ̃] ein unterirdischer Gang / Raum **II2DE**
un **souvenir** [ɛ̃suvniʀ] eine Erinnerung, ein Andenken **I7A,** 1
souvent [suvɑ̃] oft ⟨**I3A,** 3⟩; **II2A,** 1
des **spaghettis** *(m., pl.)* [spageti] Spaghetti **I5A,** 3
spécial / spéciale [spesjal] speziell, Spezial-, Sonder- **II6DE**
le **sport** [ləspɔʀ] der Sport **I2B,** 2
un **sportif** / une **sportive** [ɛ̃spɔʀtif / ynspɔʀtiv] ein Sportler / eine Sportlerin **II3B,** 1
un **stand** [ɛ̃stɑ̃d] ein Stand, eine Bude **I5DE**
une **star** [ynstaʀ] ein Star **II1B,** 2
une **station** [ynstasjɔ̃] eine Station, eine Haltestelle **I7B,** 1

un **steak-frites** [ɛ̃stɛkfʀit] ein Steak mit Pommes frites **II4A,** 1
un **strip** [ɛ̃stʀip] eine Reihe von Zeichnungen ⟨**II6P**⟩
un **style** [ɛ̃stil] ein Stil **II6DE**
un **stylo** [ɛ̃stilo] ein Füller, ein Kuli **I2A,** 1
le **succès** [ləsyksɛ] ein Erfolg **II3B,** 4
le **sucre** [ləsykʀ] der Zucker **II4DE**
le **sud** [ləsyd] der Süden **II5DE**
le sud-ouest [ləsydwɛst] der Südwesten **II5DE**
un **sujet** [ɛ̃syʒɛ] ein Thema **II6DE**
super *(inv.)* [sypɛʀ] super, toll **I1B,** 1
un **supermarché** [ɛ̃sypɛʀmaʀʃe] ein Supermarkt ⟨**I5P**⟩; **II4DE**
sûr / sûre [syʀ] sicher **II4B,** 2
sur [syʀ] auf, über **I3B,** 1
sept sur vingt [sɛtsyʀvɛ̃] sieben von zwanzig *(Schulnote: schlechter als der Durchschnitt)* **II3A,** 2
le **surf** [ləsœʀf] das Wellensurfen ⟨**II5P**⟩
surfer [sœʀfe] surfen; *(hier:)* im Internet surfen **II6A**
une **surprise** [ynsyʀpʀiz] eine Überraschung **I3B,** 1
surtout [syʀtu] vor allem **I6B,** 6
un **surveillant** / une **surveillante** [ɛ̃syʀvɛjɑ̃ / ynsyʀvɛjɑ̃t] eine Aufsichtsperson **II3DE**
le **suspense** [ləsyspɛns] die Spannung *(Film, Roman, Erzählung)* ⟨**II6D**⟩
les **S.V.T. (Sciences de la vie et de la terre)** *(f.)* [leɛsvete] Biologie *(als Schulfach)* ⟨**I4P**⟩
un **sweat** [ɛ̃swɛt] ein Sweatshirt ⟨**I6B,** 8⟩
sympa [sɛ̃pa] nett **I2B,** 2

T

une **table** [yntabl] ein Tisch **I5A,** 3
à table [atabl] bei Tisch **I5A,** 3
mettre la table [mɛtʀlatabl] den Tisch decken **II4B,** 1
un **tableau** / des **tableaux** [ɛ̃tablo / detablo] eine Tafel **II3DE**
une **tante** [yntɑ̃t] eine Tante **I3A,** 9
tard [taʀ] spät **I5A,** 3
plus tard [plytaʀ] später **II2B,** 8
une **tarte flambée** [yntaʀtflɑ̃be] ein Flammkuchen ⟨**I6P**⟩
une **tasse** [yntas] eine Tasse **II4B,** 6
un **taxi** [ɛ̃taksi] ein Taxi **I5A,** 1
la **techno** [latɛkno] Techno *(Musikstil)* **I2B,** 7
la **technologie** [latɛknɔlɔʒi] Technik ⟨**I4P**⟩
un **téléphone** [ɛ̃telefɔn] ein Telefon **II2B,** 8
téléphoner à qn [telefɔne] mit jdm. telefonieren, jdn. anrufen **I6A,** 2
la **télévision** *(fam.: la télé)* [latelevizjɔ̃] das Fernsehen **I4A,** 1
le **temps** [lətɑ̃] das Wetter **I7A,** 2; die Zeit **I4B,** 1
avoir le temps de faire qc [avwaʀlətɑ̃] Zeit haben, etw. zu tun **II4B,** 2
Quel temps fait-il? [kɛltɑ̃fɛtil] Wie ist das Wetter? **I7A,** 2
le **tennis** [lətenis] Tennis ⟨**I5A,** 5⟩

un **terrain de foot** [ɛ̃teʀɛ̃dəfut] ein Fußballplatz ⟨**I5P**⟩
la **tête** [latɛt] der Kopf; *hier:* das Gesicht **II1A,** 1
le **TGV** [ləteʒeve] der TGV **I6A,** 1
le **théâtre** [ləteatʀ] das Theater **I5A,** 5
un **ticket** [ɛ̃tikɛ] ein Fahrschein, eine Fahrkarte **I7B,** 2
Tiens! [tjɛ̃] Sieh mal! / Schau mal! **I2A,** 3
timide / timide [timid] schüchtern **II1B,** 2
le **tirage au sort** [lətiʀaʒosɔʀ] die Verlosung **II7B,** 3
un **titre** [ɛ̃titʀ] Titel **I4B,** 5
les **toilettes** *(f.)* [letwalɛt] die Toilette **I4A,** 1
une **tomate** [yntɔmat] eine Tomate **II4DE**
tomber [tɔ̃be] fallen **I5B,** 3
le **top ten** [lətɔptɛn] die Hitparade ⟨**II6P**⟩
une **tortue** [yntɔʀty] eine Schildkröte ⟨**I1P**⟩
tôt *(adv.)* [to] früh *(Adv.)* **I7B,** 1
toujours [tuʒuʀ] immer **I3A,** 3
un **tour** [ɛ̃tuʀ] eine Tour, ein Rundgang **I5A,** 3
le tour du monde [lətuʀdymɔ̃d] die Weltreise ⟨**II7P**⟩
une **tour** [yntuʀ] ein Turm **I6DE**
un **touriste** / une **touriste** [ɛ̃tuʀist / yntuʀist] ein Tourist / eine Touristin **I7DE**
tourner [tuʀne] drehen, abbiegen **I5B,** 1
tous / toutes [tu / tut] alle *(+ Nomen)* **II7B,** 3
tous les deux / toutes les deux [tuledø / tutledø] (alle) beide **II7B,** 3
tout / toute [tu / tut] ganz *(+ Nomen)* **II7B,** 3
tout [tu] alles **II1A,** 1
tout à coup [tutaku] plötzlich **II1B,** 2
tout de suite [tudsɥit] sofort **II5B,** 1
tout droit [tudʀwa] geradeaus **I5B,** 1
tout le monde [tulmɔ̃d] alle, jeder **I5DE**
un **train** [ɛ̃tʀɛ̃] ein Zug **I3A,** 3
un **trampoline** [ɛ̃tʀɑ̃pɔlin] ein Trampolin **II7A,** 1
travailler [tʀavaje] arbeiten **I2A,** 2
traverser qc [tʀavɛʀse] etw. überqueren **I5B,** 1
très [tʀɛ] sehr **I6A,** 4
un **trimestre** [ɛ̃tʀimɛstʀ] ein Trimester **II3DE**
triste / triste [tʀist] traurig **I6A,** 4
trop [tʀo] zu viel, zu sehr **I5B,** 3
C'est trop nul! *(fam.)* [sɛtʀonyl] Das ist zu blöd! *(ugs.)* **I5B,** 3
une **trousse** [yntʀus] ein Federmäppchen ⟨**I2A,** 1⟩
trouver qn / qc [tʀuve] jdn. / etw. finden **I2A,** 2
un **truc** *(fam.)* [ɛ̃tʀyk] ein Ding, eine Sache **I2A,** 1
un **t-shirt** [ɛ̃tiʃœʀt] ein T-Shirt **I2B,** 2
un **tube** [ɛ̃tyb] ein Hit ⟨**II6P**⟩

U

utiliser qc [ytilize] etw. benutzen, etw. verwenden **II6A**

V

en vacances *(f., pl.)* [ɑ̃vakɑ̃s] in den Ferien **I2A,** 3

une **vague** [ynvag] eine Welle **II5B, 1**
une **valise** [ynvaliz] ein Koffer **II5A, 2**
un **vélo** [ɛ̃velo] ein Fahrrad **I2B, 7**
un **vendeur** / une **vendeuse** [ɛ̃vɑ̃dœʀ / ynvɑ̃døz] ein Verkäufer / eine Verkäuferin **I5C, 1**
vendredi *(m.)* [vɑ̃dʀədi] Freitag, am Freitag **I4B, 1**
venir [vəniʀ] kommen **II3B, 1**
Venez! [vəne] Kommt! *(Aufforderung)* ⟨**I0, 3**⟩
le **vent** [ləvɑ̃] der Wind **I7A, 1**
un **verre** [ɛ̃vɛʀ] ein Glas **II4B, 1**
vert / verte [vɛʀ / vɛʀt] grün **I6A, 4**
une **veste** [ynvɛst] eine Jacke **I6B, 8**
un **vêtement** [ɛ̃vɛtmɑ̃] ein Kleidungsstück **I6B, 8**
la **viande** [lavjɑ̃d] das Fleisch **II4DE**
la **vie** [lavi] das Leben **II3DE**
Viens! [vjɛ̃] Komm! *(Aufforderung)* **I1A, 1**
vieux / vieil / vieille [vjø / vjɛj / vjɛj] alt **II6B**
une **ville** [ynvil] eine Stadt **I7DE**
le **violon** [ləvjɔlɔ̃] die Violine **II6B**
une **visite** [ynvizit] ein Besuch, eine Besichtigung **II2DE**
visiter qc [vizite] etw. besichtigen **I7DE**
vite *(adv.)* [vit] schnell *(Adv.)* **I1A, 1**
voici [vwasi] hier ist **II6DE**
voilà [vwala] da ist, da sind **I1A, 1**
la **voile** [avwal] ein Segel; das Segeln ⟨**II5P**⟩
voir qc [vwaʀ] etw. sehen **II2A, 1**
un **voisin** / une **voisine** [ɛ̃vwazɛ̃ / ynvwazin] ein Nachbar / eine Nachbarin **II7B, 3**
une **voiture** [ynvwatyʀ] ein Auto **I5A, 1**
[ɑ̃vwatyʀ] Einsteigen! **II5A, 4**
en voiture [ɑ̃vwatyʀ] mit dem Auto **I5A, 1**
la **voix** [lavwa] die Stimme **II6B**
un **volcan** [ɛ̃vɔlkɑ̃] ein Vulkan ⟨**I0, 5**⟩
le **volley(ball)** [ləvɔlɛbol] Volleyball ⟨**I5A, 5**⟩
votre / vos [vɔtʀ / vo] euer / eure; Ihr / Ihre **I4B, 4**
vouloir [vulwaʀ] wollen **II3A, 1**
Je veux bien. [ʒəvøbjɛ̃] (Ich möchte) gerne! **II3A, 2**
je voudrais … [ʒəvudʀɛ] ich möchte gerne … **I5A, 3**
Si tu veux. [sityvø] Wenn du willst. **II3A, 8**
un **voyage** [ɛ̃vwajaʒ] eine Reise **II2DE**
vrai / vraie [vʀɛ] wahr; richtig, echt ⟨**I7D, 1**⟩; **II1A, 1**
vraiment [vʀɛmɑ̃] wirklich **I5B, 3**
le **VTT** [ləvetete] das Mountainbike ⟨**I2P**⟩
la **vue** [lavy] die Aussicht **I7A, 1**

W

les **W.-C.** [levese] die Toilette ⟨**I5A, 3**⟩

Y

le **yaourt** [ləjauʀt] der Joghurt **II4DE**

Z

Zut! *(fam.)* [zyt] Mist!, Verdammt! **I2A, 3**

Prénoms masculins

Alex [alɛks] **I2A, 3**
Antoine [ɑ̃twan] **I0, 1**
Arthur [aʀtyʀ] **II6A**
Cédric [sedʀik] **II1B, 9**
Charles [ʃaʀl] **I0, 1**
Clément [klemɑ̃] **I0, 1**
Damien [damjɛ̃] **I5B, 3**
Gabriel [gabʀiɛl] **I0, 1; I5A, 3**
Gaspard [gaspaʀ] **I0, 1**
Gérald [ʒeʀald] **II6B**
Grégoire [gʀegwaʀ] **II4DE**
Jérôme [ʒeʀom] **I2B, 2**
Julien [ʒyljɛ̃] **II1A, 1**
Justin [ʒystɛ̃] **I0, 1**
Lars [laʀs] **II4A, 1**
Léo [leo] **I0, 1**
Lionel [ljɔnɛl] ⟨**II6D**⟩
Louis [lwi] **I0, 1**
Malabar [malabaʀ] **I1A, 1**
Maurice [mɔʀis] **I0, 1**
Mehdi [medi] **I3DE**
Moustique [mustik] **I1A, 1**
Paul [pɔl] **I0, 1**
Pierre [pjɛʀ] **I0, 1**
Romain [ʀɔmɛ̃] **I0, 1**
Sacha [saʃa] **II3A, 2**
Thomas [tɔma] **I0, 1**
Tristan [tʀistɑ̃] **II1B, 2**
Valentin [valɑ̃tɛ̃] **I0, 1**
Vladimir [vladimiʀ] **II2B, 2**

Prénoms féminins

Alex [alɛks] **I2A, 3**
Anaïs [anais] **II5A, 4**
Anne [an] **I0, 1**
Béatrice [beatʀis] **I0, 1**
Camille [kamij] **II6A**
Carla [kaʀla] **II4DE**
Clara [klaʀa] **I5A, 3**
Coralie [kɔʀali] **II6DE**
Delphine [dɛlfin] **I6A, 2**
Elise [eliz] **I0, 1**
Fleur [flœʀ] **I0, 1**
Gabrielle [gabʀiɛl] **I0, 1**
Joséphine [ʒozefin] **I0, 1**
Léa [lea] **I0, 1**
Lilou [lilu] **I0, 1; I6A, 2**
Louise [lwiz] **I0, 1**
Lucie [lysi] **I0, 1**
Manon [manɔ̃] **I0, 1**
Marie [maʀi] **I0, 1; I1A, 1**
Sarah [saʀa] **I0, 1**
Vanessa [vanɛsa] **II6B**
Zoé [zɔe] **I0, 1**

Noms de famille

Aldon [aldɔ̃] **II1A, 1**
Barette [baʀɛt] **I4A, 3**
Chabane [ʃaban] **I5A, 3**
Ducharme [dyʃaʀm] **II1A, 1**
Girard [ʒiʀaʀ] ⟨**II6D**⟩
Guibert [gibɛʀ] **II5DE**
Latière [latjɛʀ] **I2A, 3**
Marignan [maʀiɲɑ̃] **II2A, 1**
Pirou [piʀu] **I3A, 3**
Racine [ʀasin] **I4A, 1**

Noms de villes

Angoulême [ɑ̃gulɛm] **II6C**
Arcachon [aʀkaʃɔ̃] **II5DE**
Bordeaux [bɔʀdo] **II5A, 9**
Brest [bʀɛst] **I1B, 6**
Cologne [kɔlɔɲ] **I3A, 3**
Lyon [ljɔ̃] **I6A, 4**
Nice [nis] **I1B, 6**
Paris [paʀi] **I1DE**
Strasbourg [stʀasbuʀ] **I1B, 6**
Toulouse [tuluz] **I1B, 6**
Vincennes [vɛ̃sɛn] **II7A, 1**

Noms géographiques

l'**Allemagne** *(f.)* [lalmaɲ] **I3A, 3**
l'**Aquitaine** *(f.)* [lakitɛn] **II5DE, 3**
la **Bavière** [labavjɛʀ] ⟨**II5P**⟩
la **Belgique** [labɛlʒik] **II6C**
le **Canada** [ləkanada] **II6C**
la **France** [lafʀɑ̃s] **I3A, 3**
la **Normandie** [lanɔʀmɑ̃di] **II5DE**

Noms divers

l'Arc de triomphe *(m.)* [laʀkdətʀijɔ̃f] **I7DE**
Batignolles [batiɲɔl] **I5DE**
la Défense [ladefɑ̃s] **I7DE**
la **dune du Pilat** [ladyndypila] **II5DE**
Interclub 17 [ɛ̃tɛʀklœbdisɛt] **I5DE**
la Joconde [laʒɔkɔ̃d] **I7A, 4**
le **Louvre** [ləluvʀ] **I7DE**
Malou [malu] **I2A, 3**
Notre-Dame [nɔtʀədam] **I7DE**
le **parc des Batignolles** [ləpaʀkdebatiɲɔl] **I5C, 1**
Place de la Bastille [laplasdəlabastij] **I6B, 1**
la **rue Nollet** [laʀynɔlɛ] **I2B, 2**
la **rue Truffaut** [laʀytʀyfo] **I2B, 2**
les **Schtroumpfs** [leʃtʀumf] **II6C**
la **tour Eiffel** [latuʀɛfɛl] **I6DE**

Noms de personnes connues

Christophe Maé [kʀistɔfmae] **II6B**
Gustave Eiffel [gystavɛfɛl] **I7A, 1**
Honoré de Balzac [ɔnɔʀedəbalzak] **I4A**
Zaz [zaz] **II6B**

A

abbiegen tourner **I5B,** 1
der Abend le soir **I5A,** 1
heute Abend ce soir **I5A,** 1
aber mais **I1B,** 1
abfahren partir **II6A**
die Abfahrt le départ **II5A,** 2
der Abfalleimer la poubelle **II1B,** 2
etw. (ab)holen aller chercher qc **II4A,** 2
sich abspielen, ablaufen se dérouler ⟨II6D⟩
sich abspielen, geschehen se passer **II3A,** 3
ein Abwasserkanal un égout **II2DE**
jdn. / etw. achten respecter qn / qc **II2B,** 2
eine Achterbahn un grand huit ⟨I7D, 1⟩
Achtung! Attention! **I1A,** 1
jdm. / etw. ähnlich sein ressembler à qn / qc **II1B,** 2
ein Album un album **II6B**
alle *(+ Nomen)* tous / toutes **II7B,** 3
alle tout le monde **I5DE**
allein seul / seule **II2B,** 2
alles tout **II1A,** 1
alt vieux / vieil / vieille **II6B**
das Alter l'âge *(m.)* **I3B,** 9
eine Ananas un ananas ⟨II4P⟩
ein Andenken un souvenir **I7A,** 1
anderer / andere / anderes autre / autre **I6B,** 1
ändern changer **II3DE**
anders différent / différente **II6C**
ein Anfang un début **II6C**
am Anfang au début **II6C**
anfangen commencer **I4A,** 1
eine Angelegenheit une affaire **I3A,** 3
die Angst la peur **II2A,** 1
Angst haben avoir peur **II2A,** 1
etw. anhalten arrêter qc **II3B,** 1
etw. anhören écouter qn / qc **I2A,** 2
(an)kommen arriver **I2DE**
die Ankunft l'arrivée *(f.)* **I6A,** 2
ein Anorak un anorak **I6B,** 8
etw. anprobieren essayer qc **II5B,** 1
anrufen téléphoner à qn **I6A,** 2
(jdn.) wieder anrufen rappeler (qn) **II2B,** 8
jdn. (an)rufen appeler qn **II2B,** 2
anschließend, danach ensuite ⟨II2P⟩
etw. ansehen regarder qc **I2DE**
eine Ansichtskarte une carte postale **I7A,** 1
eine Antwort une réponse ⟨I7D, 1⟩
eine Anzeige, eine Annonce une annonce **II7B,** 8
ein Apfel une pomme **I5C,** 1
ein Apfelsaft un jus de pomme **I5C,** 1
eine Apotheke une pharmacie ⟨I0, 8⟩
der Applaus l'applaudissement *(m.)* **II3B,** 1
eine Aprikose un abricot ⟨II4P⟩
April avril *(m.)* **I3B,** 7
apropos, etw. betreffend à propos de qc **II2A,** 1
arm pauvre / pauvre **II3A,** 2
der Arm le bras **II2A,** 1
ein Arrondissement un arrondissement **I5DE**
ein Artikel un article **II3B,** 4
ein Assistent / eine Assistentin un assistant / une assistante **I7DE**
Aua! Aïe! **I4DE**
eine Aubergine une aubergine ⟨II4P⟩
auch aussi ⟨I0, 4⟩; **I1B,** 1
auf, über sur **I3B,** 1
auf der Straße dans la rue ⟨I0, 8⟩; **I2A,** 3
auf Deutsch en allemand **I3A,** 3
der Aufbruch le départ **II5A,** 2
mit etw. aufhören arrêter qc **II3B,** 1
ein Auflauf *(Speise, Gericht)* un gratin ⟨I0, 5⟩
etw. aufräumen ranger qc **I3A,** 3
jdn. aufregen énerver qn **II1A,** 7
aufregen Ça m'énerve! **II1A,** 7
etw. aufschreiben noter qc **II3DE**
eine Aufsichtsperson un surveillant / une surveillante **II3DE**
Auf Wiedersehen! Au revoir! **I1B,** 7
ein Auge / Augen un œil / des yeux **II1B,** 6
in diesem Augenblick à ce moment-là **II2A,** 1; **II2A,** 1
August août *(m.)* **I3B,** 7
aus; von de / d' **I1B,** 1
ausblasen souffler qc **I3B,** 1
eine Ausgabe une édition **II6DE**
ein Ausgang une sortie **II2A,** 1
ausgehen; hinausgehen sortir **II6A**
im Ausland à l'étranger ⟨II5P⟩
etw. ausprobieren essayer qc **II5B,** 1
aussehen avoir l'air **II1A,** 1
die Aussicht la vue **I7A,** 1
aussteigen descendre **II2B,** 2
etw. aussuchen choisir qc **II7A,** 1
eine Auster une huître **II5B,** 3
ein Auto une voiture **I5A,** 1
eine Autobahn une autoroute **II5A,** 4
eine Avokado un avocat ⟨II4P⟩

B

eine Bäckerei une boulangerie ⟨I0, 8⟩; **I5B,** 1
eine Bahn une piste **II3B,** 1
ein Bahnhof une gare **I6A,** 4
bald bientôt **I3A,** 1
bis bald à bientôt **I3A,** 3
ein Ball un ballon ⟨I0, 5⟩; **II5B,** 1
ein Ball, ein Fest un bal **I6DE**
ein (kleiner) Ball une balle **II7A,** 1
Ich hatte ganz schön Bammel. *(ugs.)* j'ai eu chaud *(fam.)* ⟨II2P⟩
eine Banane une banane ⟨II4P⟩
ein Band une corde **II7A,** 1
Basketball le basket(ball) ⟨I2P⟩; ⟨I5A, 5⟩
ein Bauernhof une ferme ⟨II5P⟩
ein Baum un arbre **II5A,** 4
etw. beenden finir **II7A,** 1; arrêter qc **II3B,** 1
beendet, zu Ende fini / finie **II7B,** 3
jdm. begegnen rencontrer qn **I6B,** 1
beginnen commencer **I4A,** 1
jdn. beglückwünschen féliciter qn **II3B,** 4
bei jdm. chez qn **I4A,** 1
(alle) beide tous les deux / toutes les deux **II7B,** 3
der Beifall l'applaudissement *(m.)* **II3B,** 1
das Bein une jambe **II5B,** 1
beinahe presque **II2B,** 2
zum Beispiel par exemple **I7C,** 1
bekannt connu / connue **II6B**
etw. bekommen recevoir qc **II6C**
belgisch belge / belge **II6C**
etw. benutzen utiliser qc **II6A**
ein Beruf un métier **II6B**
jdn. / etw. beschreiben décrire qn / qc **II1B,** 6
etw. besichtigen visiter qc **I7DE**
ein Besuch, eine Besichtigung une visite **II2DE**
etw. betrachten regarder qc **I2DE**
ein Bett un lit **I4A,** 1
bevorzugt, Lieblings- préféré / préférée **II6DE**
sich bewegen bouger **II7A,** 4
etw. bezahlen payer qc **II4A,** 2
ein Bild une image ⟨II6D⟩
ein Biologe / eine Biologin un biologiste / une biologiste **II7B,** 3
Biologie *(als Schulfach)* les S.V.T. (Sciences de la vie et de la terre) *(f.)* ⟨I4P⟩
eine Birne une poire ⟨II4P⟩
bis bald à bientôt **I3A,** 3
Bis gleich! A tout à l'heure! ⟨I1P⟩
Bis später! A plus! *(fam.)* **I5A,** 1
bitte *(wenn man jdn. siezt)* s'il vous plaît **I3A,** 3
bitte *(wenn man jdn. duzt)* s'il te plaît **I3A,** 3
jdn. (um etw.) bitten demander (qc) à qn **I6B,** 1
ein Blatt (Papier) une fiche **II6B**
ein Blatt une feuille ⟨I2A, 1⟩
blau bleu / bleue **I6B,** 6
bleiben rester **I6A,** 2
ein Bleistift un crayon ⟨I0, 5⟩; **I2A,** 1
blöd nul **I5B,** 3
blöd, dumm bête / bête **II1A,** 1
Das ist zu blöd! *(ugs.)* C'est trop nul! *(fam.)* **I5B,** 3
ein Blog *(ein Tagebuch im Internet)* un blog **II6A**
blond blond / blonde **II1B,** 6
ein Blouson un blouson ⟨I6B, 8⟩
ein Blumenkohl un chou-fleur ⟨IIP⟩
ein Bonbon un bonbon ⟨I0, 5⟩
ein Boot un bateau / des bateaux **II5A,** 1; **II5A,** 1
eine Boutique une boutique **I7A,** 1
wir brauchen etw. il nous faut qc **II7A,** 1
man braucht etw. il faut qc **II4A,** 1
braun brun / brune **II1B,** 6; marron / marron **II1B,** 6
ein Brief une lettre **II6C**
ein Briefträger / eine Briefträgerin un facteur / une factrice **II6C**
jdm. etw. (mit)bringen apporter qc à qn **II6C**
das Brot le pain **II4B,** 1
ein Bruder un frère **I2B,** 2
ein Buch un livre **I2A,** 1
eine Bücherei une bibliothèque ⟨I5P⟩
das Bungee-Jumping le saut à l'élastique **II7DE**
ein Büro un bureau **I7A,** 1
ein Bus un bus **I7B,** 1

die Butter le beurre **II4B, 2**

C

ein Café un café ⟨**I0**, 8⟩; **I5B, 1**
ein Campingplatz un camping ⟨**II5P**⟩
eine CD / CDs un CD / des CD **I3A, 1**
ein Champignon un champignon ⟨**II4P**⟩
ein Champion un champion / une championne **I5B, 3**
das Glück; die Chance la chance **II2B, 2**
mit jdm. chatten chatter avec qn **II2A, 1**
Chips des chips *(f.)* ⟨**I6P**⟩
ein „Collège" un collège **I4DE**
ein Comic une BD **I2DE**
eine Comic-Seite une planche de BD ⟨**II6P**⟩
ein Computer un ordinateur **I3A, 1**
ein Computerspiel / Computerspiele un jeu vidéo / des jeux vidéo **I3B, 1**
ein Cousin / eine Cousine un cousin / une cousine **I3A, 9**
ein Croissant un croissant ⟨**I0**, 5⟩

D

da(hin), dort(hin) là-bas **II1A, 1**
da ist, da sind voilà ⟨**I0**, 4⟩; **I1A, 1**
eine Dame une dame **I1B, 4**
danach après **I4A, 1**
danach, anschließend ensuite ⟨**II2P**⟩
danke merci ⟨**I0**, 2⟩; **I1B, 1**
Vielen Dank! Merci beaucoup! **I5B, 2**
dann puis **I3B, 1**
darauf dessus **II5B, 1**
darüber; davon en **II2A, 1**
das ist c'est **I1A, 1**
das ça **I2B, 2**
das Bad, das Badezimmer une salle de bains **I5A, 3**
dass *(Konjunktion)* que **II2A, 3**
derselbe / dieselbe / dasselbe le même / la même **II1A, 1**
davon; darüber en **II2A, 1**
Wie viel brauchen wir davon? Combien est-ce qu'il en faut? **II4A, 4**
Was hältst du davon? Qu'est-ce que tu en penses? **I2A, 3**
ein Delfin un dauphin ⟨**II7P**⟩
an jdn. denken penser à qn **II1B, 2**
Wie denkst du darüber? Qu'est-ce que tu en penses? **II2A, 3**
denn car **II6C**
deshalb c'est pourquoi **II6B; II6A**
Deutsch *(Schulfach)* l'allemand *(m.)* **I4DE**
auf Deutsch en allemand **I3A, 3**
Dezember décembre *(m.)* **I3B, 1**
Dienstag, am Dienstag mardi *(m.)* **I4B, 1**
dieser / diese / dieses *(Demonstrativbegleiter)* ce / cet / cette / ces **II1B, 2**
ein Ding un truc *(fam.)* **I2A, 1**; une chose **I7C, 1**
eine Diskussion une discussion **II2A, 1**
(über etw.) diskutieren discuter (de qc) **I4A, 3**
ein DJ un DJ ⟨**II6P**⟩
doch si **I4B, 4**
Donnerstag jeudi *(m.)* **I4B, 1**
dort / da là **I2A, 3**
dort(hin), da(hin) là-bas **II1A, 1**
ein Drahtzaun une grille **II2A, 1**
drehen tourner **I5B, 1**
dreist, frech gonflé / gonflée *(fam.)* ⟨**II3A**, 2⟩
du *(betont)* toi **I1A, 1**
dumm bête / bête **II1A, 1**
eine Düne une dune **II5DE**
dunkel sombre / sombre **II2A, 1**
der Durchschnitt *(10 von 20 Punkten im Zeugnis)* la moyenne **II3DE**
etw. tun dürfen avoir le droit de faire qc **II6A**
Durst haben avoir soif **I5C, 1**

E

eine Ecke un coin **II6DE**
eher plutôt **II3A, 2**
ein Ei / Eier un œuf / des œufs **II4DE**
einfach simple / simple **II6C**
ein Eingang une entrée **I5A, 1**
einige quelques *(pl.)* **II3B, 1**
einkaufen faire les courses *(f.) (pl.)* **II4DE**
jdn. einladen inviter qn **I3A, 3**
eine Einladung une invitation **II6A**
einmal une fois **II2DE**
einsteigen monter **II2B, 2**
eintreten entrer **I2A, 3**
einverstanden d'accord **I2B, 2**
ein Eis une glace **II5B, 1**
ein Eisverkäufer un glacier ⟨**I5P**⟩
ein Elefant un éléphant ⟨**I0**, 5⟩
die Eltern les parents *(m.)* **I3A, 9**
eine E-Mail un courriel **I6B, 6**
etw. empfangen recevoir qc **II6C**
das Ende, der Schluss la fin **I4B, 5**
endlich, schließlich enfin **I6A, 4**
endlich finalement ⟨**II2P**⟩
Englisch l'anglais *(m.)* ⟨**I4P**⟩
Entschuldigen Sie. / Entschuldigung! Excusez-moi. **I4A, 3**
Entschuldigung. Pardon. **I1A, 1**
eine Erdbeere une fraise ⟨**II4P**⟩
Geschichte und Erdkunde *(als Schulfach)* l'histoire-géo *(f.)* ⟨**I4P**⟩
sich ereignen, geschehen se passer **II3A, 3**
etw. erfinden inventer qc **I7C, 1**
ein Erfolg le succès **II3B, 4**
ein Ergebnis un résultat **II1B, 2**
eine Erinnerung un souvenir **I7A, 1**
(jdm.) etw. erklären expliquer qc (à qn) **II2B, 2**
ein Erlebnispark un parc d'attractions ⟨**I7D**, 1⟩
ernst(haft) sérieux / sérieuse **II7A, 3**
etw. erraten deviner qc **II1B, 6**
der erste le premier **I3B, 7**
etw. erzählen raconter qc **I4A, 3**
es gibt, es ist, es sind il y a **I3A, 1**
etw. essen manger qc **I3B, 1**
ein Essen un repas **I5A, 3**
ein Esszimmer une salle à manger ⟨**I5A**, 3⟩
etwas quelque chose **I4B, 4**
euer / eure; Ihr / Ihre votre / vos **I4B, 4**

F

eine Fahne un drapeau ⟨**II3P**⟩; **II5B, 1**
fahren aller **I4A, 3**
ein Fahrrad un vélo **I2B, 7**
ein Fahrschein, eine Fahrkarte un ticket **I7B, 2**
fallen tomber **I5B, 3**
das Fallschirmspringen le parachutisme **II7DE**
eine Familie une famille **I3A, 9**
fantastisch fantastique **I1B, 1**
eine Farbe une couleur **I6B, 6**
fast presque **II2B, 2**
Februar février *(m.)* **I3B, 7**
das Fechten l'escrime *(f.)* **II7B, 3**
ein Federmäppchen une trousse ⟨**I2A**, 1⟩
ein Fenster une fenêtre **II5A, 7**
in den Ferien en vacances *(f., pl.)* **I2A, 3**
eine Ferienunterkunft un gîte **II5DE**
das Fernsehen la télévision **I4A, 1**
eine Fernsehserie une série télévisée ⟨**II6D**⟩
ein Fest une fête **I6DE**
ein Fest, ein Ball un bal **I6DE**
ein Feuer, Feuer (Plural) un feu / des feux **I6DE**
ein Feuerwerk un feu d'artifice **I6DE**
ein Film (Kino) un film **I5C, 1**
jdn. / etw. finden trouver qn / qc **I2A, 2**
finden, dass trouver que **II2A, 3**
ein Finger un doigt **II4A, 2**
ein Fisch un poisson ⟨**I1P**⟩
eine Flagge, eine Fahne un drapeau **II5B, 1**
ein Flammkuchen une tarte flambée ⟨**I6P**⟩
eine Flasche une bouteille **II4A, 2**
das Fleisch la viande **II4DE**
ein Flohmarkt un marché aux puces **I7C**
ein Flugzeug un avion **I7B, 3**
ein Flur un couloir ⟨**I5A**, 3⟩; **II2DE**
die Form la forme **II1A, 7**
in Form sein, fit sein être en forme **II1A, 7**
ein Foto une photo **I5DE**
eine Frage une question **I5B, 3**
jdn. (nach etw.) fragen demander (qc) à qn **I6B, 1**
französisch français / française **I2A, 1**
auf Französisch en français **I2A, 1**
Französisch le français **I4P**
eine Frau une femme **II1B, 6**; une dame **I1B, 4**
Frau ... madame ... **I1B, 7**
eine (beaufsichtigte) Freistunde une permanence **II3DE**
Freitag, am Freitag vendredi *(m.)* **I4B, 1**
eine Freizeitbeschäftigung une activité **I5DE**
ein Freizeitpark un parc d'attractions ⟨**I7D**, 1⟩
die Freude la joie **II6B**
ein Freund / eine Freundin un copain / une copine *(fam.)* **I1B, 2**; un ami / une amie **I2A, 3**
ein Frisör, eine Frisörin un coiffeur / une coiffeuse ⟨**I5P**⟩
eine Frucht un fruit **II4DE**

ein Fruchtsaft un jus de fruit II4A, 2
früh *(Adv.)* tôt *(adv.)* I7B, 1
der Frühling le printemps II5DE
das Frühstück le petit-déjeuner II4A, 1
ein Führer / eine Führerin un guide / une guide II2A, 1
ein Füller un stylo I2A, 1
die Fünfte, die Fünf A la 5^{e}(A) / la cinquième (A) II1DE
funktionieren fonctionner ⟨II1P⟩
für pour I2A, 3
ein Fuß un pied I4DE
zu Fuß à pied I5A, 1
der Fußball *(Sportart)* le foot(ball) I2B, 7
ein Fußballplatz un terrain de foot ⟨I5P⟩
ein Fußballverein un club de foot ⟨I5P⟩

G

eine Gabel une fourchette II4B, 1
ein Gang un couloir ⟨I5A, 3⟩; II2DE
ganz / alle *(+ Nomen)* tout / toute II7B, 3
ein Garten un jardin II5A, 7
ein Gast un invité / une invitée II4B, 2
jdm. etw. geben donner qc à qn I6B, 1
jdm. etw. (weiter)geben passer qc II4B, 6
das Gebirge une montagne ⟨II5P⟩
geboren werden / sein être né(e) II1B, 2
die Geburt la naissance II6B
ein Geburtstag un anniversaire I3DE
ein Gedanke une idée I3A, 1
düstere Gedanken des idées noires *(f., pl.)* II2A, 1
ein Gedicht un poème I6B, 11
gefährlich dangereux / dangereuse II2B, 1
jdm. gefallen plaire à qn II5A, 4
gegen contre II2A, 1
eine Gegend une région II5B, 1
geheimnisvoll mystérieux / mystérieuse II2DE
gehen aller I4A, 3
Gehen wir!, Auf geht's! On y va! II1A, 1
gut gehen aller bien II1A, 7
Wem gehört er / sie / es? Il / Elle est à qui? I4A, 3
in Gelächter ausbrechen éclater de rire ⟨II2P⟩
gelb jaune / jaune I6B, 6
das Geld l'argent *(m.)* II6B
Geld verdienen gagner de l'argent II6B
gelingen etw. zu tun réussir à faire qc II7A, 1
gemeinsam ensemble I3A, 1
das Gemüse des légumes *(m.)* II4DE
genug, genügend (von) assez (de) II7B, 7
geöffnet ouvert / ouverte I7C, 1
die Geografie, die Erdkunde la géographie II3A, 2
geradeaus tout droit I5B, 1
das Geräusch, der Lärm le bruit I5A, 3
gerecht; richtig juste / juste II5A, 7
ein Gericht, ein Gang *(beim Essen)* un plat II4DE
(Ich möchte) gerne! Je veux bien. II3A, 2
ein Geschäft un magasin I2DE
geschehen, sich abspielen se passer II3A, 3
ein Geschenk un cadeau I3A, 1
eine Geschichte une histoire I3A, 1
Geschichte und Erdkunde *(als Schulfach)* l'histoire-géo *(f.)* ⟨I4P⟩
geschlossen fermé / fermée II2A, 1
ein Gespräch une discussion II2A, 1
gestern hier I6A, 2
ein Getränk une boisson ⟨I6P⟩; II4A, 2
(etw.) gewinnen gagner (qc) I5B, 3
eine Gitarre une guitare I5A, 5
eine Gittertür une grille II2A, 1
ein Glas un verre II4B, 1
das Gleichgewicht l'équilibre *(m.)* II7A, 1
gleichzeitig à la fois ⟨II2DE⟩
das Glück; die Chance la chance II2B, 2
glücklich heureux / heureuse II2B, 1
ein Gramm un gramme II4A, 5
das Gras l'herbe *(f.)* II7B, 3
jdm. gratulieren féliciter qn II3B, 4
grau gris / grise I6B, 8
groß grand / grande I6DE
die Großeltern les grands-parents I3A, 9
eine Großmutter une grand-mère I2A, 3
ein Großvater un grand-père I3A, 9
grün vert / verte I6A, 4
ein Grund une raison II7B, 7
eine Gruppe un groupe II2A, 1
gut bon / bonne I6A, 4
gut *(Adv.)* bien *(adv.)* I1B, 1
die Gymnastik la gymnastique I2B, 7

H

ein Haar / Haare un cheveu / des cheveux II1B, 6
haben avoir I3B, 1
halb acht sept heures et demie I4A, 1
ein Halbbruder un demi-frère ⟨I3A, 9⟩
eine Halbschwester une demi-sœur ⟨I3A, 9⟩
Hallo? *(am Telefon)* Allô? I3A, 3
Hallo! / Grüß dich! Salut! *(fam.)* ⟨I0, 1⟩
Hallo! / Grüß dich! Salut! *(fam.)* I1A, 1
eine Haltestelle une station I7B, 1
ein Hamster un hamster ⟨I1P⟩
die Hand la main I4A, 3
Handball le hand-ball ⟨I5A, 5⟩
die Handlung l'action *f.* ⟨II6P⟩
ein Handy un portable I5C, 1
das Hauptgericht le plat principal II4B, 4
die Hauptrolle le rôle principal ⟨II6P⟩
ein Haus une maison I2DE
nach Hause gehen rentrer I4A, 1
zu Hause, nach Hause à la maison I4A, 1
die (Haus)Aufgaben les devoirs *(m., pl.)* I4B, 4
ein Hausaufgabenheft un cahier de textes II3DE
ein Heft un cahier I2A, 1
heiß chaud / chaude I7A, 1
ich heiße je m'appelle I1A, 1
er heißt il s'appelle I3B, 9
jdm. helfen aider qn I6B, 1
ein Hemd une chemise I6B, 8
der Herbst l'automne *(m.)* II5B, 4
hereinkommen entrer I2A, 3
ein Herr un monsieur I1B, 4
heute aujourd'hui I3A, 3
heute Abend ce soir I5A, 1
hier, hierher ici I1B, 1
hinaufgehen monter II2B, 2
hinausgehen; *(hier:)* ausgehen sortir II6A
hinter derrière I4B, 10
hinuntergehen descendre II2B, 2
ein Hit un tube ⟨II6P⟩
die Hitparade le top ten ⟨II6P⟩
ein Hochseilgarten l'accrobranche *(m.)* ⟨II5P⟩
höchstens au maximum ⟨II6D⟩
die Hochzeit le mariage ⟨I3P⟩
ein (Schul-)Hof une cour I4DE
hoffen espérer II4B, 2
eine Höhle une grotte ⟨II5P⟩
etw. (ab)holen aller chercher qc II4A, 2
jdn. / etw. hören entendre qn / qc II2B, 2
ein Horrorfilm film d'horreur ⟨II6D⟩
eine Hose un pantalon I6A, 4
die Hosentasche la poche I6B, 1
ein Hotel un hôtel II5DE
hübsch joli / jolie I6A, 4
ein Huhn, ein Hühnchen un poulet ⟨II4P⟩
der Humor l'humour *(m.)* ⟨II6D⟩
ein Hund un chien I1B, 1
Hunger haben avoir faim I3B, 1
ein Hut un chapeau I6A, 4

I

ich *(betont)* moi I1A, 1
eine Idee une idée I3A, 1
in dans I2A, 3
in, nach (Paris) à (Paris) I2DE
in der 6B en 6{sup}eB {/sup} I4A, 3
in Deutschland en Allemagne I3A, 3
eine Information une information II3B, 1
ein Instrument un instrument II6B
interessant intéressant / intéressante I6A, 4
jdn. interessieren intéresser qn II5A, 1
das Internet Internet *(m.)* ⟨I7D, 1⟩; II1B, 2
im Internet sur Internet ⟨I7D, 1⟩; II1B, 2
ein Interview une interview I5B, 3
ein Irrtum une erreur II5A, 4

J

ja oui I1B, 1
eine Jacke une veste I6B, 8; un blouson ⟨I6B, 8⟩
ein Jahr une année I3B, 7; un an I3B, 1
im Jahr 2000 en deux mille II1B, 2
eine Jahreszeit une saison II5B, 1
Januar janvier *(m.)* I3B, 7
eine Jeans un jean I6B, 8
jeder / jede / jedes *+ Nomen* chaque II3DE
jeder tout le monde I5DE
jemand quelqu'un II2B, 2
der Jet-Ski le jet-ski ⟨II5P⟩
jetzt maintenant I3A, 3
der Joghurt le yaourt II4DE
jonglieren jongler II7A, 1
das Judo le judo I2B, 2
Judo machen, betreiben faire du judo I5A, 3
ein Jugendlicher, eine Jugendliche un jeune / une jeune II6A; II6B

ein Jugendzentrum une maison des jeunes ⟨I5P⟩
Juli juillet *(m.)* **I3B,** 7
der 14. Juli *(französischer Nationalfeiertag)* le 14 Juillet ⟨I3P⟩
ein Junge un garçon **I1B,** 1
Juni juin *(m.)* **I3B,** 7

K

der Kaffee le café **II4B,** 6
das Kajakfahren le kayak ⟨II5P⟩
kalt froid / froide **I7A,** 2
Es ist kalt. Il fait froid. **I7A,** 2
ein Kampf un combat **I5B,** 3
ein Kanarienvogel un canari ⟨I1P⟩
ein Kaninchen un lapin ⟨I0, 5⟩
eine Kantine une cantine **I4DE**
ein Kanu un canoë ⟨II5P⟩
eine Kappe une casquette **I6B,** 1
eine Karotte une carotte ⟨II4P⟩
eine Karte une carte **I7A,** 1
eine Kartoffel une pomme de terre **II4DE**
ein Karton un carton **I2A,** 3
der Käse le fromage **II4B,** 4
die Katakomben *(unterirdische Begräbnisstätte)* les catacombes *(f.)* **II2DE**
eine Kathedrale une cathédrale **I7DE**
eine Katze un chat **I1B,** 1
etw. kaufen acheter qc **II4DE**
ein Kaufhaus un grand magasin ⟨I5P⟩
Kebab *(Fleischgericht)* le kebab ⟨II4P⟩
kein / keine mehr ne … plus de **I7C,** 1
kein / keine ne … pas de **I7C,** 1
kein Problem pas de problème **I7C,** 1
jdn. / etw. kennen connaître qn / qc **II1A,** 1
eine Kerze une bougie **I3A,** 3
ein Kilometer un kilomètre **I7B**
ein Kind un enfant **I3A,** 9
ein Kino un cinéma **II1B,** 2
ein Kiosk un kiosque ⟨I5P⟩
die Klamotten les fringues *(f.) (fam.)* ⟨I6B, 8⟩
eine Klasse une classe **I4A,** 3
in der fünften Klasse en 5e **II1DE**
eine Klassenarbeit une interrogation **I4B,** 4
ein Klassenraum une salle de cours **I4A,** 3
klauen *(ugs.)* piquer qc *(fam.)* ⟨II3A, 2⟩
ein Klavier un piano ⟨I2P⟩
ein Kleid une robe **I6A,** 4
ein Kleidungsstück un vêtement **I6B,** 8
klein petit / petite **I6A,** 4
klettern faire de l'escalade **I7A,** 1
das Klettern l'escalade *(f.)* ⟨II5P⟩
klicken cliquer **I4B,** 4
klingeln sonner **II7A,** 1
ein Klub un club **II7A,** 1
Knoblauch de l'ail ⟨II4P⟩
kochen faire la cuisine **II4DE**
ein Koffer une valise **II5A,** 2
ein Kollege / eine Kollegin un collègue / une collègue **II4A,** 1
komisch bizarre **I1B,** 1
Komm! *(Aufforderung)* Viens! **I1A,** 1
kommen venir **II3B,** 1
zu spät kommen arriver en retard ⟨II1P⟩
Kommt! *(Aufforderung)* Venez! ⟨I0, 3⟩
eine Komödie une comédie ⟨II6D⟩
können *(in der Lage sein)* pouvoir **II3A,** 1
du kannst tu peux **II1A,** 8
etw. können *(wissen, wie etw. geht)* savoir faire qc **II1A,** 1
man kann on peut **I7C,** 1
der Kontakt le contact **II6A**
konzentriert concentré / concentrée **II4B,** 2
der Kopf la tête **II1A,** 1
Kopf oder Zahl? Pile ou face? **II5A,** 7
eine Kopie une copie **I4B,** 4
etw. kosten coûter **I5C,** 1
Wie viel kostet das? Ça coûte combien? **I5C,** 1
kostenlos gratuit / gratuite **II4A,** 2
eine Krankenstation une infirmerie **I4DE**
eine Kreuzung un carrefour **I5B,** 1
ein Kriminalfilm, ein Krimi un film policier ⟨II6D⟩
eine Küche une cuisine **I5A,** 3
ein Kuchen / Kuchen un gâteau / des gâteaux **I3A,** 3
Kuckuck! Coucou! **I7A,** 4
ein Kügelchen une boulette **II1B,** 2
ein Kuli un stylo **I2A,** 1
ein Kunde / eine Kundin un client / une cliente **I5C,** 5
die Kunst l' art *(m.)* **II7DE**
Kunst *(als Schulfach)* les arts plastiques *(m.)* ⟨I4P⟩
kurz court / courte **II6DE**
kurz darauf peu après ⟨II2P⟩
ein Kuss, ein Küsschen une bise *(fam.)* **I7A,** 4

L

das Lächeln le sourire ⟨II6D⟩
lachen rigoler *(fam.)* **II4B,** 2
ein Laden un magasin **I2DE**
ein Ladengeschäft une boutique **I7A,** 1
ein Land un pays **II3A,** 2
das Land la campagne **II7B,** 3
lang long / longue **I6A,** 4
lange *(Adv.)* longtemps **II3B,** 1
ein Laptop un portable **II6A**
der Lärm, das Geräusch le bruit **I5A,** 3
das Leben la vie **II3DE**
etw. legen mettre qc **I6B,** 1; poser qc **I5B,** 3
ein Lehrer / eine Lehrerin un professeur / une professeure **I4A,** 3
leicht facile / facile **II4A,** 2
die Leichtathletik l'athlétisme *(m.)* **I5A,** 3
es tut mir leid (je suis) désolé / désolée **I7C,** 2
eine Lektion une leçon **II3DE**
etw. lesen lire qc / qc à qn **I7A,** 3
das Lesen la lecture ⟨I2P⟩
ein Leser / eine Leserin un lecteur / une lectrice ⟨I7D, 1⟩
letzter / letzte / letztes dernier / dernière **I6A,** 4
ein Leuchtturm un phare **II5A,** 1
die Leute les gens *(m., pl.)* **I6DE**
viele Leute beaucoup de monde **II7A,** 1
Lieber … / Liebe … *(Anrede)* Cher … / Chère … **I7A,** 4
die Liebe l'amour *(m.)* **II6B**
lieben, mögen aimer qn / qc **I2B,** 2
ich würde lieber … j'aimerais mieux … **II3A,** 8
etw. lieber mögen préférer qc **II4B,** 2
Lieblings- préféré / préférée **II6DE**
das Lieblingsessen le plat préféré **II4B,** 6
ein Lied une chanson **I2B,** 7
zu etw. hin liegen; mit Blick auf donner sur qc **II5A,** 7
(nach) links à gauche **I5B,** 1
eine Liste une liste ⟨I7D, 1⟩; **II1DE**
ein Liter un litre **II4A,** 2
ein Löffel une cuillère **II4B,** 1
Los! / Auf geht's! Vas-y! **II3B,** 1
eine Lösung une solution **II7A,** 1
die Lust; das Verlangen l'envie *(f.)* **I3B,** 1
Ich habe keine Lust darauf. Ça ne me dit rien! **II3A,** 2
Lust haben, etw. zu tun avoir envie de faire qc **I3B,** 1
lustig drôle / drôle **II1A,** 1

M

etw. machen faire qc **I4B,** 4
Mach' dir nichts draus. Ne t'en fais pas. *(fam.)* **II7A,** 3
ein Mädchen une fille **I1B,** 1
Mai mai *(m.)* **I3B,** 7
die Malerei la peinture ⟨II5P⟩
manchmal des fois *(fam.)* ⟨II2DE⟩; quelquefois ⟨II2DE⟩; parfois **II6A**
ein Manga *(japanischer Comicstil)* un manga **II2A,** 1
ein Mann un homme **II1B,** 6; un monsieur **I1B,** 4
eine Mannschaft une équipe **II6DE**
ein Markt un marché **I7C**
März mars *(m.)* **I3B,** 7
Mathematik les mathématiques *(f.)* ⟨I4P⟩
eine Maus une souris ⟨I1P⟩; **II2A,** 1
ein Maximum un maximum ⟨II6D⟩
eine Mediathek une médiathèque ⟨I0, 8⟩
die Medien les médias *(m., pl.)* **II6DE**
das Meer la mer **II5DE**
ein Meerschweinchen un cochon d'Inde ⟨I1P⟩
das Mehl la farine **II4DE**
mehr + *Nomen* plus (de) **II7B,** 3
mehrere plusieurs *(inv.)* **II3B,** 1
mehrere Male plusieurs fois ⟨II2DE⟩
eine Meinung un avis **II6A**
Ich bin deiner Meinung. Je suis de ton avis. **II7B,** 7
meiner Meinung nach à mon avis **II7B,** 7
ein Meister / eine Meisterin un champion / une championne **I5B,** 3
eine Melodie une mélodie **II6B**
eine Melone un melon ⟨II4P⟩
merkwürdig bizarre **I1B,** 1; curieux / curieuse **II2B,** 1
ein Messer un couteau **II4B,** 1
eine Miesmuschel une moule **II4A,** 1

die Milch le lait **II4DE**
eine Million un million **I7B**
ein Mineralwasser une eau minérale **I5C,** 1
eine Minute une minute **I4A,** 3
Mist! Zut! *(fam.)* **I2A,** 3
mit avec **I2DE**
jdm. etw. (mit)bringen apporter qc à qn **II6C**
etw. mitnehmen emporter qc **II5B,** 1
eine Mitteilung un message **II3DE**
Mitternacht minuit *(m.)* **I5A,** 3
Mittwoch, am Mittwoch mercredi *(m.)* **I4B,** 1
eine MMS *(eine Bildnachricht)* un MMS **II5A,** 4
ich möchte gerne ... je voudrais ... **I5A,** 3
die Mode la mode **II6C**
modern moderne **I7DE**
modern, „in" à la mode **II6C**
mögen, lieben aimer qn / qc **I2B,** 2
jdn. / etw. sehr gern mögen adorer qn / qc ⟨I7D, 1⟩
jdn. / etw. sehr gern mögen adorer qn / qc **I7C,** 1
möglich possible / possible **II1A,** 7
eine Möhre une carotte ⟨II4P⟩
ein Moment un moment **II2A,** 1
ein Monat un mois **I3B,** 7
der Mond la lune **II4A,** 1
Montag, am Montag lundi *(m.)* **I4A,** 3
morgen demain **I3A,** 3
bis morgen à demain ⟨I0, 3⟩
der Morgen le matin **I5A,** 3
ein Motorboot un bateau à moteur ⟨II5P⟩
das Mountainbike le VTT ⟨I2P⟩
eine Mousse au chocolat une mousse au chocolat ⟨II4P⟩
ein MP3-Player un baladeur mp3 **II5A,** 4
müde fatigué / fatiguée **I7B,** 1
der Mülleimer la poubelle **II1B,** 2
die Mundharmonika l'harmonica *(m.)* **II6B**
ein Museum un musée **I7DE**
Musik *(als Schulfach)* l'éducation musicale *(f.)* ⟨I4P⟩
die Musik la musique **I2B,** 2
eine Musikschule une école de musique ⟨I5P⟩
eine Musikzeitschrift un magazine de musique / musical ⟨II6P⟩
etw. tun müssen devoir faire qc **II6C**
man muss etw. tun il faut faire qc **II4A,** 2
der Mut le courage **II6DE**
mutig courageux / courageuse **II2DE**
eine Mutter une mère **I3A,** 9

N

nach après **I4A,** 1
nach, in (Paris) à (Paris) **I2DE**
ein Nachbar / eine Nachbarin un voisin / une voisine **II7B,** 3
nachdenken réfléchir **II7A,** 1
Nachmittag, nachmittags l'après-midi *(m. / f.)* **I5A,** 3
eine Nachricht un message **II3DE**
nächster / nächste / nächstes prochain / prochaine **II3B,** 4
die Nacht la nuit **I5A,** 1
ein Nachtisch un dessert **II4A,** 1
Na ja. Bof! *(fam.)* **I1B,** 7
ein Name un nom **II1DE**
ein Nationalfeiertag une fête nationale **I6DE**
neben *(Adv.)* à côté **II1A,** 1
neben *(Präposition)* à côté de **II1A,** 1
eine Nebenrolle un rôle secondaire ⟨II6P⟩
etw. nehmen prendre qc **I5C,** 1
noch einmal nehmen reprendre qc **II4B,** 6
jdn. nerven énerver qn **II1A,** 7
nerven Ça m'énerve! **II1A,** 7
nett sympa **I2B,** 2; joli / jolie **I6A,** 4
neu nouveau / nouvel / nouvelle **II6DE**
ein Neuer, eine Neue un nouveau / une nouvelle **II1A,** 1
neugierig curieux / curieuse **II2B,** 1
Neujahr le nouvel an ⟨I3P⟩
nicht ne ... pas **I4A,** 3
nicht mehr ne ... plus **I7C,** 1
noch nicht ne ... pas encore **II4B,** 2
nichts ne ... rien ⟨I7D, 1⟩; **II2B,** 2
nie, niemals ne ... jamais **II4B,** 2
noch encore **I3B,** 1
noch einmal encore une fois ⟨II2DE⟩
noch nicht ne ... pas encore **II4B,** 2
der Norden le nord ⟨II5DE⟩
normal normal / normale **II5A,** 4
eine Note une note **II3A,** 2
ein Notizbuch un carnet **II3DE**
November novembre *(m.)* **I3B,** 7
Nudeln des pâtes *(f.) (pl.)* ⟨II4P⟩
eine Nummer un numéro **I5B,** 3
nun, ... ben *fam.* **II3A,** 2
nur seulement **II7B,** 3
nur ne ... que **II3B,** 1

O

ob si **II5A,** 7
oder ou **I3A,** 1
offen ouvert / ouverte **I7C,** 1
etw. öffnen ouvrir qc **II2B,** 2
oft souvent ⟨I3A, 3⟩; **II2A,** 1
ohne sans **II1A,** 1
ohne etw. zu tun sans faire qc **II2B,** 2
o.k. d'accord **I2B,** 2
ökologisch écologique **I7B,** 2
Oktober octobre *(m.)* **I3B,** 7
das Öl l'huile *(f.)* **II4A,** 1
eine Olive une olive **II4A,** 1
ein Onkel un oncle **I3A,** 9
eine Orange une orange **I5C,** 1
ein Ordner un classeur ⟨I2A, 1⟩
etw. organisieren organiser qc **II3A,** 2
originell original / originale ⟨II6D⟩
ein Ort un endroit **I7DE**; un lieu ⟨II6D⟩
der Osten l'est *(m.)* ⟨II5DE⟩
Ostern Pâques ⟨I3P⟩

P

Papa papa **I1A,** 1
ein Papagei un perroquet ⟨I1P⟩
das Papier le papier **II1B,** 2
eine Paprika un poivron ⟨II4P⟩
ein Parcours un parcours **II7A,** 1
ein Park un parc **I5DE**
eine Party une fête **I6DE**
die Pause (in der Schule) la récréation **I4A,** 3 eine Pause une pause **II5A,** 4
eine Person une personne **I6A,** 1
eine Person *(Film, Theater)* un personnage ⟨II6P⟩
ein Pfad une piste **II3B,** 1
ein Pferd / Pferde un cheval / des chevaux ⟨I1P⟩; **II7B,** 3
Pfingsten la Pentecôte ⟨I3P⟩
ein Pfirsich une pêche ⟨II4P⟩
eine Piste une piste **II3B,** 1
eine Pizza une pizza ⟨I6P⟩
ein Plakat une affiche **I2DE**
ein Platz une place **I4A,** 3
plötzlich tout à coup **II1B,** 2
die Post la poste **I5B,** 2
ein Postamt un bureau de poste ⟨I0, 8⟩
ein Poster une affiche **I2DE**
eine Postkarte une carte postale **I7A,** 1
praktisch pratique **I7C,** 1
ein Preis un prix **II6C**
die Première la première ⟨II6P⟩
probieren goûter qc **II4B,** 2
ein Problem un problème **I6A,** 2
ein Projekt un projet **II6C**
Pst! Chut! **I2A,** 3
ein Pulli un pull **I6B,** 8

Q

eine Quiche une quiche **II2A,** 1

R

das Radfahren le cyclisme ⟨I5A, 5⟩
ein Radiergummi une gomme **I2A,** 1
ein Rastplatz *(an der französischen Autobahn)* une aire de repos **II5A,** 4
ein Rätsel une devinette **II1B,** 6
eine Ratte un rat ⟨I1P⟩
das Recht le droit **II6A**
das Recht haben, etw. zu tun avoir le droit de faire qc **II6A**
recht haben avoir raison **I4B,** 4
(nach) rechts à droite **I5B,** 1
ein Referat un exposé **II3A,** 2
der Refrain le refrain ⟨II6P⟩
eine Region une région **II5B,** 1
regnen pleuvoir **I7A,** 2
Es regnet. Il pleut. **I7A,** 2
das Reich l'empire *(m.)* **II2DE**
jdm. etw. reichen passer qc **II4B,** 6
der Reis le riz ⟨II4P⟩
eine Reise un voyage **II2DE**
reiten faire du cheval ⟨II5P⟩
das Reiten l'équitation *(f.)* ⟨I5A, 5⟩
eine Reportage un reportage **I7DE**
jdn. / etw. respektieren respecter qn / qc **II2B,** 2
ein Restaurant un restaurant **I7A,** 1
der Rhythmus le rythme **II6B**
richtig; gerecht juste / juste **II5A,** 7
Rock, die Rockmusik le rock **I2B,** 7

ein Rock une jupe **I6B**, 8
rot rouge / rouge **I6B**, 6
rothaarig roux / rousse **II1B**, 6
der Rücken le dos **II5B**, 1
ein Rucksack un sac à dos ⟨I2A, 1⟩
jdn. (an)rufen appeler qn **II2B**, 2
die Ruhe le silence **II4B**, 2
ein Rundgang un tour **I5A**, 3

S

eine Sache une chose **I7C**, 1; une affaire **I3A**, 3; un truc *(fam.)* **I2A**, 1
ein Saft un jus **I5C**, 1
(jdm.) etw. sagen dire qc (à qn) **II5A**, 7
er sagt / sie sagt il dit / elle dit **I2A**, 3
Das sagt mir nicht zu. Ça ne me dit rien! **II3A**, 2
eine Salami un saucisson **II4A**, 1
ein Salat une salade **II4DE**
Samstag, am Samstag samedi *(m.)* **I4B**, 1
samstags le samedi **I5A**, 3
der Sand le sable **II5B**, 1
ein Sandwich un sandwich ⟨I6P⟩; **II5A**, 4
ein Sänger / eine Sängerin un chanteur / une chanteuse **I6A**, 4
ein Satz une phrase **II7A**, 4
schade dommage **I3A**, 3
ein Schädel un crâne **II2A**, 1
ein Schauspieler / eine Schauspielerin un acteur / une actrice **II1B**, 2
ein Scherz une blague **II1A**, 1
ein Schiff un bateau / des bateaux **II5A**, 1
eine Schildkröte une tortue ⟨I1P⟩
ein Schinken un jambon ⟨II4P⟩
eine Schirmmütze une casquette **I6B**, 1
schlafen dormir **II6A**
das Schlagzeug la batterie **II6B**
schlecht mauvais / mauvaise **I6B**, 1
Es ist schlechtes Wetter. Il fait mauvais. **I7A**, 2
schlechter Laune sein être de mauvaise humeur ⟨II1P⟩
etw. schließen fermer qc **II2A**, 1
schließlich enfin **I6A**, 4 finalement ⟨II2P⟩
der Schluss, das Ende la fin **I4B**, 5
ein Schlüssel une clé **I4A**, 3
Schmerzen haben avoir mal **I5B**, 3
schneien neiger **I7A**, 2
schnell *(Adv.)* vite *(adv.)* **I1A**, 1
ein Schock un choc ⟨II2P⟩
die Schokolade le chocolat **II4A**, 1
schön beau / bel / belle **II6B**
Es ist schönes Wetter. Il fait beau. **I7A**, 1
schon déjà **I5A**, 3
der Schrecken l'horreur *(f.)* ⟨II6D⟩
jdm. etw. schreiben écrire qc à qn **I7A**, 1
ein Schreibtisch un bureau **I7A**, 1
ein Schreibwarengeschäft une papeterie ⟨I5P⟩
schreien crier **II3B**, 1
schüchtern timide / timide **II1B**, 2
ein Schuh une chaussure **I6B**, 8
der Schul(jahres)beginn la rentrée **II1DE**
eine Schule une école **I2A**, 3
ein Schüler / eine Schülerin un élève / une élève **I4DE**
eine Schultasche un cartable ⟨I2A, 1⟩
ein Schulzeugnis un bulletin scolaire **II3DE**
schwarz noir / noire **I6B**, 8
ein Schwein un cochon ⟨I1P⟩
eine Schwester une sœur **I2B**, 2
schwierig difficile **II4DE**
ein Schwimmbad une piscine **I5B**, 2
schwimmen nager **II5B**, 1
das Schwimmen la natation **I5A**, 5
die Sechs, die sechste Klasse la sixième **II1DE**
ein Segel; das Segeln la voile ⟨II5P⟩
etw. sehen voir qc **II2A**, 1
sehr très **I6A**, 4
ein Seil une corde **II7A**, 1
sein être **I2B**, 2
seit depuis **II2A**, 1
eine Seite une page **II2B**, 2
Selbstverständlich! Bien sûr! **I3A**, 2
seltsam mystérieux / mystérieuse **II2DE**
September septembre *(m.)* **I3B**, 7
seriös sérieux / sérieuse **II7A**, 3
eine Serviette une serviette **II4B**, 1
etw. setzen / stellen poser qc **I5B**, 3
shoppen, die Geschäfte abklappern *(ugs.)* faire les magasins ⟨II5P⟩
Shorts un short ⟨I6B, 8⟩
sicher sûr / sûre **II4B**, 2
sicherlich, Na klar! bien sûr **I3A**, 2
Sieh mal! Tiens! **I2A**, 3
singen chanter **I3B**, 1
ein Sketch un sketch ⟨I6P⟩
Ski fahren le ski ⟨I5A, 5⟩
die Slackline *(gespanntes Band, auf dem man balanciert)* la corde molle **II7A**, 1
so, auf diese Weise comme ça **I4B**, 4; ainsi ⟨II2P⟩
ein Sofa un canapé **II5A**, 7
sofort tout de suite **II5B**, 1
sogar même **I5B**, 3
ein Sohn un fils **I3A**, 9
der Sommer l'été *(m.)* **II5B**, 4
die Sonne le soleil **II5A**, 4
Sonntag, am Sonntag dimanche *(m.)* **I4B**, 1
die Spannung *(Film, Roman, Erzählung)* le suspense ⟨II6D⟩
spät tard **I5A**, 3
später plus tard **II2B**, 8
zu spät kommen être en retard **I4DE**
speziell, Spezial-, Sonder- spécial / spéciale **II6DE**
ein Spiel / Spiele un jeu / des jeux **I3B**, 1
spielen jouer **I4DE**
etw. (ein Spiel) spielen jouer à qc **II5A**, 7
etw. spielen *(Instrument)* jouer de qc **II6B**
der Sport le sport **I2B**, 2
Sport *(als Schulfach)* l'E.P.S. (Education physique et sportive) *(f.)* ⟨I4P⟩
ein Sportler / eine Sportlerin un sportif / une sportive **II3B**, 1
ein Sportverein un club sportif ⟨I5P⟩
eine Sprechblase une bulle ⟨II6P⟩
sprechen parler **I2DE**
mit jdm. sprechen parler à qn **I6B**, 1
springen sauter **II7A**, 1
eine Stadt une ville **I7DE**
ein Stand un stand **I5DE**
ein Star une star **II1B**, 2
eine Station une station **I7B**, 1
stattfinden avoir lieu ⟨II6D⟩
ein Steak mit Pommes frites un steak-frites **II4A**, 1
stehend, im Stehen debout **II5B**, 1
ein Stein une pierre **II2DE**
eine Stelle un endroit **I7DE**
etw. stellen mettre qc **I6B**, 1; poser qc **I5B**, 3
ein Stil un style **II6DE**
die Stille le silence **II4B**, 2
die Stimme la voix **II6B**
Stimmt's? C'est ça? **I3B**, 1
ein Strand une plage **II5DE**
die Straße une rue **I2A**, 3
auf der Straße dans la rue **I2A**, 3
ein Streich une blague **II1A**, 1
ein Streit une dispute **II3B**, 1
eine (Lied-)Strophe un couplet ⟨II6P⟩
ein Stuhl une chaise **II3DE**
eine Stunde une heure **I4A**, 1
der Stundenplan l' emploi *(m.) du temps* **I4B**, 1
jdn. / etw. suchen chercher qn / qc **I2DE**
der Süden le sud ⟨II5DE⟩
der Südwesten le sud-ouest **II5DE**
super super *(inv.)* **I1B**, 1
Das war super. C'était génial. ⟨II2P⟩
ein Supermarkt un supermarché ⟨I5P⟩; **II4DE**
surfen; im Internet surfen surfer **II6A**
ein Sweatshirt un sweat ⟨I6B, 8⟩
eine Szene une scène ⟨II6P⟩

T

eine Tafel un tableau / des tableaux **II3DE**
ein Tag un jour **I5A**, 1; une journée **I4A**, 1
pro Tag / täglich par jour **I7B**, 1
Einen schönen Tag! Bonne journée! **I5C**, 5
Guten Tag! Bonjour! **I1DE**
ein Tagebuch un journal / des journaux **I6A**, 4
täglich quotidien / quotidienne ⟨II6D⟩
eine Tante une tante **I3A**, 9
der Tanz, das Tanzen la danse **I5A**, 5
tanzen danser **I6DE**
die Tasche, die Hosentasche la poche **I6B**, 1
eine Tasche un sac **I4B**, 4
das Taschengeld l'argent *(m. de poche)* **II7B**, 3
eine Tasse une tasse **II4B**, 6
das Tauchen la plongée ⟨II5P⟩
die Taufe le baptême ⟨I3P⟩
tausend mille **II1B**, 2
Tausende des milliers *(m.)* **II2A**, 1
ein Team une équipe **II6DE**
die Technik la technologie ⟨I4P⟩
Techno *(Musikstil)* la techno **I2B**, 7
ein Teil une partie **I4B**, 5
an etw. teilnehmen participer à qc **II3A**, 2
ein Telefon un téléphone **II2B**, 8
ein Telefonanruf un coup de téléphone **II2B**, 8

ein Teller une assiette **II4B, 1**
Tennis le tennis ⟨**I5A, 5**⟩
teuer cher / chère **I7C, 1**
das Theater le théâtre **I5A, 5**
ein Thema un sujet **II6DE**
ein Tier un animal / des animaux **II5A, 4**
ein Tisch une table **I5A, 3**
bei Tisch à table **I5A, 3**
den Tisch decken mettre la table **II4B, 1**
ein Titel un titre **I4B, 5**
eine Tochter une fille **I1B, 1**
der Tod la mort **II2DE**
die Toilette les toilettes *(f.)* **I4A, 1**; les W.-C. ⟨**I5A, 3**⟩
toll fantastique **I1B, 1**; super *(inv.)* **I1B, 1**
ein Totenkopf un crâne **II2A, 1**
eine Tour, ein Rundgang un tour **I5A, 3**
ein Tourist / eine Touristin un touriste / une touriste **I7DE**
etw. tragen porter qc **I2A, 2**
ein Trampolin un trampoline **II7A, 1**
ein Traum un rêve **I4B, 4**
(von etw.) träumen rêver (de qc) **II7DE**
traurig triste / triste **I6A, 4**
jdn. treffen retrouver qn / qc **I4A, 3**; rencontrer qn **I6B, 1**
sich treffen se retrouver **II3A, 2**
eine Treppe un escalier **II2DE**
ein Tretboot un pédalo ⟨**II5P**⟩
etw. trinken boire qc **II4A, 2**
Tschüs! Salut! *(fam.)* ⟨**I0, 2**⟩
ein T-Shirt un t-shirt **I2B, 2**
eine Tür une porte **II2B, 2**
ein Turm une tour **I6DE**
das Turnen la gymnastique **I2B, 7**
eine Turnhalle un gymnase **I4B, 3**
ein Turnschuh une basket **I6B, 8**

U

überlegen réfléchir **II7A, 1**
etw. überqueren traverser qc **I5B, 1**
eine Überraschung une surprise **I3B, 1**
übrigens à propos **II7A, 1**
eine Übung un exercice **I4B, 4**
am Rande, am Ufer von etw. au bord de qc **II5DE**
Uhrzeit: halb acht Uhr sept heures et demie **I4A, 1**
sieben Uhr sept heures **I4A, 1**
um wie viel Uhr? à quelle heure? **I4A, 2**
Viertel nach sieben Uhr sept heures et quart **I4A, 1**
Wie viel Uhr ist es? Quelle heure est-il? **I4A, 2**
Viertel vor sieben Uhr sept heures moins le quart **I4A, 1**
umweltfreundlich écologique **I7B, 2**
und et **I1A, 1**
unglücklich malheureux / malheureuse **II2B, 1**
unter sous **I4A, 3**
sich (über etw.) unterhalten discuter (de qc) **I4A, 3**
eine Unterhaltung une discussion **II2A, 1**
ein unterirdischer Gang / Raum un souterrain **II2DE**
im Unterricht en cours **II1A, 1**
Unterricht haben avoir cours **II1B, 2**
eine Unterrichtsstunde un cours **I4DE**
der Urlaub les vacances *(f., pl.)* **I6A, 4**
Keine Ursache. De rien. **II7A, 1**
ein USB-Stick une clé USB **I4A, 3**

V

ein Vampir un vampire **II2A, 1**
ein Vater un père **I3A, 9**
jdn. / etw. verabscheuen détester qn / qc **I2B, 2**
etw. verbringen passer qc **I5A, 1**
seine Zeit damit verbringen, etw. zu tun passer son temps à faire qc **II6A**
Verdammt! Zut! *(fam.)* **I2A, 3**
verdienen (Geld) gagner de l'argent **II6B**
ein Verein un club **II7A, 1**
etw. vergessen oublier qc **I6A, 4**
vergessen *(Adj.)* oublié / oubliée **II2DE**
ein Verkäufer / eine Verkäuferin un vendeur / une vendeuse **I5C, 1**
ein Verkehrsmittel un moyen de transport **I7B, 1**
ein Verkehrsstau un bouchon **II5A, 4**
etw. verlängern *(zeitlich)* prolonger qc ⟨**II5P**⟩
etw. verlassen quitter qc **I5A, 3**
etw. verlieren perdre qc **II2B, 2**
ein Spiel verlieren perdre un match ⟨**II1P**⟩
die Verlosung le tirage au sort **II7B, 3**
verrückt fou / fol / folle **II4DE**
verschlossen fermé / fermée **II2A, 1**
eine Verspätung un retard **I4DE**
etw. verstehen comprendre qc **II1A, 1**
Ich habe nicht verstanden. Je n'ai pas compris. **II1A, 8**
etw. versuchen essayer qc **II5B, 1**
etw. verwenden utiliser qc **II6A**
Entschuldigung. Pardon. **I1A, 1**
viel beaucoup **I5B, 2**
viel(e) beaucoup de **I7A, 1**; **I7C, 2**
vielleicht peut-être **I6A, 4**
vielmehr plutôt **II3A, 2**
die vierte Klasse la quatrième **II1DE**
ein Viertel un quart **I4A, 1**
ein (Stadt-)Viertel un quartier **I5DE**
Viertel nach sieben sept heures et quart **I4A, 1**
Viertel vor sieben Uhr sept heures moins le quart **I4A, 1**
die Violine le violon **II6B**
Volleyball le volley(ball) ⟨**I5A, 5**⟩
von; aus de / d' **I1B, 1**
von … bis de … à **I4A, 2**
vor *(örtlich)* devant **I2B, 2**
vor *(zeitlich)* avant **I6B, 1**
vor allem surtout **I6B, 6**
vorankommen avancer **II3B, 1**
etw. vorbereiten préparer qc **I3A, 3**
ein Vorname un prénom **II6B**
vorschlagen, etw. zu tun proposer de faire qc **II3A, 2**
Vorsicht! Attention! **I1A, 1**
eine Vorspeise une entrée **II4A, 1**
jdn. vorstellen présenter qn **II1B, 6**
sich etw. vorstellen imaginer qc **II6B**
etw. vorziehen préférer qc **II4B, 2**
ein Vulkan un volcan ⟨**I0, 5**⟩

W

eine Waffel une gaufre **I5C, 1**
etw. wählen choisir qc **II7A, 1**
während *(Präposition)* pendant **II3B, 1**
während *(Konjunktion)* pendant que ⟨**II2P**⟩
eine Wanderung une randonnée ⟨**II5P**⟩
wann quand **I3B, 7**
warm chaud / chaude **I7A, 1**
Es ist warm / heiß. Il fait chaud. **I7A, 1**
auf jdn. warten attendre qn **II2B, 2**
warum? pourquoi? **I5B, 3**
Was? Quoi? ⟨**I0, 4**⟩
Was … ? Qu'est-ce que … ? **I2B, 2**
Was macht Léo? Que fait Léo? **I2DE**
Was ist das? Qu'est-ce que c'est? **I2DE**
Was gibt es? Qu'est-ce qu'il y a? **I3A, 2**
Was ist los? Qu'est-ce qui se passe? **II7A, 1**
das Wasser l'eau *(f.)* **I5C, 1**
eine Wasserschale *(zum Reinigen der Finger beim Essen)* un rince-doigts **II4A, 2**
das Wasserskifahren le ski nautique ⟨**I5P**⟩
eine Website un site **II6A**
wechseln changer **II3DE**
den Raum wechseln changer de salle **II3DE**
weggehen partir **II6A**
etw. wegtragen emporter qc **II5B, 1**
weh tun faire mal **I5B, 3**
weich mou / mol / molle **II7A, 1**
weil comme ⟨**II2P**⟩; parce que **I5B, 3**
auf diese Weise, so ainsi ⟨**II2P**⟩
auf diese Weise comme ça **I4B, 4**
weiß blanc / blanche **I6B, 6**
weit *(Adv.)* loin **I5A, 1**
weitermachen continuer **II1B, 2**
welcher / welche / welches *(Fragebegleiter)* quel / quelle / quels / quelles **II1A, 1**
eine Welle une vague **II5B, 1**
ein Wellensittich une perruche ⟨**I1P**⟩
das Wellensurfen le surf ⟨**II5P**⟩
die Welt le monde **II7A, 1**
die Weltreise le tour du monde ⟨**II7P**⟩
ein wenig un peu **I7B, 1**
wenn quand **II1B, 2**
wenn, falls si **II3A, 8**
wer qui **I1A, 1**
Wer ist das? Qui est-ce? **I1A, 1**
etw. werfen lancer qc **II5B, 1**
eine Werkstatt un atelier **II6C**
der Westen l'ouest *(m.)* ⟨**II5DE**⟩
das Wetter le temps **I7A, 2**
Wie ist das Wetter? Quel temps fait-il? **I7A, 2**
wichtig important / importante **II6B; II6A**
wie comme **I4B, 4**
wie? *(Fragewort)* comment? **I1A, 1**
wieder encore **I3B, 1**
jdn. / etw. wiederfinden retrouver qn / qc **I4A, 3**

Auf Wiedersehen! Au revoir! ⟨**I0**, 2⟩
Wie geht es euch / Ihnen? Comment allez-vous? **I7A**, 4
Wie geht's? Ça va? **I1A**, 1
wie viel combien (de) **I5C**, 1
Wie viel kostet das? Ça fait combien? **I5C**, 1
Willkommen! Bienvenue! ⟨**I0**⟩
der Wind le vent **I7A**, 1
Es ist windig. Il y a du vent. **I7A**, 1
das Windsurfen la planche à voile ⟨**II5P**⟩
der Winter l'hiver *(m.)* **II5B**, 4
wirklich vraiment **I5B**, 3
die Wirklichkeit la réalité **II6C**; **II6A**
wissen savoir **II1A**, 1
Ich weiß nicht. Je ne sais pas. **I4A**, 3
wo; wohin où **I2B**, 2
eine Woche une semaine **I7DE**
wohnen habiter **I2B**, 2
eine Wohnung un appartement **I5A**, 3
ein Wohnzimmer un salon **I5A**, 3
wollen vouloir **II3A**, 1
Wenn du willst. Si tu veux. **II3A**, 8
ein Workshop un atelier **II6C**
ein Wort un mot **I4B**, 3
etw. wünschen désirer qc **I7C**, 2
ein Würstchen une saucisse ⟨**II4P**⟩
die Wut la colère **II1A**, 1

Z

ein Zeichentrickfilm un dessin animé ⟨**II6D**⟩
ein Zeichner / eine Zeichnerin un dessinateur / une dessinatrice **II2B**, 2
eine Zeichnung un dessin **II2B**, 2; ⟨**I2P**⟩
jdm. etw. zeigen montrer qc à qn **I6B**, 1
die Zeit le temps **I4B**, 1
seine Zeit damit verbringen, etw. zu tun passer son temps à faire qc **II6A**
Zeit haben, etw. zu tun avoir le temps de faire qc **II4B**, 2
ein Zeitschriften- und Schreibwarengeschäft une maison de la presse **I2DE**; ⟨**I0**, 8⟩
eine Zeitung un journal / des journaux **I2DE**
zerstreut sein être dans la lune *(fam.)* **II4A**, 1
ziemlich plutôt **II3A**, 2
ein Zimmer une pièce **I5A**, 3
ein (Schlaf-)Zimmer une chambre **I3A**, 3
der Zirkus le cirque **II7DE**
die Zirkuskünste les arts du cirque *(m.)* **II7DE**
eine Zitrone un citron **II4DE**
der Zorn la colère **II1A**, 1
der Zucker le sucre **II4DE**
zuerst d'abord **I3A**, 2
zuallererst tout d'abord ⟨**II2P**⟩
zufrieden content / contente **I6A**, 4
ein Zug un train **I3A**, 3
mit dem Zug en train **I7B**, 2
jdm. zuhören écouter qn / qc **I2A**, 2
zurückkehren retourner **II3B**, 1
zurückkommen rentrer **I4A**, 1; revenir **II3B**, 4
etw. (zurück)lassen laisser qc **II5A**, 4
(jdn.) zurückrufen rappeler (qn) **II2B**, 8
zusammen ensemble **I3A**, 1
etw. zusammenfassen résumer qc **II6C**
zu viel, zu sehr trop **I5B**, 3
zweitausend deux mille (=2000) **II1B**, 2
zwischen entre **I6B**, 1
zwölf Uhr (mittags) midi **I4A**, 1

Pour faire les exercices du livre

Apprenez … par cœur.	Lernt … auswendig.
Chacun choisit …	Jeder wählt …
Choisis un mot et écris une définition.	Wähle ein Wort und schreibe eine Definition.
Choisissez …	Wählt …
Commencez comme ça: …	Fangt so an: …
Comparez vos résultats.	Vergleicht eure Ergebnisse.
Complétez.	Ergänzt./Vervollständigt.
Continuez.	Macht weiter.
Corrigez.	Korrigiert.
Décrivez …	Beschreibt …
Dessinez …	Zeichnet …
Devinez.	Ratet.
Echangez …	Tauscht … aus.
Ecoutez et répétez.	Hört zu und sprecht nach.
Ecrivez …	Schreibt …
Essayez de …	Versucht zu …
Expliquez.	Erklärt.
Faites des interviews.	Macht Interviews.
Faites des dialogues.	Macht Dialoge.
Faites un filet à mots.	Erstellt ein Wortnetz.
Faites des groupes.	Bildet Gruppen.
Faites des phrases avec les pronoms relatifs qui conviennent.	Bildet Sätze mit den passenden Relativpronomen.
Imaginez la suite de l'histoire.	Denkt euch die Fortsetzung der Geschichte aus.
Imaginez la fin de l'histoire.	Denkt euch das Ende der Geschichte aus.
Inventez des devinettes.	Erfindet Rätsel.
Jouez l'une des deux scènes suivantes.	Spielt eine der folgenden Szenen.
Justifiez vos réponses.	Begründet eure Antworten.
Lisez.	Lest.
Mettez les phrases dans l'ordre correct.	Bringt die Sätze in die richtige Reihenfolge.
Mettez les verbes à la forme correcte.	Setzt die Verben in die richtige Form.
Montrez la carte du verbe correspondant.	Zeigt die Karte mit dem passenden Verb.
(Ne) notez (que) des mots-clés.	Notiert (nur) Stichworte.
Où est-ce que la scène se passe?	Wo spielt sich die Szene ab?
Pensez à …	Denkt an …
Posez des questions à tour de rôle.	Stellt abwechselnd Fragen.
Prenez des notes.	Macht Notizen.
Présentez …	Präsentiert …/Stellt … vor.
Proposez …	Schlagt … vor.
Pour faire un résumé …	Um eine Zusammenfassung zu machen …
Qu'est-ce qu'on apprend sur …	Was erfährt man über …?
Qu'est-ce qui a changé?	Was hat sich verändert?
Quel dialogue va avec …	Welcher Dialog passt zu …?
Quel titre va avec quelle partie?	Welcher Titel passt zu welchem Teil?

Quelle phrase va avec quelle image?	Welcher Satz passt zu welchem Bild?
Quels mots vont ensemble?	Welche Wörter passen zusammen?
Racontez.	Erzählt.
Relevez d'autres exemples.	Sammelt weitere Beispiele.
Relisez.	Lest noch einmal.
Remplacez … par …	Ersetzt … durch …
Répétez à haute voix.	Sprecht laut nach.
Répondez.	Antwortet.
Traduisez.	Übersetzt.
Transformez …	Formt … um.
Travaillez à deux.	Arbeitet zu zweit.
Travaillez en groupes.	Arbeitet in Gruppen.
Travaillez seuls.	Arbeitet allein.
Utilisez les mots donnés.	Verwendet/Benutzt die angegebenen Wörter.
Vrai ou faux? Pas dans le texte?	Richtig oder falsch? Nicht im Text?

Des phrases utiles	**Nützliche Sätze**
C'est à qui, maintenant?	Wer ist jetzt dran?
C'est à toi, maintenant.	Du bist jetzt dran.
Comment est-ce qu'on dit en français …?	Wie sagt man auf Französisch …?
Comment est-ce qu'on écrit ce mot?	Wie schreibt man dieses Wort?
Comment est-ce qu'on prononce ce mot?	Wie spricht man dieses Wort aus?
Est-ce que vous pouvez épeler, s'il vous plaît?	Können Sie bitte buchstabieren?
Est-ce que vous pouvez expliquer ce mot?	Können Sie dieses Wort bitte erklären?
Est-ce que vous pouvez répéter la phrase, s'il vous plaît?	Können Sie den Satz bitte wiederholen?
Est-ce que vous pouvez répéter la question, s'il vous plaît?	Können Sie die Frage bitte wiederholen?
J'ai oublié mon cahier à la maison.	Ich habe mein Heft zu Hause vergessen.
Je n'ai pas fait mes devoirs.	Ich habe meine Hausaufgaben nicht gemacht.
Je ne comprends pas ce mot.	Ich verstehe dieses Wort nicht.
Je ne sais pas.	Ich weiß nicht.
Nous en sommes à quel paragraphe?	In welchem Abschnitt sind wir?
Nous en sommes à quelle ligne?	In welcher Zeile sind wir?
Nous en sommes à quelle page?	Auf welcher Seite sind wir?
Nous en sommes à quelle phrase?	Bei welchem Satz sind wir?
Pardon, monsieur/madame, j'ai une question.	Entschuldigung, ich habe eine Frage.
Que veut dire le mot/l'expression …	Was bedeutet …?
Tu peux parler plus fort, s'il te plaît?	Kannst du bitte lauter sprechen?

Les lettres de l'alphabet

A [a]	**D** [de]	**G** [ʒe]	**J** [ʒɪ]	**M** [ɛm]	**P** [pe]	**S** [ɛs]	**V** [ve]	**Y** [igrɛk]
B [be]	**E** [ə]	**H** [aʃ]	**K** [ka]	**N** [ɛn]	**Q** [ky]	**T** [te]	**W** [dubləve]	**Z** [zɛd]
C [se]	**F** [ɛf]	**I** [i]	**L** [ɛl]	**O** [o]	**R** [ɛʀ]	**U** [y]	**X** [iks]	

Les signes orthographiques	Die orthografischen Zeichen
l'accent aigu (m.)	C'est génial!
l'accent grave (m.)	Le collège
l'accent circonflexe (m.)	Tu as quel âge?
le tréma	Aïe! Mon pied!
le «c»-cédille	un garçon
l'apostrophe (f.)	d'accord
OE entrelacés/OE collés	Voilà ma sœur.
la majuscule	Il s'appelle Léo.
la minuscule	Il a 12 ans.

Les signes de la phrase	Die Satzzeichen
le point	On va au collège.
les deux points	Le collège est grand: il a deux mille élèves.
le point d'exclamation	Attention!
le point d'interrogation	Qui est-ce?
les points de suspension	Mais ... C'est Léo!
la virgule	Dans le gymnase, on fait du sport.
les guillemets (m.)	Qui est «Scoubidou»?
les parenthèses	(C'est une devinette).
le tiret	– Tu t'appelles comment? – Je m'appelle Marie.
le trait d'union	Grand-mère est à la maison?

Solutions: Lösungen und Lösungsvorschläge

Mit dem Lösungsteil kannst du dich selbst kontrollieren. Damit du eigene Fehler erkennst, musst du sehr genau hinsehen und deine Lösungen sorgfältig mit den hier abgedruckten vergleichen. Trage deine Fehler in dein „Fehlerprotokoll" ein. Wie du damit arbeiten kannst, steht auf Seite 140.

Unité 1, Bilan S. 22–23

1 Parler

1. Je ne connais pas ce garçon. **2.** Tu es dans quelle classe? **3.** Je suis en septième B. **4.** Pourquoi est-ce que tu es en colère? **5.** Je vais bien. **6.** Ça m'énerve! **7.** Je n'ai pas compris. **8.** Tu peux répéter, s'il te plaît? **9.** Je veux dire … (euh … je ne trouve pas le mot). **10.** C'est une fille qui est petite et sympa. Elle a les cheveux noirs et elle porte un pull rouge.

2 En forme

1. Où est-ce qu'on met ces affiches? – Quelles affiches?
2. Tiens, tu connais cette casquette? – Quelle casquette?
3. Il est à qui, ce sac? – Quel sac? **4.** Il est à qui, cet anorak? – Quel anorak? **5.** Je ne comprends pas ces élèves. – Quels élèves?

3 Ecrire

(Exemple, une fille écrit:)
Je suis contente quand j'ai trouvé une amie. – Je ne suis pas contente quand j'ai oublié mes devoirs. – Je suis en colère quand je ne sais plus où sont mes affaires. – Je suis en forme quand j'ai une bonne idée pour un cadeau. – Je ne vais pas bien quand je ne sais pas mon vocabulaire pour l'interro. – Je vais bien quand c'est les vacances!

4 En forme

1. Dans la classe de ma sœur, il y a un nouveau qui s'appelle Antoine. **2.** C'est un petit garçon blond qui fait de la guitare. **3.** Il joue des mélodies géniales que je ne connais pas. **4.** Le mercredi après-midi, il va dans la rue où il joue pour tout le monde. **5.** Beaucoup de gens aiment bien les chansons qu'il joue. **6.** Un garçon qui sait jouer comme Antoine, c'est vraiment super.

Unité 2, Bilan S. 36–37

1 Parler

1. Qu'est-ce que tu as contre moi? **2.** Il a des idées noires. **3.** Qu'est-ce que tu en penses? **4.** Je pense que c'est dangereux. **5.** Il a l'air heureux./Elle a l'air heureuse. **6.** J'en ai marre. **7.** Bonne chance! **8.** J'ai déjà appelé aujourd'hui. **9.** Je n'entends rien. **10.** Je rappelle plus tard.

2 Parler

(z. B.) **1.** Comment est-ce que tu trouves la discussion sur Julien sur Internet? – Moi, je trouve que la discussion est nulle. Et toi, qu'est-ce que tu en penses? – Moi, je pense que les garçons ne sont pas sympas. **2.** Comment est-ce que tu trouves l'idée de visiter les catacombes? – Moi, je trouve que c'est une idée super. Et toi, qu'est-ce que tu en penses? – Moi, je pense que c'est une idée bizarre. **3.** Comment est-ce que tu trouves l'idée de Vladimir de faire un manga là-bas? – Moi, je trouve que c'est une idée fantastique. Et toi, qu'est-ce que tu en penses? – Moi aussi, je pense que c'est une idée intéressante. **4.** Comment est-ce que tu trouves cette histoire? – Moi, je trouve que cette histoire est bien. Et toi, qu'est-ce que tu en penses? – Moi, je pense que c'est une histoire bête.

3 En forme

1. *Alex:* Tu as vu ça, Léo? «C'est ici l'empire de la mort!»
2. *Léo:* Oui, j'ai lu ça! Qui a écrit ces mots?
3. *Alex:* Je ne sais pas. Tu as pris des photos? *Léo:* Non, le guide n'est pas d'accord. **4.** *Alex:* Et tu as fait un tour là-bas? **5.** *Léo:* Non. Je n'ai pas été là-bas parce qu'on a mis une grille. **6.** *Alex:* OK, j'ai compris. Tu as eu peur de rester seul là-bas!

4 En forme

1. *Un élève:* Moi, j'attends ici. **2.** *Un autre:* Tu attends Julien ici, mais tu perds ton temps, tu entends? Nous avons perdu Julien. **3.** *Une élève:* Nous appelons Julien, tout le monde appelle Julien, mais il ne répond pas. Et nous n'entendons rien. Est-ce que vous entendez quelque chose, vous?
4. *Une autre:* Les élèves là-bas entendent les professeurs et le guide, mais c'est tout. Ils ne répondent pas.
5. *Un professeur:* Attendez! Est-ce qu'on entend quelque chose, là? Ah! Des souris! Ne perdez pas la tête. Et attendez encore un peu. On ne perd pas quelqu'un comme ça! Allez, j'attends un moment ici.

5 Parler

1. Allô? **2.** Bonjour, je suis Léo (un ami de Julien). J'ai déjà appelé ce matin. Je voudrais parler à Julien, s'il vous plaît. **3.** Je suis désolée, Léo. Julien n'est pas là. **4.** Bon, alors je rappelle plus tard. **5.** D'accord. Julien rentre dans une heure. **6.** Au revoir, madame et merci! **7.** Alors au revoir, Léo!

5 Lire et écrire

3. D'abord, M. Marignan a posé des questions à Julien.
1. Puis, il a parlé avec les trois garçons de la 5^{e}B.
4. Après, il a invité aussi les autres élèves de la 5^{e}B dans sa classe pour discuter. **2.** Enfin, il a parlé encore une fois avec Julien.

Plateau 1; Révisions S. 40

1 Dans la cour du collège
(z. B.)
- Tu fais souvent du foot?
- Oui. J'adore le foot.
- Depuis quand est-ce que tu es au collège?
- Depuis cette année.
- Tu es dans quelle classe?
- Je suis en 6ᵉC. Et toi?
- Moi, je suis en 7ᵉA. Je trouve que tu joues bien.
- Ah bon? C'est vrai?
- Je voudrais jouer avec toi. Tu es d'accord?
- Oui, je veux bien.

2 Qu'est-ce que c'est, «stinksauer»?
(z. B.)
Hausmeister: c'est une personne/un homme qui travaille à l'école et qui a les clés des portes.
Umkleide: C'est un endroit où on va pour mettre ses vêtements de sport avant le cours de sport.
stinksauer: On dit «sauer» quand quelqu'un est en colère et «stinksauer» quand quelqu'un est très en colère.
Überschwemmung: On dit «Überschwemmung» quand il y a trop d'eau.
Abfluss: C'est quelque chose comme les égouts, mais dans la salle de bains/dans la douche.

3 Une histoire mystérieuse
(z. B.) Ma sœur et moi, nous avons passé une semaine dans la maison de nos grands-parents. Un jour, nous avons trouvé une pièce bizarre, à côté de leur chambre. Dans cette pièce, nous avons trouvé un livre mystérieux et nous avons lu l'histoire d'un vampire. Tout à coup, nous avons entendu des bruits dans l'escalier. Puis, quelqu'un a ouvert la porte. Nous avons vu un crâne avec des grands yeux et à ce moment-là, nous avons eu très peur. Nous avons attendu un moment. Enfin, le crâne a dit: «Ah, vous avez trouvé l'empire des livres. Allez, maintenant on mange.»

Unité 3, Bilan S. 53–54

1 Parler
1. Je participe à un jeu. **2.** Vas-y! **3.** On se retrouve devant le cinéma? **4.** Je propose d'aller au parc. **5.** *(mehrere Möglichkeiten)* D'accord. / Bonne idée! / Je veux bien. / Si tu veux./Pourquoi pas? **6.** Ça ne me dit rien. **7.** J'aimerais mieux lire. **8.** Arrête!

2 En forme
1. Alors, qu'est-ce que vous voulez faire plus tard? **2.** Moi, je veux écrire des livres. **3.** Anne et moi, nous voulons travailler comme dessinateurs. **4.** Les autres veulent dire quelque chose aussi? Sacha! **5.** Moi, je ne sais pas encore. Alors, je ne veux rien dire. **6.** Tu ne veux pas être prof? **7.** Quoi? Non merci. Mais Anne, avec ses bonnes notes, elle peut faire ça! **8.** Euh, monsieur, Antoine et Eric ne sont pas bêtes. Vous ne pensez pas qu'ils peuvent être profs, plus tard? **9.** Quand on veut, on peut! Bon, on arrête là, nous pouvons continuer une autre fois.

3 Parler
(z. B.) **1.** On va au cinéma ensemble? – Bof, je n'ai pas trop envie. **2.** Tu es d'accord pour aller à la piscine? – Oui, mais pas maintenant. D'abord, je veux manger. **3.** Je propose de faire un tour en ville. Qu'est-ce que tu en penses? – Oh, oui, c'est une bonne idée. **4.** On apprend les leçons ensemble? – Ça ne me dit rien. J'aimerais mieux faire du foot. **5.** Mais on peut aussi travailler à l'ordinateur. – Oh, oui, je veux bien. **6.** On se retrouve devant le CDI? – D'accord.

4 En forme
1. Une dame a perdu son chien. **2.** J'ai vu un chien seul et j'ai voulu aider la dame. **3.** Mais le chien est entré avec un homme dans un magasin. **4.** Alors, moi, vite, je suis allée dans ce magasin aussi. **5.** Mais le chien est monté sur une table et des livres sont tombés. **6.** Deux vendeuses sont arrivées, l'air pas contentes. **7.** Bien sûr, l'homme et le chien n'ont pas attendu et sont retournés dans la rue. **8.** Enfin, je suis arrivée à côté du chien. **9.** Monsieur, vous avez pris le chien d'une dame, je pense! **10.** Quoi, quelle dame? Quel chien? Gaston, c'est mon chien! **11.** J'ai pensé: «Et voilà, cette fois encore, je suis allée trop vite!»

5 Vis-à-vis
1. Quand un professeur veut donner des informations à tes parents, il écrit un message dans le carnet de correspondance. **2.** A la fin de chaque trimestre, les parents voient les résultats de leurs enfants dans le bulletin. **3.** Le cahier de textes, c'est pour noter les devoirs à faire. **4.** Quand les élèves n'ont pas cours, ils peuvent aller en permanence.

Unité 4, Bilan S. 68–69

1 Parler
1. Il faut du chocolat. **2.** Il faut faire les courses. **3.** Vous en voulez combien? **4.** J'espère que le gâteau est bon. **5.** Je préfère boire du lait. **6.** Tu me passes le pain, s'il te plaît? **7.** Je n'ai plus faim. **8.** Ce n'est pas grave.

2 Vis-à-vis / Jeu de mots
Pour 3 personnes, il faut mettre 3 serviettes, 3 assiettes, 3 fourchettes, 3 couteaux, 3 verres, 3 cuillères, du pain et de l'eau.

3 Parler
(z. B.) **1.** Est-ce qu'il faut du beurre? – Oui, il en faut.
– J'en achète combien? – Tu en achètes deux-cent-cinquante grammes. – Est-ce qu'il faut aussi de la viande? – Non, il n'en faut pas. **2.** Est-ce qu'il faut de l'eau? – Oui, il en faut.
– Tu en achètes combien? – J'en achète cinq bouteilles.
– Est-ce qu'il faut aussi des pommes de terre? – Non, il n'en faut pas.

4 En forme
1. Alors, qu'est-ce qu'on achète pour nos invités?
2. D'abord des boissons: qu'est-ce qu'elles boivent, les filles?

3. A la cantine, Marie boit toujours de l'eau! **4.** Oui, mais pour samedi, nous achetons du jus d'orange au supermarché. **5.** Mais moi, je préfère le jus de pomme et Julien aussi! **6.** Ah, vous préférez le jus de pomme? Alors, on en prend aussi! … Et pour manger? **7.** J'espère que ma mère va faire une quiche! **8.** Bon, mais comment payer au supermarché? Je n'ai plus que 3 € en poche! **9.** Ecoute, nous, nous payons cette fois, et la prochaine fois, tu paies aussi!

Plateau 2; Révisions S. 72

1 Jour et nuit

A midi ≠ minuit; silence ≠ bruit; heureux ≠ malheureux; grand ≠ petit; homme ≠ femme; être pour ≠ être contre; tôt ≠ tard; difficile ≠ facile; bon ≠ mauvais; froid ≠ chaud; noir ≠ blanc; ici ≠ là-bas; avec ≠ sans; prochain ≠ dernier; perdre ≠ retrouver / gagner; aimer ≠ détester; chercher ≠ trouver; toujours ≠ ne … jamais; répondre ≠ demander/appeler; monter ≠ descendre; arrêter ≠ commencer / continuer; devant ≠ derrière; beaucoup ≠ peu; ouvert ≠ fermé

2 Raconte!

(z. B.) **A** – Qu'est-ce que tu as fait, hier, Julia?
– Hier, je suis allée en ville avec mes parents. Nous avons acheté une chaise pour ma chambre. Et toi, Moritz?
– Hier, j'ai fait du roller dans la cour avec mes copains. Après, nous avons regardé la télé.

Les notes que Moritz peut prendre:
hier – Julia – ville – chaise
Les notes que Julia peut prendre:
hier – Moritz – roller – cour - télé

(z. B.) **B** *Moritz:* Hier, Julia et ses parents ont acheté une chaise pour la chambre de Julia.
Julia: Hier, Moritz a fait du roller avec ses amis. Après, ils ont regardé la télé.

3 Bon appétit!

(z. B.) **1.** Pour préparer un repas de fête, il faut une entrée, par exemple des tomates et du saucisson, un plat principal avec de la viande et des légumes, de la salade verte, du fromage et un dessert, par exemple une mousse au chocolat. **2.** Dans une salade de fruits, je mets des pommes, des oranges, des bananes et des kiwis. **3.** A midi, je mange des pommes de terre et de la viande. Je bois du jus de pomme avec de l'eau. **4.** Je ne mange jamais de moules et je ne mange jamais d'œufs.

Unité 5, Bilan S. 85 – 86

1 Parler

1. Ça m'intéresse. **2.** Je peux t'aider? **3.** Tu vas m'écrire? **4.** Au printemps, il pleut souvent. **5.** La dune? Non, je ne la connais pas encore. **6.** Mes parents disent que ce n'est pas une mauvaise idée. **7.** Ce n'est pas juste! **8.** On joue à pile ou face?

2 En forme

A **1.** Je te montre mon skimboard. **2.** Tu ne me lances pas le ballon? **3.** Je vous donne mon numéro de portable. **4.** Vous m'appelez bientôt? **5.** Nous t'attendons pour manger. **6.** Tu ne nous écoutes pas? **7.** Venez, nous vous payons un diabolo menthe. **8.** Vous nous aidez à chercher le chat?
B **1.** Je vais te montrer mon skimboard. **2.** Tu ne vas pas me lancer le ballon? **3.** Je vais vous donner mon numéro de portable. **4.** Vous allez m'appeler bientôt? **5.** Nous allons t'attendre pour manger. **6.** Tu ne vas pas nous écouter? **7.** Venez, nous allons vous payer un diabolo menthe. **8.** Vous allez nous aider à chercher le chat?

3 En forme

Tu connais ce garçon?
– Oui, je le connais./Non, je ne le connais pas.
Tu connais ces filles?
– Oui, je les connais./Non, je ne les connais pas.
Tu connais ce groupe?
– Oui, je le connais./Non, je ne le connais pas.
Tu connais cette femme?
– Oui, je la connais./Non, je ne la connais pas.
Tu connais cet animal?
– Oui, je le connais./Non, je ne le connais pas.
Tu connais cette région?
– Oui, je la connais./Non, je ne la connais pas.
Tu connais ce plat?
– Oui, je le connais./Non, je ne le connais pas.
Tu connais cette ville?
– Oui, je la connais./Non, je ne la connais pas.
Tu connais ces gens?
– Oui, je les connais./Non, je ne les connais pas.

4 Jeu de mots

A On peut avoir mal à la jambe, au pied, au dos, au bras, à la main et à la tête.
B la plage, les dunes, le sable, les vagues, un phare, des bateaux, des moules, le vent …

5 Lire et parler

(z. B.) Lola écrit qu'elle n'a pas trop envie d'aller à la piscine. Elle explique qu'elle a fait du sport ce matin. Elle écrit qu'elle est très fatiguée et qu'elle a mal à la tête. Elle préfère aller à la piscine demain. Elle me demande si je suis d'accord. Elle me dit qu'elle va m'appeler ce soir.

Unité 6, En plus S. 128

Station 1

1 A propos du texte

A site, blog, contact, important, réalité
B *Camille:* passer beaucoup de temps sur le portable; avoir son blog; ne pas avoir le droit d'utiliser Internet tard dans la nuit; aimer discuter avec ses amis sur Internet; écouter de la musique; être toujours en contact avec ses copains

Arthur: faire du sport; ne pas participer aux chats; préférer sortir avec ses amis; utiliser Internet pour trouver des informations; ne pas aimer passer la nuit devant l'ordinateur, envoyer des courriels

→ Camille passe beaucoup de temps sur son portable. Elle aime être toujours en contact avec ses copains, c'est pourquoi elle discute souvent avec ses amis sur Internet. Elle écoute aussi de la musique sur son portable. Elle a un blog. Mais elle n'a pas le droit d'utiliser Internet tard dans la nuit, ses parents ne trouvent pas ça bien.

→ Arthur utilise son portable, mais il ne le fait pas comme Camille. Il envoie des courriels et cherche des informations sur Internet, mais il ne participe pas aux chats parce qu'il préfère sortir avec ses amis et faire du sport. Il ne veut pas passer la nuit devant son ordinateur.

2 On part, on sort ou on dort?

A **1.** Ce soir, nous sortons. **2.** Et toi, tu sors avec nous? **3.** Le dernier bus part à 11 heures. **4.** Les filles dorment chez Lara. **5.** Moi, je dors chez moi. **6.** Et toi, tu dors ici ou tu pars?

B (z.B.) Hier, je suis partie à 8 heures pour le collège. Hier, tu es partie en retard. Hier, elle est sortie tôt du collège. Hier, nous sommes sortis avec nos amis. Hier, vous avez dormi pendant le film. Hier, ils ont dormi chez leurs grands-parents.

Station 2

1 A propos du texte

A différent, instrument, violon, important, rythme

B Christophe Maé joue *de la guitare, du violon, de la batterie, de l'harmonica* et il chante. Il a déjà fait plusieurs CD. La chanson «Mais pourquoi c'est beau, ça?» de son *dernier/nouvel* album explique qu'il y a *beaucoup de questions qui restent sans réponse*.
Zaz joue du *violon, de la guitare* et du piano. Elle a déjà fait un album. Dans sa chanson *«Je veux»*, elle dit que l'argent *n'est pas très important. Elle veut plutôt avoir* de l'amour et de la joie. Elle chante des vieilles chansons, mais aussi des nouvelles.

3 Tout nouveau, tout beau!

Je n'aime plus mes vieux pulls.
Je voudrais des nouveaux/beaux pulls.
Je n'aime plus mon vieil ordinateur.
Je voudrais un nouvel/bel ordinateur.
Je n'aime plus mon vieil anorak.
Je voudrais un nouvel/bel anorak.
Je n'aime plus mes vieux albums.
Je voudrais des nouveaux/beaux albums.
Je n'aime plus mes vieux DVD.
Je voudrais des nouveaux/beaux DVD.
Je n'aime plus mon vieil instrument.
Je voudrais un nouvel/bel instrument.
Je n'aime plus mon vieux jean.
Je voudrais un nouveau/beau jean.
Je n'aime plus ma vieille radio.
Je voudrais une nouvelle/belle radio.

4 Tu aimes jouer?

– A quoi est-ce que tu aimes jouer?
– J'aime jouer aux cartes et à pile ou face. Et toi?
– Moi, j'aime jouer au ballon et aux dominos.
– Tu joues d'un instrument?
– Non, je ne joue pas d'un instrument. /
Oui, je joue du piano. Et toi?
– Moi, je joue du violon.

Station 3

1 A propos du texte

A simple, prix, Belgique, belge, réalité, à la mode, différent

B **1.** vrai; **2.** faux, il ne parle pas de ces BD; **3.** faux, l'atelier BD est un projet du collège; **4.** vrai; **5.** vrai; **6.** faux, cette BD n'a pas reçu de prix.

2 Qu'est-ce qu'on doit faire pour recevoir un prix?

A (z.B.) Hier, nous avons reçu les bulletins. – J'ai reçu des informations de l'Office de tourisme. – J'ai posé une question mais je n'ai pas reçu de réponse. – Ce matin, nous avons reçu une lettre de nos correspondants. – Monsieur Pirou reçoit un courriel de son collègue. – Aujourdhui, nous recevons le prix du sport. – Mon portable m'énerve: je ne reçois pas de messages. – Mardi, les élèves reçoivent les résultats de l'interro de maths.

B (z.B.) A l'atelier de BD, les élèves doivent écrire des textes très courts. – Dans une bonne BD, on doit avoir une ou plusieurs surprises. – Moi, je dois avoir beaucoup d'idées. – Si tu veux faire des BD, tu dois en lire beaucoup. – Pour faire une bonne BD, on doit trouver son style. – Pour faire des BD intéressantes, nous devons travailler ensemble. – Pour avoir un prix à Angoulême, vous devez savoir très bien dessiner.

3 Miam, miam, c'est bon!

Snif! C'est quelqu'un qui est triste.
Aaarrrghhh! C'est quelqu'un qui est en colère.
Youpi! C'est quelqu'un qui est content.
Aïe! C'est quelqu'un qui a mal.
Beurk! C'est quelqu'un qui n'aime pas quelque chose.
Clap clap! Ce sont des applaudissements.
Glou glou! C'est quelqu'un qui boit.
Toc toc! C'est quelqu'un qui veut entrer.
Gla gla! C'est quelqu'un qui a froid.

Station 4

1 A propos du texte

A original, humour, série télévisée, comédie, film d'horreur, film policier

B **1.** Le festival des Très Courts est un festival de films très courts; **2.** On peut voir ce festival dans 80 villes de France et dans 15 autres pays; **3.** On peut voir les films aussi sur Internet; **4.** Dans son article, Célia parle du film «Le sourire»; **5.** Elle trouve que ce film est original et drôle.

2 A propos du film

Le film que nous avons regardé s'appelle «le sourire». C'est un film de Lionel Girard. L'histoire de ce film se

déroule dans le métro. Un homme entre dans le métro et demande de l'argent ou un sourire. D'abord, les gens dans le métro sont très tristes et fatigués. Tout à coup, un monsieur commence à sourire. Enfin tous les gens sourient. Ils ne donnent pas d'argent, ils préfèrent sourire. A la fin, l'homme descend, il n'est pas content parce qu'il n'a pas d'argent.
B (z.B.) Je ne trouve pas le film drôle parce que les gens ne sont pas sérieux. Ils ne veulent pas comprendre l'homme. Et puis, leur sourire n'est pas vrai. Ils sourient parce qu'ils ne veulent pas donner d'argent. Je ne trouve pas ça bien. Je trouve que c'est un bon film, mais il n'est pas drôle.

Unité 7, Bilan S. 110 – 111

1 Parler
1. Je rêve de savoir jongler. **2.** Il me faut des balles. **3.** Je ne sais pas quoi faire. **4.** On va trouver une solution! **5.** Je n'ai pas assez d'argent. **6.** Je ne suis pas de ton avis. **7.** De rien!

2 En forme
A 1. Mehdi est courageux. Il réussit à faire du saut à l'élastique. **2.** Tu veux faire un combat? Tu choisis le judo? **3.** Je veux essayer l'escrime. Mais d'abord, je finis mon atelier. **4.** Nous ne savons pas quoi faire. Nous réfléchissons encore. **5.** Il est presque 18 heures. Les enfants finissent leurs activités. **6.** Vous voulez jongler? Alors vous choisissez d'abord des balles.
B 1. Mehdi a été courageux. Il a réussi à faire du saut à l'élastique. **2.** Tu as voulu faire un combat? Tu as choisi le judo? **3.** J'ai voulu essayer l'escrime. Mais d'abord, j'ai fini mon atelier.

3 En forme
1. Je fais de l'escrime tous les jeudis. **2.** J'ai fait des beaux rêves toute la nuit. **3.** Il a tout le temps faim. **4.** Elle a invité toutes ses amies. **5.** J'ai pensé à toi toute la journée. **6.** J'aime tous tes cadeaux. **7.** Il lui a donné tout son argent de poche. **8.** Toutes leurs idées sont intéressantes.

4 Ecouter
1. vrai **2.** faux. **3.** faux. **4.** vrai. **5.** faux. **6.** vrai.

5 En forme
1. Il va leur expliquer le parcours. **2.** Elle lui montre un stand. **3.** Il lui dit «bonne chance». **4.** Elle lui propose une boisson. **5.** Il va leur montrer Vincennes. **6.** Il leur donne des sandwichs.

6 Jeu de mots
A 1. Il jongle avec des balles. **2.** Le téléphone sonne. **3.** Ils font de l'équilibre sur une corde molle. **4.** Un clown travaille dans un cirque. **5.** Je fais du sport parce que j'ai envie de bouger. **6.** Je quitte la ville pour aller habiter à la campagne. **7.** Pour acheter quelque chose, il faut de l'argent. **8.** Il n'y a plus de place dans le bus. Il est plein. **9.** Elle réfléchit pour trouver une solution.
B (Text z.B.) Au cirque, j'ai vu un clown. D'abord, il a jonglé avec des balles. Puis, il a fait de l'équilibre sur la corde molle. Tout à coup, son téléphone a sonné et le clown est tombé de la corde. Alors, il est allé une semaine à la campagne et il est resté sur une chaise sans bouger. Puis, il a cherché une solution pour gagner de l'argent. Il a commencé à montrer à des gens comment on jongle.

Plateau 3; Révisions S. 114

1 Où est-ce qu'on va travailler?
A Il y a trois personnes/jeunes. Ils doivent préparer un article pour le journal du collège, mais ils n'ont pas d'ordinateur avec Internet pour travailler.
C 1. Les jeunes veulent préparer un article pour le journal du collège. **2.** Ils doivent trouver un ordinateur avec Internet. **3.** Oriane ne veut pas aller au CDI parce qu'il y a (une autre fille) Léa qu'elle déteste. **4.** Elle déteste Léa parce que Léa dit des choses pas sympas (et parce que Léa veut lui prendre son copain.) **5.** Un garçon a une idée. Il veut dire à Léa que ce copain est chez MacDonald. **6.** Oriane n'est pas d'accord. **7.** A la fin, les jeunes vont au CDI.

2 A Vincennes, à la Fête du sport
1. Elles les montrent aux autres. **2.** Elle le trouve très joli. **3.** Alex leur montre sa casquette. **4.** On lui fait un beau cadeau aussi! **5.** Ses copains l'écoutent. **6.** Il va la raconter à ses parents.

3 Les mots en cascade
(z.B.) **A** LIVRES: Lire, Imaginer, Voyages, Roman, Edition, Surprise
SPORT: Sauter, Parachutisme, Organiser, Rugby, Tomber
ACTIVITES: Arts, Chanter, Théâtre, Inviter, Voyages, Inventer, Trampoline, Ecologie, Sortir
VACANCES: Voyages, Autoroute, Club, Amis, Natation, Cartes, Ensemble, Surf
MUSIQUE: Médiathèque, Utiliser, Saxophone, Instruments, Quelle, Utiliser, Ecouter
ARGENT: Avoir, Recevoir, Gratuit, Encore, Normal, Travailler
ESPERER: Essayer, Savoir, Poème, Ecouter, Réponse, Equipe, Rencontrer
B (z.B.) J'ai choisi le mot «vacances»: J'adore les vacances. J'aime surtout les voyages. Mais quand on part en voiture, il y a souvent des bouchons sur l'autoroute. Alors, je préfère faire des grands voyages et partir en avion. Mais ce n'est pas toujours possible. Pendant les vacances, j'aime surtout rencontrer de nouveaux amis. Ensemble, on peut jouer aux cartes, faire de la natation, du surf ou beaucoup d'autres choses. Je n'aime pas trop les clubs. Je préfère choisir mes activités avec mes amis.

zu Unité 6, Station 2, Chanson: Pourquoi c'est beau, ça?

Pourquoi c'est beau?*

Hé… Mais pourquoi c'est beau, ça?
Mais pourquoi?

Les pieds posés sur la table
J'observe la ronde
Les enfants sur le sable
Se demandent-ils où va ce monde
Ils jouent à cap' ou pas capable
Pendant que pètent des bombes
Mille questions dans leur cartable
Et si quelqu'un les entend, qu'il réponde

Refrain
Et pour qui pourquoi on fait ça?
Des enfants et des lois
Et pour qui pourquoi on fait ça?
Petit je suis aussi petit que toi
Quand tu veux savoir …

Pourquoi c'est beau, ça
Et ça, ça ne l'est pas? Vois
La beauté, bonhomme, ne s'explique pas
Pourquoi tu vois toi
Ce que moi je ne vois pas
On dit que l'homme ne voit que c'qu'il n'a pas

Je tape du poing sur la table
Histoire que l'on m'entende
Moi, je n'aime plus les fables
Ni les bonheurs de légende
Et tous les châteaux de sable
Que nous avons montés
Seront si j'en crois les vagues
Couverts par la marée

Refrain

Et pourquoi tu vis
Et lui ne vit pas
J'ai déjà eu deux vies moi
Et lui n'en a pas non
Et pourquoi tu ris
Et lui ne rit pas non
On est tous aussi petits
Face à ces questions-là

Pourquoi c'est beau, ça
Et ça ça ne l'est pas ? Vois
La beauté, bonhomme, ne s'explique pas
Pourquoi tu vois toi
Ce que moi je ne vois pas
On dit que l'homme ne voit que c'qu'il n'a pas

Oh mais pourquoi c'est beau, ça
Et ça, ça ne l'est pas ?
(…)

Musik: Martichon, Christophe/Domisseck, Michel
Text: Martichon, Christophe/Bergman, Boris

* Das Chanson befindet sich nur auf der Audio-CD 3 (622167, Track 21).
Aus rechtlichen Gründen ist das Chanson auf der dem *Cahier d'activités* beiliegenden MP3-CD nicht enthalten.

zu Unité 6, Station 2, Chanson: Je veux!

Je veux!*

Donnez-moi une suite au Ritz, je n'en veux pas!
Des bijoux de chez CHANEL, je n'en veux pas!
Donnez-moi une limousine, j'en ferais quoi?
papalapapapala
Offrez-moi du personnel, j'en ferais quoi?
Un manoir a Neuchâtel, ce n'est pas pour moi.
Offrez-moi la Tour Eiffel, j'en ferais quoi?
papalapapapala

Refrain:
Je veux d'l'amour, d'la joie, de la bonne humeur,
ce n'est pas votre argent qui f'ra mon bonheur, moi
j'veux crever la main sur le cœur papalapapapala
allons ensemble, découvrir ma liberté, oubliez donc
tous vos clichés, bienvenue dans ma réalité.

J'en ai marre de vos bonnes manières, c'est trop pour moi!
Moi, je mange avec les mains et j'suis comme ça!
J'parle fort et je suis franche, excusez-moi!
Finie l'hypocrisie moi, j'me casse de là!
J'en ai marre des langues de bois!
Regardez-moi, toute manière j'vous en veux pas
et j'suis comme çaaaaaaa (j'suis comme çaaa)
papalapapapala

Refrain

* Das Chanson befindet sich nur auf der Audio-CD 3 (622167, Track 22). Aus rechtlichen Gründen ist das Chanson auf der dem *Cahier d'activités* beiliegenden MP3-CD nicht enthalten.

Bildquellennachweis
Action contre la faim, Paris: **46.4;** (Christina Lionnet), **46.2;** (Coll.ge Gaston Chaissac, Pouzauges), **46.3;** (Quiberon), **46.1;** Action Press GmbH (MEISSNER, PETER), Hamburg, **133.1;** Agents Associés – Julie Artero, Paris, **20.1;** ARTE, Strasbourg, **65.2;** Avenue Images GmbH, Hamburg: **205;** (Ingram Publishing), **158, 205;** Casterman S.A., Brüssel: ("La fronti.re invisible" de François Schuiten et Benoît Peeters, avec l'aimable autorisation des auteurs et des Editions Casterman), **95.1;** («Le tour du monde en 80 bourdes» de Sergio Salma), **35.2, 35.3, 35.4, 35.5, 35.6;** Cinetext GmbH (Constantin), Frankfurt, **21.1;** Comstock, Luxemburg, **134.2, 134.3;** Corbis, Düsseldorf: **118.2;** (Roy Botterell), **113.1;** creativ collection Verlag GmbH, Freiburg, **119.2;** ddp images GmbH (SIPA), Hamburg, **16.1;** Dream Maker Software, Colorado, **134.1;** dreamstime.com, Brentwood, TN: (Micka), **199;** (Speedfighter17), **101.1;** Ann M. Martin, Nos dossiers top secret, illustration d'Emile Bravo, Collection Grand format littérature, Editions Gallimard Jeunesse, **40.2;** «Catacombes L'ogre, le zazou, la résistance» Tome 2 Jack Manini (scénariste), Michel Chevereau (dessinateur) © Glénat 2011 , **32.1;** Ernst Klett Verlag GmbH, Stuttgart, **119.1;** Festival International de la Bande Dessinée, citer*9eArt+/FIBD, **213;** Festival des Tr.s Courts,, **88.5, 96.1, 96.2, 131.1, 209;** Fotolia.com, New York: (Anna Kucherova), **205;** (Antje Lindert-Rottke), **107.1;** (Claude Coquilleau), **83.1;** (davidadamson), **101.3;** (evgenyb), **67.5;** (Jacques PALUT), **63.1;** (Ludovic L'HENORET), **205;** (PAO joke), **203;** (Paty Wingrove), **201;** (photo25th), **67.7;** (Tomboy2290), **205;** (unpict), **67.8;** (volff), **205;** Gendrot, Paul, Paris, **67.1;** Getty Images, München: (Bridgeman), **118.3;** (Digital Vision), **41.1;** (Stone), **217;** (Universal History Archive), **118.1;** Getty Images RF (PhotoDisc), München, **67.3;** Imageshop, Düsseldorf, **52.3;** Imago, Berlin, **20.2, 84.7, 88.2, 93.1, 118.4;** Ingram Publishing, Tattenhall Chester, **67.4;** iStockphoto, Calgary, Alberta: (Ana Abejon), **91.2, 128.2;** (angi71), **67.6;** (Chris Schmidt), **123.1;** (Ernst Fretz), **66.2;** (Matej Michelizza), **215;** (Rob Broek), **213;** (Tomaz Levstek), **203;** JupiterImages photos.com (Photos.com RF), Tucson, AZ, **92.1;** Clairefontaine France, **43.2;** Klett-Archiv, Stuttgart: **40.1, 43.4, 43.5, 43.6, 43.7, 53.1;** (Alena Zörlein), **58.2, 58.3;** (Dembski), **48.9;** MARCO POLO, Paris (F. Bouillot/Naudin), **56.1, 58.1, 59.1, 59.2, 59.3, 60.1, 61.1, 61.2, 61.3, 61.4, 61.5, 61.6, 61.7, 61.8, 62.1, 62.2, 72.1, 74.1, 76.1, 76.2, 76.3, 77.1, 79.1, 79.2, 80.1, 81.1, 81.2, 81.3, 82.1, 127.1, 134.4;** (Patrick Dembski), **14.2, 14.3, 14.4, 14.5;** (Prisca Martaguet), **10.1, 11.1, 11.2, 11.3, 12.1, 12.2, 14.1, 15.1, 19.1, 42.1, 43.1, 44.1, 48.1, 48.2, 57.1, 57.2, 66.1, 101.2** (Poster: Anaïs Vaillant), **106.1, 117.1, 124.1, 126.1;** (Stefan Zörlein), **13.1, 47.1, 52.5, 73.1, 103.1, 109.1;** (Weccard), **U1.2;** laif, Köln: **84.6;** (Baptiste Fenouil/REA), **25.3;** (Benoit DECOUT/REA), **123.2;** (Eric CATARINA/STILLS/GAMMA), **39.1;** (Nicolas TAVERNIER/REA), **196;** (PATRICK OTHONIEL/JDD/GAMMA/Eyedea Pres), **84.9;** (Sylva VILLEROT/REA), **84.8;** Logo, Stuttgart, **74.2, 108.2;** Mairie de Bordeaux (Photographie Vincent Mothier, graphisme Soizic Quer, direction de la communication Mairie de Bordeaux), Bordeaux, **78.1;** Maiworm, Michael (Michael Maiworm), Sprockhövel, **98.1;** Mauritius Images (Alamy), Mittenwald, **84.4, 190;** Mediatoon Foreign Rights, Paris, **19.2, 71.1, 71.1, 71.1;** MEV Verlag GmbH, Augsburg, **134.5, 205, 205, 205, 205, 205, 205, 205;** Michel Rabagliati, Montreal (Québec), **95.4;** Nguyen Thuy, Linh, Weißenfels, **88.4, 94.1, 95.1, 95.1, 95.3;** Pika Éditions, Boulogne, **95.3;** RATP/PAT phototh.que, Paris Cedex 12, **Vorsatz hinten;** shutterstock, New York, NY: (Anatoliy Samara), **52.4;** (Monkey Business Images), **84.1;** (Muellek Josef), **84.3;** (Nattika), **205;** (Praha), **158;** (s_bukley), **191;** (Sandra van der Steen), **84.5, 208;** (Tony Campbell), **84.2;** (Viktor1), **67.10;** (wiedzma), **67.2;** SWE Stadtwerke Erfurt GmbH, Erfurt, **130.1;** Télé Bocal Association loi 1901, Paris, **97.1, 97.2, 97.3, 97.4, 97.5;** TF1 - IMAGE IN, **56.2;** TF1 International, Paris, **56.4;** Thinkstock, München: (Brand X Pictures), **91.1, 128.1;** (Comstock), **108.1;** (Darrin Klimek), **34.4;** (Digital Vision), **52.1, 215;** (Hemera), **34.1, 34.3, 65.1, 67.11;** (iStockphoto), **34.2, 52.2, 67.9, 88.1, 88.5, 90.1, 193, 216, U4.1;** (Lifesize), **123.3;** Ullstein Bild GmbH, Berlin: (CARO/Aufschlager), **200;** (Public Address), **88.3, 93.2;** (SIPA / LANCELOT FREDERIC), **206;** La Cub – GTM SO TP GC – GTM Sud – VINCI Construction Grands Projets – Cimola. – EGIS/JMI – LAVIGNE & CHERON Architectes – Michel VIRLOGEUX – Hardesty & Hanover, **U1.1;** VISUM Foto GmbH (Andia), Hamburg, **79.3;** Yahoo! Deutschland GmbH, München, **25.2**
Sollte es in einem Einzelfall nicht gelungen sein, den korrekten Rechteinhaber ausfindig zu machen, so werden berechtigte Ansprüche selbstverständlich im Rahmen der üblichen Regelungen abgegolten.

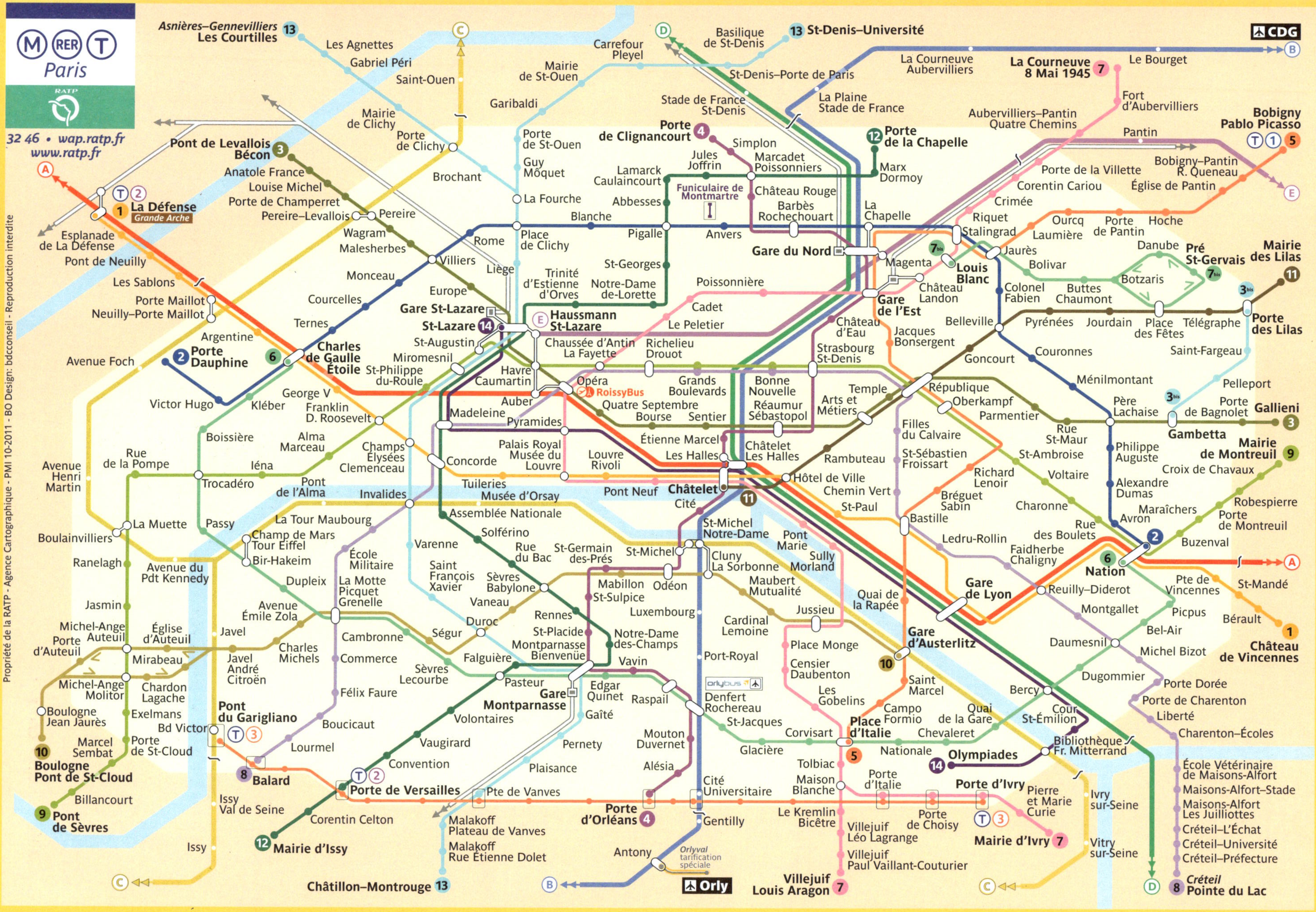
M RER T
Paris
RATP
32 46 • wap.ratp.fr
www.ratp.fr
Asnières–Gennevilliers Les Courtilles
Les Agnettes
Gabriel Péri
Saint-Ouen
Mairie de Clichy
Porte de Clichy
Brochant
Garibaldi
Mairie de St-Ouen
Carrefour Pleyel
Basilique de St-Denis
St-Denis–Université
St-Denis–Porte de Paris
Stade de France St-Denis
La Plaine Stade de France
La Courneuve Aubervilliers
La Courneuve 8 Mai 1945
Le Bourget
CDG
Fort d'Aubervilliers
Aubervilliers–Pantin Quatre Chemins
Bobigny Pablo Picasso
Pantin
Bobigny–Pantin R. Queneau
Église de Pantin
Porte de la Villette
Corentin Cariou
Crimée
Pont de Levallois Bécon
Anatole France
Louise Michel
Porte de Champerret
Pereire–Levallois
Pereire
Wagram
Malesherbes
Villiers
Rome
Place de Clichy
Blanche
Pigalle
Anvers
Porte de St-Ouen
Guy Môquet
La Fourche
Porte de Clignancourt
Simplon
Jules Joffrin
Marcadet Poissonniers
Lamarck Caulaincourt
Abbesses
Funiculaire de Montmartre
Château Rouge
Barbès Rochechouart
Gare du Nord
La Chapelle
Porte de la Chapelle
Marx Dormoy
Magenta
Riquet
Stalingrad
Jaurès
Louis Blanc
Ourcq
Laumière
Porte de Pantin
Hoche
Danube
Pré St-Gervais
Mairie des Lilas
Bolivar
Botzaris
Colonel Fabien
Buttes Chaumont
Château Landon
Gare de l'Est
La Défense Grande Arche
Esplanade de La Défense
Pont de Neuilly
Les Sablons
Porte Maillot
Neuilly–Porte Maillot
Argentine
Avenue Foch
Porte Dauphine
Charles de Gaulle Étoile
Victor Hugo
Kléber
George V
Ternes
Courcelles
Monceau
Liège
Europe
Gare St-Lazare
St-Lazare
Haussmann St-Lazare
St-Augustin
Miromesnil
St-Philippe du-Roule
Havre Caumartin
Chaussée d'Antin La Fayette
Richelieu Drouot
Trinité d'Estienne d'Orves
Notre-Dame de-Lorette
St-Georges
Poissonnière
Cadet
Le Peletier
Château d'Eau
Jacques Bonsergent
Strasbourg St-Denis
Belleville
Pyrénées
Jourdain
Place des Fêtes
Télégraphe
Porte des Lilas
Saint-Fargeau
Pelleport
Goncourt
Couronnes
Ménilmontant
Père Lachaise
Gambetta
Porte de Bagnolet
Gallieni
Mairie de Montreuil
Croix de Chavaux
Robespierre
Porte de Montreuil
Maraîchers
Buzenval
Opéra
RoissyBus
Auber
Grands Boulevards
Bonne Nouvelle
Quatre Septembre
Bourse
Sentier
Réaumur Sébastopol
Arts et Métiers
Temple
République
Oberkampf
Parmentier
Rue St-Maur
St-Ambroise
Philippe Auguste
Alexandre Dumas
Avron
Voltaire
Charonne
Rue des Boulets
Nation
Pte de Vincennes
St-Mandé
Bérault
Château de Vincennes
Franklin D. Roosevelt
Alma Marceau
Champs Élysées Clemenceau
Madeleine
Pyramides
Concorde
Palais Royal Musée du Louvre
Louvre Rivoli
Étienne Marcel
Les Halles
Châtelet Les Halles
Châtelet
Pont Neuf
Cité
Rambuteau
Filles du Calvaire
St-Sébastien Froissart
Richard Lenoir
Bréguet Sabin
Hôtel de Ville
Chemin Vert
St-Paul
Bastille
Ledru-Rollin
Faidherbe Chaligny
Reuilly–Diderot
Montgallet
Picpus
Bel-Air
Daumesnil
Michel Bizot
Porte Dorée
Porte de Charenton
Liberté
Charenton–Écoles
École Vétérinaire de Maisons-Alfort
Maisons-Alfort–Stade
Maisons-Alfort Les Juilliottes
Créteil–L'Échat
Créteil–Université
Créteil–Préfecture
Créteil Pointe du Lac
Avenue Henri Martin
Rue de la Pompe
Boissière
Iéna
Trocadéro
Pont de l'Alma
Invalides
Tuileries
Musée d'Orsay
Assemblée Nationale
Solférino
La Muette
Boulainvilliers
Passy
La Tour Maubourg
Champ de Mars Tour Eiffel
Bir-Hakeim
École Militaire
Varenne
Ranelagh
Avenue du Pdt Kennedy
Dupleix
La Motte Picquet Grenelle
Saint François Xavier
Sèvres Babylone
Rue du Bac
St-Germain des-Prés
St-Michel
St-Michel Notre-Dame
Cluny La Sorbonne
Pont Marie
Sully Morland
Maubert Mutualité
Quai de la Rapée
Gare de Lyon
Jasmin
Michel-Ange Auteuil
Porte d'Auteuil
Église d'Auteuil
Javel
Avenue Émile Zola
Cambronne
Ségur
Vaneau
Duroc
Rennes
Mabillon
Odéon
St-Sulpice
Luxembourg
Cardinal Lemoine
Jussieu
Gare d'Austerlitz
Mirabeau
Javel André Citroën
Charles Michels
Commerce
Sèvres Lecourbe
Falguière
St-Placide
Montparnasse Bienvenüe
Notre-Dame des-Champs
Vavin
Port-Royal
Place Monge
Censier Daubenton
Les Gobelins
Saint Marcel
Campo Formio
Quai de la Gare
Chevaleret
Bercy
Cour St-Émilion
Bibliothèque Fr. Mitterrand
Michel-Ange Molitor
Chardon Lagache
Boulogne Jean Jaurès
Exelmans
Marcel Sembat
Porte de St-Cloud
Boulogne Pont de St-Cloud
Pont du Garigliano
Bd Victor
Félix Faure
Boucicaut
Lourmel
Balard
Pasteur
Gare Montparnasse
Volontaires
Vaugirard
Convention
Porte de Versailles
Edgar Quinet
Gaîté
Raspail
Denfert Rochereau
St-Jacques
Glacière
Corvisart
Place d'Italie
Nationale
Olympiades
Tolbiac
Maison Blanche
Porte d'Italie
Porte de Choisy
Porte d'Ivry
Pierre et Marie Curie
Mairie d'Ivry
Ivry sur-Seine
Vitry sur-Seine
Pernety
Plaisance
Mouton Duvernet
Alésia
Porte d'Orléans
Cité Universitaire
Gentilly
Le Kremlin Bicêtre
Villejuif Léo Lagrange
Villejuif Paul Vaillant-Couturier
Villejuif Louis Aragon
Billancourt
Pont de Sèvres
Issy
Issy Val de Seine
Corentin Celton
Mairie d'Issy
Pte de Vanves
Malakoff Plateau de Vanves
Malakoff Rue Étienne Dolet
Châtillon–Montrouge
Antony
Orlyval tarification spéciale
Orly
orlybus

PARIS
0
500 m
1 km
CLICHY
COURBEVOIE
LA SEINE
Collège-Lycée Honoré de Balzc
Grande Arche
LEVALLOIS-PERRET
Avenue de Clichy
Quartier des Batignolles
LA DEFENSE
Boulevard Berthier
Place de Wagram
17e
NEUILLY-SUR-SEINE
Boulevard Circulaire
Pont de Neuilly
Bd. Gouvion St-Cyr
Place du Maréchal Juin
PUTEAUX
Avenue Charles De Gaulle
Place du Général Catroux
Avenue de Wagram
Boulevard Pereire
Boulevard des Bati
Bd. Villiers
Boulevard de Courcelles
Arc de Triomphe
Place de la Porte Maillot
Av. de la Grande Armée
Parc de Monceau
Rue du Faubourg Saint-Honoré
Boulevard Malesherbes
Bd. de l'Amiral Bruix
Place Charles De Gaulle
Palais de l'Elysée
Avenue Foch
Av. des Champs-Elysées
8e
Avenue Victor Hugo
Avenue Kléber
Avenue d'Iéna
Avenue Marceau
Bd. Lannes
Place de la Concor
Bois de Boulogne
Place du Trocadéro
Cours Albert 1er
York
Tour Eiffel
Av. de New
16e
Av. du Président Kennedy
Av. G. Eiffel
Boulevard Suchet
Champs-de-Mars
Quai de Grenelle
Bd. des Invalides
7e
Boulevard de Grenelle
Parc des Princes
Avenue Emile Zola
Boulevard Garibaldi
Boulevard Murat
Boulevard Exelmans
Quai Louis Blériot
Quai André Citroën
Rue de la Convention
Rue de Sèvres
Bd. Pasteur
15e
Rue Lecourbe
Gare Montparnas
Place de la Porte Saint-Cloud
Bd. du Général Martial Valin
Rue de Vouillé
Boulevard Victor
BOULOGNE-BILLANCOURT
Rue d'Alésia
Boulevard Lefebvre
14e
Boulevard Bru
ISSY-LES-MOULINEAUX
MALAKOFF
MONTROUGE